À Régina Millet et son fils Jean,
ainsi qu'à tous les écoliers
de Marcilly-sur-Vienne

À Laure et Gaston Labreuille,
à Paulette Deslandes et Marcelle Doreau,
qui ont donné l'amour de l'étude à des générations d'enfants

LES AUTEURS

Marie-Odile Mergnac, historienne et généalogiste, auteur de nombreux guides de généalogie aux Éditions Autrement, chez Larousse ou Archives & Culture ainsi que d'ouvrages consacrés à la vie quotidienne autrefois, comme *Bébés d'hier*.

Elle est ici l'auteur des chapitres suivants : Avant le XVIIIème siècle, Jean-Baptiste de La Salle, Le XVIIIème siècle, De 1789 à Thermidor, De Thermidor au Consulat, du Consulat à la Restauration, D'une révolution à l'autre, De 1848 à la fin du Second Empire, De 1870 à Jules Ferry, Jules Ferry (p. 26), De Jules Ferry à la guerre, De la guerre à 1932, De 1932 à 1958, De 1958 à nos jours, Le précepteur, La formation en école normale (p. 49), Les débuts en salle de classe, Les conseils de l'inspecteur, L'inspection, Les problèmes de calcul, La rédaction (p. 69), La composition française (p. 71), La morale (73), L'éducation civique, La couture, La chasse aux doryphores, Le patois à l'école, Les punitions (p. 124), Les récompenses (p. 127), Le certificat d'études, L'écolier en 1750, L'écolier en 1800, L'écolier en 1850 (p. 145), L'écolier de 1900 (p. 147), Un exemple d'écolier de 1930, Un exemple d'écolier de 1960.

Caroline Brancq, écrivain, est coauteur de l'ouvrage *Amours et mariages en France d'autrefois* et de *Mers et marins en France d'autrefois,* chez le même éditeur.

Elle a écrit ici : Jules Ferry (p. 27), Les maîtres d'école avant Ferry, Les écoles normales avant Ferry, Les écoles normales de Jules Ferry, Les écoles normales au quotidien, La formation en école normale (p. 48), La lecture, L'écriture, Les mathématiques, La grammaire et l'orthographe, La rédaction (p. 68), La composition française (p. 70), La morale (p. 72), L'histoire, La géographie, La leçon de choses, Le dessin, La musique, Le sport, Les manuels, Les affiches éducatives, Écoles de garçons, écoles de filles, Les sujets du certif, L'écolier en 1850 (p. 144), L'écolier en 1900 (p. 146).

Delphine Vilret, historienne de formation, est coauteur de l'ouvrage *Poitiers, une histoire culturelle 1800-1950.* Elle s'intéresse particulièrement à la valorisation et à l'animation du patrimoine.

Elle est ici l'auteur de : Premier jour d'école, Premier copain, La salle de classe, Le cartable de l'écolier, Porte-plumes et encriers, La récréation, Les jeux de garçons, Les jeux de filles, Comptines et rondes, La cantine, Les absences, Les punitions (p. 125), Les récompenses (p. 126), La photo de classe, L'école en fête, La remise des prix.

Sommaire

Aujourd'hui, l'école pour tous semble un dû. Le droit à l'éducation est inscrit dans la Déclaration des droits de l'homme et des droits de l'enfant. Pourtant, ce qui semble aujourd'hui une ardente nécessité ne l'était pas hier. Il y a à peine plus de deux cents ans, des esprits éclairés comme Rousseau affirmaient qu'il ne fallait pas apprendre à lire au peuple.

Comment en est-on arrivé à un tel revirement ? Comment s'est construit le système éducatif (le terme date seulement de 1975) que nous connaissons maintenant ? Dans sa première partie, l'ouvrage répond à ces questions en analysant sur trois siècles les mentalités, les législations et les ministres eux-mêmes.

Mais le but principal du livre reste de raconter au quotidien l'histoire des trois véritables protagonistes de l'école : l'instituteur, l'élève et les matières qu'ils doivent enseigner pour l'un, assimiler pour l'autre. Anecdotes, récits, souvenirs, cahiers d'écoliers et problèmes à résoudre : on est ici dans le vivant et on rejoint ce que chacun d'entre vous a pu connaître. Le temps des billes, des socquettes et des photos de classe. Le temps des copains, des chahuts et des punitions. Le temps des leçons, des remises de prix et des premiers de classe...

Bonne rentrée dans l'ouvrage ! Bonne lecture !

Histoire de l'école

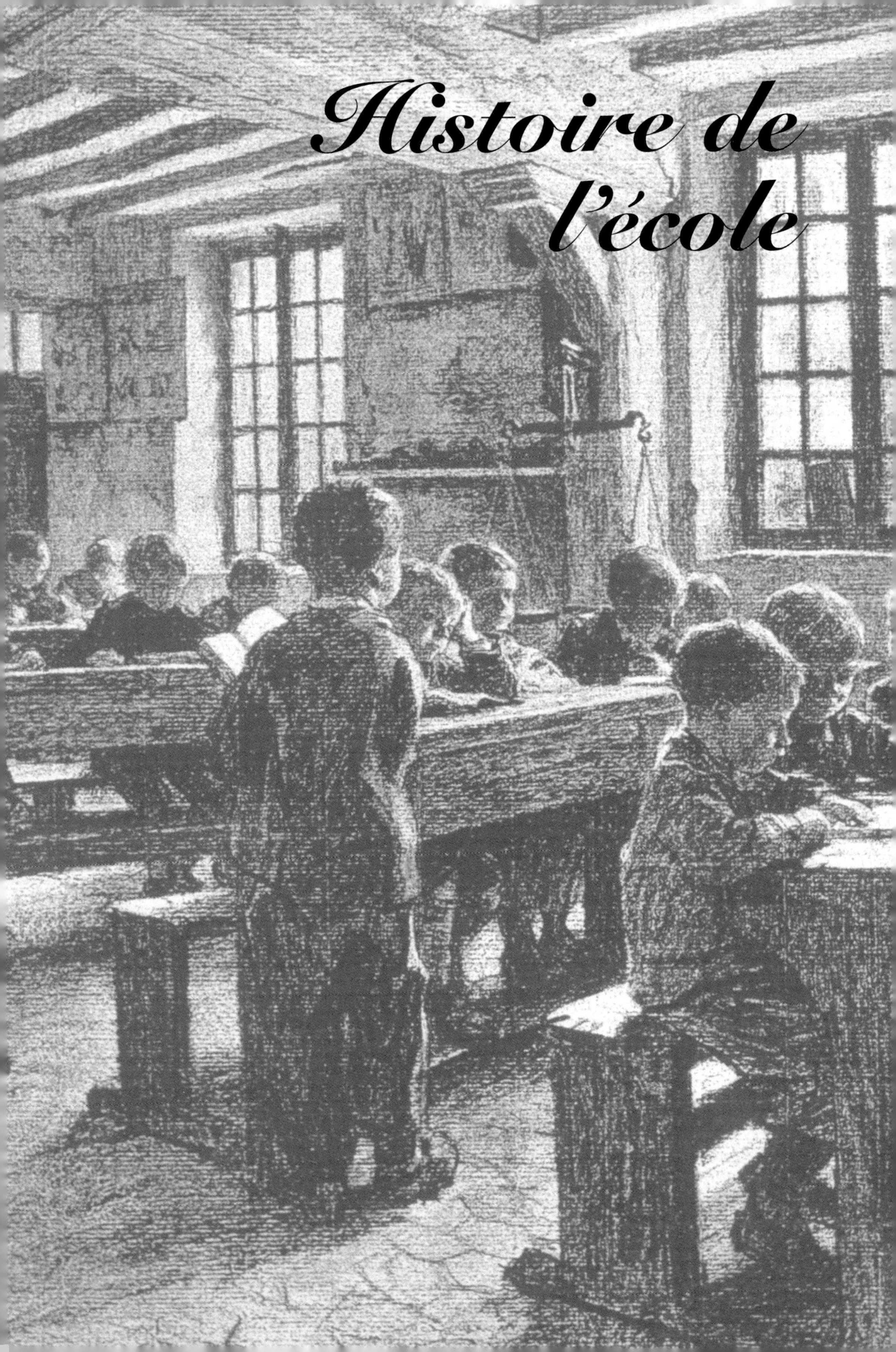

Avant le XVIIIe siècle

Entre Richelieu qui pense que donner de l'instruction aux gens du peuple risque de faire d'eux des «chicaneurs» et les congrégations religieuses qui ouvrent des écoles primaires gratuites pour tous les enfants, il y a un gouffre. L'éducation est encore l'affaire des familles et du clergé, pas de l'État.

Débuts d'organisation

Le développement de l'imprimerie, l'humanisme et ses visées pédagogiques, le protestantisme naissant et sa volonté que chacun puisse lire, seul, la Bible, sont autant de raisons pour que le XVIème siècle voit se développer les premières tentatives d'organisation d'une école pour le peuple. En effet, celle de Charlemagne, dont les manuels scolaires de la Troisième République ont tant parlé, ne concernait que les clercs.

Une éducation gratuite pour tous en 1560

Le clergé commence à ouvrir des écoles gratuites pour les pauvres en 1550. En 1560, une ordonnance royale impose à chaque église, cathédrale ou collégiale d'utiliser une partie de ses revenus pour rémunérer un maître à former gratuitement les enfants des villes, et à chaque confrérie religieuse d'entretenir des écoles dans les villes et les villages. Mais c'est la Réforme qui a fait prendre conscience à l'État du rôle de formation religieuse que peut jouer l'école. Beaucoup d'écoles créées à cette époque là le sont principalement dans les régions où le protestantisme est bien implanté. Elles restent encore trop peu nombreuses à l'échelle du pays entier, la majorité de la population demeurant non scolarisée.

> **!** *Les familles les plus aisées donnent des précepteurs à leurs enfants. Dans les petites écoles d'alors, c'est cette méthode d'enseignement individuel qui prévaut, le maître s'occupant de chaque élève tour à tour séparément.*

L'État pour les puissants

Le cardinal de Richelieu, docteur en Sorbonne et fameux ministre de Louis XIII, est l'un des premiers à souhaiter véritablement que l'État intervienne dans l'apprentissage des connaissances. La direction de l'éducation doit être, selon lui, entre les mains du roi et non plus entre celles de l'Église. Par là-même, il ouvre la voie à ceux qui souhaiteront, au XVIIIème siècle, une «éducation nationale».

Mais l'éducation des masses n'est pas au programme de Richelieu. Il est au contraire persuadé qu'il faut limiter l'enseignement pour éviter de transformer les Français en un peuple de «chicaneurs» et d'ambitieux qui se détourneraient de l'artisanat et de la terre. Il tente de limiter le nombre des petites écoles créées par les religieux. En vain : la Renaissance et la Réforme ont créé une telle soif de connaissance qu'il n'est plus possible d'arrêter le développement de la scolarisation.

En sens inverse, Richelieu souhaite améliorer et renforcer l'éducation des puissants, l'enseignement supérieur destiné aux futurs dirigeants du pays. Il dote la Sorbonne de nouveaux bâtiments en 1625. Il fonde l'Académie française en 1635. Il crée l'Imprimerie nationale en 1640, pour diffuser les ouvrages utiles au gouvernement.

L'Église pour les pauvres

Au XVIIème siècle, les congrégations enseignantes se multiplient. Parmi les principales : l'Oratoire, fondé par Bérulle en 1611, qui fournit des prêtres enseignants aux paroisses et diffuse des ouvrages pour les maîtres, en quelque sorte les premiers manuels de pédagogie ; la congrégation de Jésus et Marie, créée par Jean Eudes (1601-1680), qui a aussi pour mission essentielle l'enseignement et dont l'œuvre dure toujours aujourd'hui... Mais c'est surtout Charles Démia (1637-1689) et Jean-Baptiste de La Salle (1651-1719) qui vont révolutionner l'enseignement primaire populaire et lui donner une organisation et une pédagogie semblable, à peu de choses, à ce que nous connaissons aujourd'hui.

Le jésuite Charles Démia (page ci-contre) va mettre en place un véritable réseau d'écoles gratuites, ouvrir les premières écoles de filles, créer une administration générale et des formations pour les maîtres ouvertes aux laïques, ancêtres de nos écoles normales. On le perçoit parfois comme «l'inventeur» de l'école primaire mais il est surtout celui qui a perçu l'éducation non seulement comme un outil d'évangélisation mais aussi comme un moyen de maintenir l'ordre social.

Charles Démia, un précurseur

Des écoles pour les enfants pauvres

Fils d'un lieutenant général de la Bresse, Charles Démia (1637-1689) fait ses premières études au collège jésuite de Bourg, les complète au collège de la Trinité de Lyon et les termine par l'étude du droit à Paris. En 1660, il entre au séminaire. Il est ordonné prêtre en 1663. [Mais] c'est l'éducation qui, d'une manière ou d'une autre semble l'attirer. [...] Dès 1671, Démia est chargé par l'archevêque de la direction des écoles du diocèse. Il fonde alors un Bureau des écoles, composé de seize «recteurs» chargés de l'aider dans sa tâche. Il dispose ainsi d'une des premières «administrations» chargée d'impulser, d'organiser et de contrôler la vie des écoles populaires. En outre, il crée à la même époque le séminaire Saint-Charles, dans lequel il accueille des jeunes gens pauvres qui se destinent à l'état ecclésiastique et qui, en échange de leur éducation, doivent se consacrer à l'enseignement dans les écoles. Le séminaire, Démia étant préoccupé par la formation de maîtres, s'ouvre bientôt à des laïcs et devient ainsi un ancêtre de nos écoles normales.

Un an après, Charles Démia ouvre les deux premières écoles de filles. Un peu plus tard, en 1680, il fonde la communauté des sœurs de Saint-Charles, de façon à disposer d'institutrices de qualité. Le roi, la même année, approuve par lettres patentes la création du Bureau des écoles. Démia dirige maintenant un véritable réseau structuré d'écoles, pour les garçons et pour les filles, et dispose d'une administration officiellement reconnue, de congrégations qui constituent des pépinières de maîtres et de maîtresses, et d'un séminaire où il les forme.

L'école pour l'ordre social

L'éducation des enfants pauvres lui paraît en effet être indispensable si l'on veut éviter qu'ils deviennent «indociles, joueurs, blasphémateurs, querelleurs, s'adonnent à l'ivrognerie, à l'impureté, au larcin et au brigandage». Pour Démia, l'école populaire doit remplir une fonction sociale en corrigeant l'éducation vicieuse des pauvres, car, dit-il : «C'est encore de ce défaut

d'éducation que naît la difficulté qu'on a de trouver des serviteurs fidèles et de bons ouvriers, que l'on voit tant de fainéants et vagabonds par les rues qui causent dans la ville une fourmilière de gueux qui pourraient faire appréhender des désordres publics.» C'est la conception d'une école au service du maintien de l'ordre social, apparue timidement vers la fin du siècle précédent et que Démia adopte résolument. Cette conception, qui va désormais progressivement s'affirmer, connaîtra son heure de gloire au XIXème siècle. Elle conduira en effet le pouvoir temporel à se préoccuper de plus en plus de l'instruction du peuple, et à chercher à ravir la tutelle de celle-ci à l'Église. La conception qu'exprime Démia porte en effet en germe la laïcisation de l'école. (Christian Nique, Claude Lelièvre, *Histoire biographique de l'enseignement en France,* Retz, 1990, © Nathan 1994, *Bâtisseurs d'écoles*)

Éduquer les protestants

Voici, à titre de curiosité, la déclaration royale de 1698 sur l'instruction des "nouveaux convertis" suite à la révocation de l'édit de Nantes : «Voulons que l'on établisse autant qu'il sera possible des maîtres et des maîtresses dans toutes les paroisses où il n'y en a point, pour instruire tous les enfants, et nommément ceux dont les pères et mères ont fait profession de la religion prétendue réformée, du catéchisme et des prières qui sont nécessaires, pour les conduire à la messe tous les jours ouvriers, comme aussi pour apprendre à lire et même à écrire à ceux qui pourront en avoir besoin."

JEAN-BAPTISTE DE LA SALLE

L'un des acteurs essentiels de l'histoire de l'éducation en France reste Jean-Baptiste de La Salle (1651-1719). Il inventa puis réussit à imposer la méthode d'enseignement simultanée que nous connaissons toujours aujourd'hui et à développer le plus important réseau d'écoles primaires.

Les débuts de Jean-Baptiste de La Salle

Le grand précurseur de notre école d'aujourd'hui est Jean-Baptiste de La Salle. Né en 1651 à Reims, fils d'un conseiller au présidial qui pensait faire de lui son successeur, il affirme très tôt une vocation religieuse et reçoit la tonsure dès ses onze ans. Il fait ses études au collège des arts à Reims puis au séminaire de Saint-Sulpice à Paris, enfin à la Sorbonne. De retour à Reims (il doit s'occuper de ses six frères et sœurs que la mort de ses parents a laissés orphelins), il continue ses études sous la direction de l'abbé de la cathédrale Nicolas Roland, qui va jouer un rôle décisif pour son avenir. Passionné par l'œuvre de Démia, Nicolas Roland a créé à Reims la compagnie des sœurs de l'Enfant-Jésus, pour la formation des petites filles pauvres de la ville. En 1678, l'année où Jean-Baptiste est ordonné prêtre, Nicolas meurt et fait de lui son exécuteur testamentaire. La Salle relève le défi d'éducation, crée de nouvelles écoles gratuites pour les pauvres à Reims... au point qu'il éduque ainsi plus d'un millier d'enfants en 1679.

Les frères des Écoles chrétiennes

En 1684, il distribue tous ses biens aux indigents pour mener la même vie pauvre que ses instituteurs, des disciples qu'il rassemble sous le titre de frères des Écoles chrétiennes. Leur costume : soutane noire, rabat blanc, manteau de paysan champenois, tricorne plat. Pour multiplier les futurs maîtres, il crée un noviciat. Il développe ainsi des écoles à Reims, Guise, Laon, Paris en 1688 puis à Calais, Troyes, Avignon, Dijon, Rouen, Marseille, Mende, Alais, Grenoble, Valréas, Saint-Denis, Versailles... Ses éducateurs essaiment ainsi dans toute la moitié nord de la France, la vallée du Rhône et le Bassin méditerranéen. Essentiellement dans les villes, car La Salle a fixé comme règle que les frères soient toujours plusieurs par école, ce qui rend difficile leur présence dans de trop petites localités.

> **!** *Canonisé en 1900, presque deux siècles après sa mort, Jean-Baptiste de La Salle sera déclaré en 1950 «saint patron de tous les éducateurs d'enfants et d'adolescents».*

À sa mort en 1719, il y a déjà des milliers d'élèves scolarisés dans 22 villes. En 1772, l'organisation compte 410 classes et 40 000 élèves. Mise à l'écart par la Révolution, l'école lasallienne renaît en partie sous la Restauration. Elle comptera à nouveau 7 000 frères enseignant gratuitement les enfants pauvres en 1850.

Les lieux et les maîtres

Les écoles de l'Institut de La Salle se fondent sur plusieurs principes nouveaux, dont beaucoup sont conservés aujourd'hui. En premier lieu, l'école est un lieu consacré uniquement à l'enseignement, et non pas n'importe quelle salle commune ou le logis de l'enseignant. La dignité de l'éducation requiert des locaux spécifiques et "des meubles qui y conviennent". C'est le début officiel de la "maison d'école". Il y a plusieurs maîtres par école, ce qui permet de créer des classes de niveaux différents, au moins deux, et non une classe unique où l'enseignement ne peut être adapté précisément à chacun ; les maîtres se consacrent exclusivement à ce travail et ne sont pas, à côté, clercs.

Les livres et les horaires

Grande nouveauté du système, on utilise des livres de classe identiques pour tous, alors qu'auparavant chacun apportait un livre quelconque de chez lui - souvent un vieux catéchisme où avaient appris à lire plusieurs générations. Il y a même un début de matériel scolaire (tableaux de lettres et de chiffres, cartes...)

Enfin les horaires de cours sont bien déterminés, le début et la fin des exercices marqués par une cloche ou un signal sonore, alors qu'auparavant on faisait cours quand le maître avait le temps. L'emploi du temps est fixe et bien rôdé, les élèves font de vrais exercices de lecture, d'écriture, d'orthographe et d'arithmétique, notés, corrigés et éventuellement récompensés. Bien entendu, des cours de catéchisme sont aussi dispensés.

La conduite des Écoles chrétiennes

Un guide du maître en primaire

Soucieux de guider les gestes des maîtres de ses écoles et de leur donner des conseils sur la façon d'enseigner, Jean-Baptiste de la Salle rédige dès 1706 un grand ouvrage, *La conduite des écoles chrétiennes*, publié après sa mort en 1719.

Les règles de la pédagogie d'aujourd'hui

«À l'époque, les maîtres des petites écoles utilisaient à la fois une méthode individuelle fort peu efficace (qui consiste à enseigner à un élève à la fois pendant que les autres attendent, s'ennuient ou s'amusent) et commençaient l'apprentissage des rudiments en latin, ce qui conduisait les écoliers à ne rien comprendre de ce qu'ils faisaient. De La Salle est l'un des premiers à faire enseigner en français ; il codifie et propage une méthode plus efficace, la méthode simultanée. Celle-ci consiste à enseigner aux élèves non individuellement mais collectivement et simultanément. Elle commençait à être entrevue et utilisée au XVIème siècle et au début du XVIIème siècle. [...] mais de La Salle la codifie avec une précision telle qu'il a pu en être considéré comme l'inventeur. Il propose de diviser les élèves en groupes (commençants, médiocres et avancés), de diviser le savoir en étapes (neuf pour la lecture : alphabet, syllabes...), de fixer la durée d'enseignement de chaque étape, d'utiliser un matériel d'enseignement collectif (tableaux muraux, tables et bancs...). Ceci permet à chaque frère de diriger quasiment mécaniquement son école (c'est-à-dire sa classe au sens d'aujourd'hui). Et, dans la mesure où celle-ci peut accueillir jusqu'à une centaine d'élèves qu'il faut répartir en groupes dans chaque discipline, et qui doivent obéir et exécuter ce qu'on leur demande en ordre et en silence, le frère se fait aider d'officiers de classe, qu'il charge de fonctions précises : le balayeur, le portier, le distributeur de papier, l'inspecteur (chargé de la surveillance), etc.

Avec la *Conduite des Écoles chrétiennes*, l'enseignement primaire possède enfin une méthode précise et rigoureuse, utilisable par les maîtres peu formés de l'époque, propre à faire véritablement réaliser des progrès à de grands groupes d'enfants. La *Conduite* sera par la suite légèrement modifiée pour tenir compte de l'évolution des savoirs mais l'essentiel de ce qu'avait écrit le fondateur sera préservé jusqu'au XXème siècle. Les partisans de la méthode mutuelle au début du XIXème siècle chercheront à détruire la méthode simultanée mais n'y réussiront pas. Celle-ci deviendra la méthode officielle de l'État sous la monarchie de Juillet, grâce au ministre François Guizot et à son conseiller Paul Lorain. S'il ne l'a pas inventée (cette invention a été progressive), Jean-Baptiste de La Salle, en rédigeant la *Conduite*, a donné corps à la pédagogie primaire que nous connaissons encore aujourd'hui.» (Christian Nique, Claude Lelièvre, *Histoire biographique de l'enseignement en France*, Retz, 1990, © Nathan 1994, *Bâtisseurs d'écoles*)

Les frères ignorantins

Les mauvaises langues surnomment les frères du mouvement lassallien, nommés maîtres d'école, des «frères ignorantins» parce qu'ils «ignoraient» le latin dans leur enseignement et donnaient leurs cours en français, la meilleure façon en réalité de d'être compris du peuple et de faire progresser leurs élèves.

Le XVIIIe siècle

Siècle des Lumières, le XVIIIème siècle est aussi celui du débat sur l'utilité de l'école : faut-il ou non donner au enfants du peuple une éducation primaire (lire, écrire, compter) ? Les avis sont plutôt partagés ; l'Église et les physiocrates répondent oui, les philosophes et les élites non.

Les philosophes et les élites sont contre

Au fil du siècle se renforce un mouvement dit «mercantiliste» qui craint que l'instruction ne détourne les jeunes du travail manuel et ne dépeuple les campagnes.

Voltaire s'y oppose formellement et même La Chalotais, qui contribue à la naissance d'un véritable système scolaire, privilégie l'instruction des notables à celle du peuple : «Le bien de la société demande que les connaissances du peuple ne s'étendent pas plus loin que ses occupations. Tout homme qui voit au-delà de son triste métier ne s'en acquittera jamais avec courage et patience». Rousseau ajoute : «Le pauvre n'a pas besoin d'éducation ; celle de son état est forcée, il ne saurait en avoir d'autre». Madame de Genlis, qui n'enseigne que dans les milieux les plus aristocratiques, écrit aussi : «Je ne crois pas qu'il fût bon, en supposant que cela fut possible, d'éclairer et de perfectionner l'esprit des gens du peuple... On verrait sur la terre une étrange confusion et de terribles soulèvements si l'on pouvait établir parmi les hommes une parfaite égalité de lumières».

> *«Je vous remercie de proscrire l'étude chez les laboureurs, écrit Voltaire à un haut magistrat. Moi qui cultive la terre, je vous présente requête pour avoir des manœuvres et non des clercs tonsurés.»*

Ces prises de position influencent largement les décisions restrictives des intendants provinciaux. Certains d'entre eux, comme d'ailleurs certaines villes vont jusqu'à décider, à la fin du XVIIIème siècle, de retirer leurs subventions aux frères des écoles chrétiennes (c'est-à-dire au mouvement lassallien). C'est par exemple le cas de la ville d'Apt, qui explique suppression ainsi la suppression de l'enseignement aux enfants du peuple : «vu que les écoles gratuites tendent à enlever à l'agriculture un grand nombre de bras, le Conseil croit par cette délibération se conformer aux vues du gouvernement et faire le plus grand bien à la patrie».

L'Église est pour

L'éducation donnée par les religieux insiste pourtant sur le respect total de l'ordre établi et de la hiérarchie sociale et les élites n'auraient pas dû s'en offenser. Pour les frères, éduquer les enfants, c'est leur donner les moyens de grandir dans la foi et de résister aux hérésies. C'est aussi, ils l'indiquent, le moyen de les rendre plus efficace dans la gestion de leur travail futur et de ne pas les laisser à la merci d'un officier recruteur ou d'un notaire prévaricateur qui concluraient un faux document de la fameuse formule «ne sait signer, de ce enquis».

Les physiocrates sont pour

Les physiocrates, qui tentent de propulser au premier plan les questions d'économie et d'amélioration de la productivité, vont plus loin encore dans leur mise en doute de l'inutilité de l'école. En 1758, Quesnay demande «s'il ne faut pas que les enfants des fermiers et de ceux qui exercent le commerce rural sachent lire et écrire pour pouvoir mettre de l'ordre et de la sûreté dans leurs affaires et dans leur commerce et pour lire les livres qui peuvent étendre leurs connaissances sur l'agriculture». Il estime que c'est la misère, bien plus que les écoles, qui incite les paysans à quitter la campagne pour la ville. Du Pont de Nemours promet au roi qu'une instruction universelle transformerait et enrichirait radicalement sa nation.

Très marqués par les modèles d'éducation des républiques de l'Antiquité, les physiocrates souhaitent aussi développer une conscience civique et un sentiment national fort à travers un enseignement donné à tous. Même si la préoccupation du salut n'est pas oubliée («Pour être heureux à jamais dans le ciel, il faut être sur la terre honnête homme et bon citoyen»), les physiocrates sont animés par des objectifs essentiellement laïcs. En cela, ils se montrent de lointains précurseurs des Guizot ou des Ferry qui mettront progressivement sur pied le système scolaire que nous connaissons aujourd'hui.

Quelques personnalités liées à l'éducation

Louis René La Chalotais (1701-1785)
Procureur général au parlement de Rennes, La Chalotais conduit une lutte acharnée contre les jésuites et contribue ainsi à leur expulsion de France en 1762. En disparaissant, les jésuites créent un vide dans les collèges, souvent tenus par eux. La Chalotais le comprend et rédige un *Essai d'éducation nationale,* dans lequel il affirme que l'État doit désormais diriger l'éducation. [...] Il suggère qu'on distingue l'éducation du premier âge (5 à 10 ans) et l'éducation au collège (10 à 17 ans). Pour la première, il présente une conception rousseauiste qui consiste à frapper l'esprit par des images fortes plus qu'à faire apprendre par cœur, à développer les facultés naturelles, et à enseigner dès cet âge l'histoire, la géographie, l'histoire naturelle et les mathématiques.
Il suggère aussi que le roi fasse préparer des livres qui seraient mis entre les mains des maîtres et qui, en guidant leur action, pourraient compenser leurs défauts. Sur ce point comme sur les autres, la conception de l'école de La Chalotais contribue à la naissance d'un dispositif scolaire qui rompt résolument avec celui de la Renaissance.

Jacques Turgot (1727-1781)
Devenu ministre en 1774, Turgot propose au roi dans un mémoire de généraliser l'instruction, d'imposer un maître par commune, de faire un concours de rédaction de livres scolaires, enfin de créer un «conseil de l'éducation nationale» qui aurait pour rôle de diriger et d'uniformiser l'enseignement dans le pays. Cette dernière proposition vise à supprimer l'autonomie qu'avaient les corporations universitaires, aussi bien que la tutelle de l'Église sur le dispositif scolaire. Le souci de Turgot est de faire de celui-ci un outil au service du pouvoir politique afin de transformer la société.

Louis Philipon de la Madelaine (1734-1818)
Philipon publie en 1786 un mémoire dans lequel il soutient l'idée que le peuple peut servir beaucoup ou beaucoup nuire selon l'éducation qu'il reçoit. C'est pourquoi celle-ci doit faire, selon lui, l'objet d'une grande attention et ne saurait être confiée qu'à l'État. Le plan proposé consiste à regrouper dans une école située à la campagne les enfants d'une ville ou de vingt à trente communes rurales, à les nourrir et à les vêtir gratuitement et à les instruire en fonction de leur destinée sociale.

Jean-Frédéric Oberlin (1740-1826)
Pasteur du Ban de la Roche (Vosges) dans les années 1860, Oberlin scolarise les très jeunes enfants, alors que ceci ne se fait nulle part ailleurs. Il les réunit sous la direction de «conductrices de la tendre enfance» qui leur apprennent à tricoter, leur expliquent la Bible à l'aide d'estampes coloriées et les préparent à entrer à l'école proprement dire. C'est ainsi qu'Oberlin a pu être considéré comme le fondateur des premières salles d'asile, les ancêtres de nos écoles maternelles.

Aloïsius Gaultier (1746-1818)
En 1786, l'abbé Gaultier est connu grâce à sa méthode des jeux instructifs, qu'il dit avoir découverte par hasard : «Comme j'étais convaincu que c'est presque toujours de la faute du maître si la leçon n'a pas d'intérêt pour les élèves, je ne savais que faire et j'étais sur le point de me décourager lorsque, apercevant sur une table un panier de fiches, des jetons, des boules de loto éparpillées, j'eus l'idée à l'instant de faire une espèce de loto grammatical». Poussant à l'extrême ce principe, l'abbé pédagogue conçoit et publie des jeux de géographie, de morale, de langue latine, de composition française, de lecture, d'orthographe, d'histoire, etc.
(Christian Nique, Claude Lelièvre, *Histoire biographique de l'enseignement en France,* Retz, 1990, © Nathan 1994, *Bâtisseurs d'écoles*)

De 1789 à Thermidor

Beaucoup de bonnes volontés, beaucoup d'idées mais une désorganisation totale de l'enseignement pour plusieurs décennies, notamment dans les petites écoles pour les enfants pauvres : les persécutions religieuses font disparaître les maîtres et le taux d'alphabétisation chute d'au moins 20 % !

Les cahiers de doléances de 1789

Les cahiers de doléances de la noblesse de 1789 n'abordent pas la question de l'enseignement primaire du peuple. Seuls ceux du Tiers et du clergé l'évoquent de temps à autre. La tendance générale est celle du développement des petites écoles, de l'extension des congrégations enseignantes assurant la gratuité pour les familles, de l'amélioration de leur efficacité et du sort matériel des maîtres.

Les efforts de la Constituante

La Constituante prend quelques décisions mais qui ont pour effet certain d'achever de désorganiser le dispositif d'enseignement existant : la loi de septembre 1789 qui confie aux autorités civiles des districts et des communes la surveillance de l'éducation conduit à des interventions militantes qui troublent élèves et enseignants ; la confiscation des biens du clergé en novembre 1789 prive beaucoup d'écoles des locaux et de toutes ressources ; enfin, la suppression des congrégations en février 1790 affole de nombreux prêtres qui cessent leur enseignement. La persécution religieuse des années suivantes va faire le reste et achever de mettre à terre un système pour lequel la Constituante avait pourtant voté le *statu quo* en septembre 1791 : «Tous les établissements d'instruction et d'éducation existants dans le royaume continueront d'exister sous le régime actuel et suivant les mêmes lois qui les régissent».

> **!** *Les lois suivent étroitement l'idéologie... La loi de 1793 décrète livres élémentaires d'enseignement "les Droits de l'homme, la Constitution, les Tableau des actions héroïques ou vertueuses" !*

L'inefficacité de la Législative

La Législative crée un comité d'instruction publique chargé de réorganiser l'enseignement. Talleyrand propose un premier plan, vite écarté car trop religieux au goût des révolutionnaires. Condorcet propose à son tour cinq degrés d'enseignement, égalité entre filles et garçons, liberté de création d'écoles par les particuliers, laïcité, gratuité. Mais le financement effraie la Législative qui enterre le projet. En 1793, Sieyès écrit : «Les écoles, les collèges, les universités ont été suspendus presque partout, sinon de droit du moins de fait et n'ont conservé qu'une triste apparence d'activité».

Les multiples plans de la Convention

Lanthenas prépare pour le comité un nouveau projet d'instruction publique, inspiré de celui de Condorcet mais limité aux petites écoles, en même temps que Romme propose un plan d'éducation. Lorsque la Montagne prend le pouvoir, elle écarte les deux projets, tout en affirmant dans la Déclaration des droits de l'homme que «l'instruction est le besoin de tous» et en promettant dans la nouvelle constitution «une instruction commune» pour tous les enfants. Sieyès, Daunou et Lakanal préparent un plan (encore un !) laissant à tous une liberté totale d'enseignement pour le secondaire et le supérieur, l'État n'intervenant que dans le primaire. Les Montagnards refusent. Saint-Just conseille alors radicalement de retirer tous les enfants de cinq à seize ans à leur famille pour les enfermer dans des «maisons communes» et les éduquer, sous prétexte que les enfants appartiennent à la patrie... De nombreux députés craignent - et pour cause ! - les difficultés psychologiques d'application, ainsi que le coût de réalisation de l'ensemble. Le projet n'est finalement jamais mis en application.

Le coup de balai de la Terreur

Bientôt, c'est la Terreur. Les enseignants sont de plus en plus surveillés ou arrêtés, ce qui achève de désorganiser l'éducation. Romme fait adopter en novembre 1793 un décret instituant une école primaire laïque et gratuite pour toutes les communes de plus de 400 habitants et où la langue française sera imposée, ainsi que des exercices physiques militaires pour les garçons. À peine voté, ce premier dispositif est remis en cause par des députés hostiles à Romme, qui incite alors Bouquier à présenter un contre-projet.

La fin des utopies

Le décret Bouquier de 1793

Le 19 décembre 1793, le décret Bouquier prend en charge l'éducation des petits citoyens, sur un ton... très révolutionnaire. L'enseignement est déclaré libre et public : «Les citoyens et citoyennes qui se vouent à l'instruction ou à l'enseignement de quelque art ou science que ce soit, seront désignés sous le nom d'instituteurs ou institutrices». Ils doivent se présenter à la municipalité et fournir un certificat de bonnes mœurs... et de civisme. D'ailleurs, à cette dernière obligation, plus nouvelle, il convient de ne pas déroger, car «tout instituteur ou institutrice qui enseignerait dans son école des préceptes ou maximes contraires aux lois et à la morale républicaine, sera dénoncé par la surveillance, et puni selon la gravité du délit» ! Plus constructive est cette nouveauté : la création d'un comité d'instruction, qui choisit des livres d'enseignement au niveau national et surtout salarie les instituteurs. Ils sont pour la toute première fois fonctionnaires d'État. Cependant leur solde n'est pas fixe, mais dépend du nombre d'élèves de l'école. Enfin, l'école primaire est déclarée obligatoire ; les enfants doivent y être envoyés pour la première fois, au libre choix des parents, entre six et huit ans, et doivent y rester au moins trois années consécutives.

Le décret est bien voté mais reste difficile d'application : pas de livres, pas de maîtres, pas de locaux... Les évèments politiques de Thermidor vont ensuite se charger de le faire passer définitivement à la trappe.

Contradictions et difficultés

Au fil des mois, les législateurs ont ainsi du mal à débattre de notions primordiales qui semblent parfois se contredire. «En trois ans (1792-1795), toutes les questions que le XIXème siècle devait à son tour reprendre et tenter de résoudre ont été évoquées, discutées, clarifiées : liberté et monopole, gratuité, obligation, laïcité, rapports entre les degrés d'études, accès aux degrés supérieurs, programmes, méthodes, équilibre entre la culture technique et le culture libérale, relation entre la recherche et l'enseignement et, par-dessus tout, esprit et destination du système pédagogique» (R. Hubert).

Surtout, une immense réforme du système éducatif aurait nécessité un budget colossal, tant dans la formation et l'entretien des maîtres que dans la construction d'écoles et le soutien aux familles pauvres pour le matériel scolaire ; or les caisses sont plus dramatiquement vides que jamais et la situation économique aléatoire... Les ambitions de la Révolution ne verront finalement pas le jour.

L'esperanto avant la lettre

Après une enquête sur les patois, l'abbé Grégoire suggère en 1794 d'uniformiser la langue du pays mais, au lieu d'utiliser le français, de réaliser une nouvelle grammaire et un nouveau vocabulaire, bref, un nouveau langage : «l'idiome de la liberté».

Le seul point effectivement acquis, en dehors de la destruction réelle et tangible de l'existant, c'est la conception forte d'une «éducation nationale», c'est-à-dire d'un système sur lequel l'État doit avoir la main mise et asseoir son autorité, comme l'imaginait Richelieu quelques siècles plus tôt. Les gouvernements suivants n'y renonceront bien sûr pas.

DE THERMIDOR AU CONSULAT

L'an III marque le retour des anciens enseignants, le renouveau des écoles privées à nouveau permises par la loi et le déclin de l'école publique faute des moyens et du soutien de l'État. C'est le début en France d'une guerre scolaire qui va empoisonner la vie éducative pour deux siècles.

Un essai d'écoles normales sans suite

Lorsqu'éclate Thermidor (juillet 1794), le désordre scolaire est toujours aussi grand. L'une des premières actions (malheureusement sans efficacité) des nouveaux gouvernants est de créer des Écoles normales chargées de former les instituteurs pour qu'ils soient de qualité. Trop savants, leurs cours seront suspendus quelques mois plus tard (on renvoie chez eux les élèves instituteurs) et les écoles supprimées en 1802.

L'intervention de l'État en recul

Lakanal fait voter en novembre 1794 un nouveau plan : liberté de création des écoles ; création par l'État d'écoles primaires publiques (une pour 1 000 habitants) gratuites, avec deux classes séparées (une pour les filles, une pour les garçons), création d'un jury chargé de recruter les maîtres ayant le titre officiel d'instituteur et d'institutrice et qui seront désormais payés par l'État.

En octobre 1795, devant les difficultés d'application du projet Lakanal, Daunou fait voter un décret qui marque un recul de l'État : une école publique par canton (et non plus une par commune de plus de 1 000 habitants) qui n'est plus désormais ni gratuite ni obligatoire et qui se cantonne à l'enseignement de la lecture, de l'écriture, du calcul et de la morale républicaine (l'histoire, la géographie et les sciences disparaissent...). Cette école publique n'est pas régie par l'État mais par les communes qui doivent les organiser et en superviser le fonctionnement. Daunou assure en parallèle «liberté de l'éducation domestique, liberté des établissements particuliers, liberté des méthodes instructives», une liberté que la Constitution de l'an III confirme d'ailleurs explicitement.

> **!** *Le Directoire autorise un enseignement privé mais fait tout en même temps pour le combattre. Il institue des écoles publiques mais ne fait rien pour les développer... La guerre scolaire est bien en route !*

Une mise en application difficile

Des écoles privées s'ouvrent donc rapidement, appuyées par l'Église, en parallèle des écoles publiques créées par l'État. L'enseignant n'a désormais plus de profil précis. La plupart des clercs-enseignants le restent, d'abord dans la clandestinité avant d'être officiellement agréés, d'autres hommes d'Eglise, après l'interdiction du culte, se font maîtres ; des nobles ruinés ouvrent, pour survivre, des pensionnats payants. L'enseignement privé se développe donc à nouveau rapidement, d'autant plus que les évêques et les prêtres incitent les populations à le préférer. Il est géré par des gens qui ont souvent souffert de la Révolution et n'aiment pas l'État.

En face, les nouveaux instituteurs ne sont plus payés - très piètrement - que par ce que les familles peuvent leur donner. Leur recrutement se fait mal, leur formation reste dérisoire faute de moyens (ils savent parfois eux-mêmes à peine lire et écrire), le matériel pédagogique leur manque totalement et les locaux sont bien difficiles à trouver. Dans le Puy-de-Dôme par exemple, on ne trouve à recruter pour enseigner qu'un «vieillard tremblotant», d'anciennes couturières, des élèves en chirurgie, des greffiers, quincailliers et organistes. Et encore, en nombre insuffisant ! Bref, l'école publique de la loi Daunou est une école bien misérable, donc inefficace. C'est d'ailleurs en dehors du système public que va se poursuivre l'essentiel de l'alphabétisation du peuple.

Le bilan par département établi par les conseils généraux en 1800-1801 montre le regret de l'éducation fournie sous l'Ancien Régime. «On regrette les frères de la doctrine chrétienne et les ursulines», écrit-on en Côte-d'Or. «Il faudrait réappliquer à l'instruction des enfants des deux sexes les frères ignorantins et les filles de la Charité et de la Providence», précise-t-on dans le Pas-de-Calais. Etc. Ces clivages marquent le début d'une sourde hostilité entre écoles privées et écoles publiques, ainsi que d'une rivalité réelle, sources de multiples «guerres scolaires» dans les deux siècles qui vont suivre.

La guerre scolaire s'installe

Les causes de l'échec

Bien sûr, le pays connaît des difficultés économiques telles que les enseignants du public n'ont ni le matériel pédagogique ni la rémunération dont ils ont besoin. Mais l'échec est aussi dû à plusieurs autres éléments. À l'insuffisance numérique et aux piètres qualités des instituteurs recrutés d'une part. À l'absence de gratuité d'autre part : il n'y a toujours que les congrégations religieuses qui acceptent les enfants pauvres. Enfin, à l'action volontairement provocatrice de la Convention, qui impose par exemple des manuels parodiant les enseignements de l'Église. Le *Catéchisme républicain et les Commandements de la Liberté* (À la section tu te rendras, de cinq en cinq jours strictement, etc) incitent tous les parents qui ne sont pas farouchement sans-culottes à placer plutôt leurs enfants dans une école privée. L'instituteur public est dans une situation difficile : s'il est républicain et veut endoctriner ses élèves, on les lui retire, alors que son salaire ne vient que des parents, on lui ôte même parfois le local prêté pour faire l'école ; s'il accepte, comme le cas se présente parfois, d'enseigner à partir de manuels de prières ou d'ouvrages neutres, il a son inspecteur sur le dos !...

Daunou (1761-1840), auteur de la seule loi scolaire de la Révolution.

Les causes de l'échec

«La guerre scolaire, qui a débuté en l'an III, devient de plus en plus violente. La lutte contre les écoles particulières apparaît alors, comme le dit Gontard, comme une mesure nécessaire de défense de la République. Les enseignants libres sont l'objet d'une campagne de dénigrement et nombreux sont ceux qui réclament qu'ils soient l'objet d'une surveillance de l'administration. Au début de l'an VI (1798), le Conseil des Cinq-Cents, poussé par la pression républicaine, met la question à l'ordre du jour. Diverses propositions sont discutées (charger les municipalités de surveiller les maîtres particuliers, prévoir des peines pour ceux qui professent l'hostilité à la République, imposer un serment de fidélité républicaine...). Le 6 brumaire an VI, Roger Martin présente, au nom de la Commission d'instruction publique, un projet qui prévoit de stimuler l'école publique en créant une école primaire pour 3 000 habitants. Mais tout ceci, malgré des débats animés, ne débouche sur aucune décision de réforme de la loi Daunou, qui est pourtant de plus en plus honnie. Le Conseil des Cinq-Cents se limite à demander au Directoire de lui faire un état précis de la situation scolaire.

François de Neufchâteau, qui est alors ministre de l'Intérieur, incite les administrations à lui dénoncer les abus des écoles privées et à aider les écoles publiques. Il crée lui-même en brumaire an V un conseil de l'instruction publique. Quelques jours après, un arrêté exige de tous les citoyens qui veulent devenir fonctionnaires qu'ils prouvent que leurs enfants sont dans une école publique. Le mois suivant, une circulaire recommande aux administrations de département de contrôler les écoles particulières. Elle est confirmée deux mois après par un arrêté du Directoire qui impose et organise cette surveillance. À la fin de l'année scolaire (16 thermidor), une loi oblige les écoles privées à respecter le repos du décadi et à conduire ce jour-là leurs élèves aux fêtes républicaines.

Le 3 brumaire an VII, le Directoire reconnaît que l'enseignement public est dans un état lamentable et précaire et suggère des solutions : prélever un impôt pour assurer un traitement correct aux instituteurs, faire composer des livres élémentaires, utiliser les églises en cas de pénurie de local, etc. Le Conseil des Cinq-Cents, de plus en plus irrité par la bonne santé des écoles particulières et surtout par leur éducation fort peu républicaine, veut agir. Mais le coup d'État de Bonaparte du 18 brumaire an VIII ne lui en laisse pas le temps.» (C. Nique, C. Lelièvre, *Histoire biographique de l'enseignement en France,* Retz, 1990, © Nathan 1994, *Bâtisseurs d'écoles*)

Du Consulat à la Restauration

Peu d'améliorations pour l'enseignement primaire sous l'Empire : les guerres demandent de l'argent. La priorité éducative est plutôt donnée aux lycées et au supérieur et les initiatives individuelles et religieuses sont laissées libres pour les petites classes. Avec la Restauration, c'est le retour à la guerre scolaire.

L'Empire se préoccupe peu du primaire

Les décrets napoléoniens, s'ils s'intéressent de très près à l'éducation... n'évoquent pas l'instruction primaire. C'est en effet aux élites que Bonaparte s'intéresse, créant l'Université impériale, et non à l'éducation primaire des petites gens... La loi du 11 floréal an X, rapportée par Fourcroy s'intéresse bien peu aux écoles primaires, abandonnées aux communes. Or, celles-ci se soucient bien peu d'une éducation qui se traduirait par un supplément de dépenses pour elles. Aucun traitement fixe n'est plus prévu pour l'instituteur, qui ne vit à nouveau que de ce que les familles peuvent lui donner. Un décret de 1808 s'en remet finalement, pour ces écoles élémentaires, aux frères des Écoles chrétiennes de La Salle qui ont timidement fait leur réapparition en France : «Ils seront brevetés et encouragés par un grand maître qui visera leurs statuts, les admettra au serment, leur prescrira un habit particulier et fera surveiller leurs écoles». Mais la Révolution a bien décimé les congrégations enseignantes et les effectifs lassalliens ne sont pas suffisants pour faire face aux besoins. En 1815, ils ne forment que 18 290 enfants dans 99 écoles.

> **!** *C'est Napoléon 1er qui instaure le baccalauréat le 17 mars 1808. C'est alors le premier grade universitaire. Mais les bacheliers sont encore très peu nombreux : la première promotion, celle de 1809, ne compte que 31 diplômés pour toute la France !*

Le regain des écoles publiques

À la Restauration, on aurait pu s'attendre à la disparition des écoles publiques. Il n'en est rien. En 1816, le roi signe une ordonnance qui ordonne à toutes les communes «de pourvoir à ce que tous les enfants qui l'habitent reçoivent l'instruction primaire et à ce que les indigents la reçoivent gratuitement». Un logement doit être fourni gratuitement à l'instituteur. Des comités (trois ou quatre notables, le curé, le maire, le juge de paix) sont mis en place dans chaque localité pour surveiller l'école (en clair : l'instituteur), une mesure qui formalise simplement une pratique déjà acquise.

Cette fois, la loi est efficace : en cinq ans, le nombre de communes pourvues d'écoles passe de 17 000 à 24 000 (sur 36 000). Maire et curé délivrent en commun les certificats de bonne conduite à l'instituteur, qu'il soit «libre» ou communal. D'ailleurs, les deux écoles sont soumises à l'inspection des recteurs, des inspecteurs d'académie, des comités cantonaux et des surveillants spéciaux.

La guerre religieuse toujours là

En 1819, Royer-Collard indique à Decazes que, sur le plan scolaire : «Le clergé doit être resserré par des moyens de gouvernement, tracassé, fatigué, découragé, avant d'être attaqué à force ouverte». Decazes ferme alors toutes les institutions scolaires non autorisées. Le clergé durcit sa position. Corbières écrit en 1821 que «l'esprit de parti s'empare de l'instruction primaire».

Le succès des urnes remet les Ultras au pouvoir en 1820 ; ils rendent au clergé son pouvoir scolaire. L'ordonnance de 1824 confie l'éducation primaire aux évêques. Les établissements religieux se multiplient, une dizaine de congrégations enseignantes sont autorisées entre 1820 et 1830, dégagées de l'obligation du brevet de capacité au vu de leur lettre d'obédience. La religion de l'instituteur devient même un motif de décoration !

En 1827, les libéraux reprennent le dessus à la Chambre. Ils s'en prennent aux écoles ecclésiastiques irrégulièrement ouvertes, limitent le nombre d'élèves que les écoles privées peuvent éduquer, retirent le primaire de la responsabilité de l'évêque et rétablissent des comités de surveillance. En 1828, une circulaire rappelle aux recteurs l'utilité de créer des écoles normales primaires. Une première s'ouvre à Dijon en février 1829, une autre à Orléans quelques jours après. En 1830, ce sont quatorze écoles normales de ce type qui ont été établies en France.

Les ministres de 1802 à 1830

Comte de Lacépède, bref grand maître de l'université impériale. Napoléon s'attache davantage au secondaire.

FOURCROY (de) Antoine François -14 septembre 1802 - 17 mars 1808 : directeur général de l'Instruction publique
FONTANES (de) Louis - 17 mars 1808 - 17 février 1815 : grand maître de l'Université
BAUSSET (de) Louis François - 17 février 1815 - 20 mars 1815 : président du Conseil royal de l'Instruction publique
LACÉPÈDE de la VILLE SUR ILLON (de) Bernard Etienne - 20 mars 1815 - 9 mai 1815 : nommé grand maître de l'Université impériale
LEBRUN de PLAISANCE Charles François - 9 mai 1815 - 15 août 1815 : grand maître de l'Université impériale
ROYER-COLLARD Pierre Paul - 15 août 1815 - 29 décembre 1818 : président de la commission de l'Instruction publique
CUVIER Jean Léopold Nicolas Frédéric, dit Georges - 13 septembre 1819 - 1er novembre 1820 : grand maître de l'Université
DECAZES Élie - 29 décembre 1818 - 21 février 1820 : ministre de l'Intérieur, président de la commission de l'Instruction publique
SIMEON Joseph Jérôme - 21 février 1820 - 4 octobre 1820 : ministre de l'Intérieur, président de la commission de l'Instruction publique
LAINE Joseph Louis Joachim - 4 octobre 1820 - 21 décembre 1820 : président du Conseil royal de l'Instruction publique
CORBIERE (de) Jacques Joseph Guillaume Fran-çois Pierre -21 décembre 1820 - 31 juillet 1821 : ministre sans portefeuille, président du Conseil royal de l'Instruction publique
CUVIER Jean Léopold Nicolas Frédéric, dit Georges - 31 juillet 1821 - 1er juin 1822 : président par intérim du Conseil de l'Instruction publique
FRAYSSINOUS Denis Antoine Luc - 1er juin 1822 - 26 août 1824 : grand maître de l'Université royale, puis 26 août 1824 - 1er février 1828 : ministre des Affaires ecclésiastiques et de l'Instruction publique
LEFEBVRE de VATIMES-NIL Antoine François Henri -1er février 1828 - 10 février 1828 : grand maître de l'Université, ministre d'Etat, puis 10 février 1828 - 8 août 1829 : ministre secrétaire d'Etat au département de l'Instruction publique et des Cultes et président du Conseil d'Etat
BARON de MONTBEL Guillaume - 8 août 1829 - 18 novembre 1829 : ministre secrétaire d'Etat au département des Affaires ecclésiastiques et de l'Instruc-tion publique, grand maître de l'Université
GUERNON-RANVILLE (de) Martial Côme Annibal Magloire - 18 novembre 1829 - 29 juillet 1830 : ministre secrétaire d'Etat au département des Affaires ecclésiastiques et de l'Instruction publique et grand maître de l'Université

Et les écoles de filles ?
Dès 1820, les institutrices d'écoles de filles appartenant à des congrégations légalement reconnues sont assimilées aux frères et dispensées de passer le brevet de capacité des instituteurs au vu de leur lettre d'obédience : les institutrices sont tellement introuvables qu'il faut faire appel aux religieuses pour développer l'instruction des filles!

Professeur de chimie au Jardin du roi, Fourcroy (1755-1809) se rallia à la Révolution et devint directeur de l'Instruction publique.

D'une révolution à l'autre...

La révolution de Juillet 1830 débouche sur une monarchie constitutionnelle dont la Charte promet une nouvelle organisation de l'instruction publique et institue la liberté d'enseignement. Le ministre Guizot va ainsi doter la France d'un dispositif d'instruction primaire solide et organisé.

Ça valse dans l'administration !

Avec la révolution de 1830, grand coup de balai dans l'administration : des professeurs trop ultras sont éliminés des collèges, des inspecteurs généraux sont priés de quitter leurs fonctions, tous les fonctionnaires doivent prêter serment de fidélité à la nouvelle monarchie. Les cabinets sont de courte durée et les ministères se succèdent à rythme soutenu, alternant des partis opposés.

Une promesse non tenue : la liberté

Nommé en 1831 ministre de l'Instruction publique, Montalivet se refuse à tenir la promesse de liberté d'enseignement contenue dans la Charte, malgré les protestations de la gauche comme des catholiques. Ce serait selon lui permettre aux ennemis du régime d'ouvrir des écoles «pour endoctriner la jeunesse».

Une promesse tenue : l'éducation primaire

Montalivet est en revanche persuadé qu'un peuple peu instruit se laisse facilement berner par les révolutionnaires, qu'il est moins travailleur et moins honnête. Aussi souhaite-t-il que la promesse de réorganisation de l'enseignement primaire inscrite dans la charte de 1830 soit tenue.

Plusieurs projets sont proposés à la Chambre mais Montalivet est finalement écarté. Nommé ministre quelques mois plus tard, Guizot a bien l'intention de poursuivre cette idée, l'école étant selon lui un «moyen de gouverner les esprits». Il fait ainsi voter le 28 juin 1833 une loi sur l'école publique qui porte son nom, reconnaît la liberté d'enseignement et met en place une véritable organisation de l'école publique.

Grâce à Guizot, 13 000 écoles sont construites ; le nombre total de communes sans école passe de 14 000 à 4 000 (sur 36 000) et le nombre d'élèves scolarisés en hiver de 1,9 million à 2,9 millions. L'école primaire est lancée et ne s'arrêtera plus !

La loi Guizot

Cette loi définit deux sous-niveaux dans l'instruction primaire : élémentaire et supérieure. Le premier niveau comprend lecture, écriture, calcul, mais aussi morale, instruction religieuse et système légal des poids et mesures. Le second y ajoute la géométrie et ses applications pratiques (dessin linéaire, arpentage), les sciences naturelles, le chant, l'histoire et la géographie. La gratuité est accordée aux indigents... soit 30 % de la population française de 1833 qui ne paie pas l'école.

Un article précise que «le vœu des pères de famille sera toujours consulté et suivi en ce qui concerne la participation de leurs enfants à l'instruction religieuse», droit à l'athéisme officiellement reconnu sur lequel les gouvernements suivants reviendront.

Le statut des instituteurs - le terme révolutionnaire est conservé - est précisé : ils doivent être âgés de dix-huit ans au moins et présenter au maire un brevet de capacité obtenu par examen et, toujours, un certificat de moralité. Leur salaire est fixe, de 200 F annuels pour un instituteur élémentaire, de 400 F pour le supérieur, et augmenté d'une rétribution mensuelle des parents, décidée par le conseil municipal.

Enfin, les communes doivent construire et entretenir un local spécial pour l'école : l'école élémentaire est partout obligatoire, l'école supérieure seulement à partir de 6 000 habitants et dans les chefs-lieux.

Au-delà de la loi...

Guizot poursuit son œuvre en assurant l'autorité de l'État sur les enseignants à travers un corps d'inspecteurs (un par département) qu'il crée en 1835 et en perfectionnant le règlement des écoles normales.

Côté pédagogie, de 1833 à 1840, il impose progressivement, grâce à son ami Paul Lorain, la méthode simultanée des frères des Écoles chrétiennes parce qu'elle est la plus efficace, même si elle était jusqu'alors refusée par les opposants aux écoles religieuses.

Les ministres de 1830 à 1848

BIGNON Louis Pierre Edouard - 3 août 1830 - 11 août 1830 - Commissaire provisoire au département de l'Instruction publique

BROGLIE (de) Achille Charles Léonce Victor - 11 août 1830 - 2 novembre 1830 : ministre secrétaire d'Etat au département de l'Instruction publique et des Cultes, président du Conseil

MERILHOU Joseph - 2 novembre 1830 - 27 décembre 1830 : ministre secrétaire d'Etat au département de l'Instruction publique et des Cultes et président du Conseil d'Etat

BARTHE Félix - 27 décembre 1830 - 13 mars 1831 : ministre secrétaire d'Etat de l'Instruction publique et des Cultes et président du Conseil d'Etat

RACHASSON de MONTALIVET Camille - 13 mars 1831 - 27 avril 1832 : ministre de l'Instruction publique et des Cultes

BARTHE Félix - 27 avril 1832 - 30 avril 1832 : ministre de la Justice, assure l'intérim de l'Instruction publique et des Cultes

GIROD DE L'AIN Louis Gaspard Amédée - 30 avril 1832 - 11 octobre 1832 : ministre de l'Instruction publique et des Cultes

GUIZOT François - 11 octobre 1832 - 22 février 1836 : ministre de l'Instruction publique

TESTE Jean Baptiste - 10 novembre 1834 - 18 novembre 1834 : ministre du Commerce, assure l'intérim de l'Instruction publique

PELET Privat Joseph Claramont, dit de la Lozère - 22 février 1836 - 6 septembre 1836 : ministre de l'Instruction publique

GUIZOT François - 6 septembre 1836 - 15 avril 1837 -: ministre de l'Instruction publique

François Guizot est, avec Jules Ferry, l'un des ministres de l'Instruction publique les plus marquants du XIXème siècle.

SALVANDY (de) Narcisse Achille - 15 avril 1837 - 31 mars 1839 : ministre de l'Instruction publique

PARANT Narcisse - 31 mars 1839 - 12 mai 1839 : ministre de l'Instruction publique

VILLEMAIN Pierre Abel François - 12 mai 1839 - 1er mars 1840 : ministre de l'Instruction publique

COUSIN Victor -1er mars 1840 - 29 octobre 1840 : ministre de l'Instruction publique

VILLEMAIN Pierre Abel François - 29 octobre 1840 - 1er février 1845 : ministre de l'Instruction publique

DUMON Pierre Sylvain - 30 décembre 1844 - 1er février 1845 : ministre de l'Instruction publique, par intérim

SALVANDY (de) Narcisse Achille - 1er février 1845 - 24 février 1848 : ministre de l'Instruction publique

Les premiers manuels

Après le vote de sa loi, Guizot fait rédiger et imprimer cinq manuels d'enseignement qu'il envoie dans toutes les écoles : un livre de lecture, un d'instruction morale et religieuse, un de grammaire, un d'arithmétique, un d'histoire et de géographie. Il projette de réorganiser le secondaire mais son départ du ministère fera avorter tous les projets prévus.

Le libéral Narcisse Salvandy (1795-1856) obtient deux fois le portefeuille de l'Instruction publique, en 1837 et en 1845.

De 1848 à la fin du Second Empire

La Seconde République est surnommée à ses débuts la république des instituteurs. La loi Falloux de 1850 prend en compte l'éducation des filles mais réaffirme la dualité de l'enseignement. Duruy poursuit son œuvre et met sur pied la gratuité du primaire dans de nombreuses communes.

Une brève république des instituteurs

Nommé ministre aussitôt après la révolution de 1848, fils de Lazare Carnot qui fut montagnard puis ministre de Napoléon, Hippolyte Carnot est un républicain farouchement hostile aux partis catholiques. Il donne deux jours de congés aux enseignants, nomme désormais «lycées» les «collèges royaux» et, pour tous les établissements, change les appellations qui rappellent les rois : le lycée Henri IV devient ainsi pour quelque temps le lycée Corneille. Euphoriques, les enseignants vont jusqu'à abandonner au nouvel État une partie de leur traitement !

Pour assurer la victoire de son parti aux élections d'avril 1848, Carnot demande par circulaire aux instituteurs «de contribuer à fonder la République» en expliquant au peuple comment il doit voter. Il imprime et leur fait distribuer des «catéchismes électoraux» et les instituteurs se transforment rapidement en agents de propagande du gouvernement. Il remporte les élections grâce à eux et fait augmenter leurs traitements ! Il débaptise les salles d'asile pour les appeler écoles maternelles et dépose un projet de loi d'école primaire gratuite, obligatoire et laïque. Mais les insurrections de juin font peur aux républicains modérés qui trouvent le clergé finalement moins dangereux que les instituteurs. Carnot est contraint de démissionner le 5 juillet.

> **!** *De 1848 à 1863, le nombre d'instituteurs des écoles publiques est presque stable alors que celui des congréganistes passe est multiplié par cinq. Mais les premiers restent néanmoins encore cinq fois plus nombreux (40 842 contre 7 803).*

Retour de balancier

En septembre 1848, la Chambre vote une nouvelle Constitution qui confirme que l'enseignement est libre. La loi Falloux du 15 mars 1850 balaie les projets de Carnot, reprend une partie des énoncés de la loi Guizot, et reconnaît officiellement deux types d'écoles primaires : celles fondées par les communes, dites publiques, et celles fondées par des particuliers ou des associations (en fait des congrégations religieuses), dites libres. Elle ne retient ni la gratuité ni l'obligation que contenait la loi Guizot pour le primaire mais étend les nouvelles dispositions à l'éducation des filles et plus seulement à celle des garçons.

L'instruction morale et religieuse n'est plus laissée au jugement des familles mais obligatoire, d'autant plus que «les autorités locales préposées à la surveillance et à la direction morale de l'enseignement primaire sont, pour chaque école, le maire, le curé» mais aussi les notables, le préfet et, s'ils existent, le pasteur ou le rabbin. «Pourquoi pas le garde champêtre !» s'exclame ainsi un instituteur dans un roman de Flaubert.

L'instituteur est salarié pour 200 F par l'Etat, pour le reste du «produit de la rétribution scolaire», dû par les parents, le total devant atteindre 600 F. L'école n'est donc pas gratuite, sauf pour les enfants «dont les familles sont hors d'état de payer».

Après son coup d'État, Napoléon III nomme Fortoul pour diriger l'instruction primaire. Comme Carnot mais dans un sens différent, Fortoul va prendre en main les enseignants pour les soumettre au prince : il suspend tous ceux qui sont hostiles et leur demande d'appuyer les candidats de l'Élysée aux élections. Il remet au goût du jour, sans s'en cacher, «les pouvoirs disciplinaires les plus étendus»

Une succession plus libérale

Fortoul meurt en activité. Il est remplacé par Rouland puis par Duruy, qui crée le premier enseignement secondaire pour jeunes filles. En parallèle, il tente d'obtenir - mais en vain - l'obligation et la gratuité de l'enseignement primaire. Il réussit néanmoins à faire voter en 1867 une loi qui crée des écoles de hameau, améliore la rémunération des maîtres et autorise les communes à lever une imposition pour créer si elles le souhaitent une «caisse des écoles» et assurer la gratuité. En deux ans, 3 000 communes profitent de la loi pour rendre leur école primaire gratuite.

Les ministres de 1848 à 1870

CARNOT Hippolyte - 24 février au 5 juillet 1848 : ministre de l'Instruction et des Cultes
TENAILLE de VAULABELLE Achille - 5 juillet 1848 - 13 octobre 1848 : ministre de l'Instruction publique et des Cultes
FRESLON Alexandre Pierre - 13 octobre 1848 - 20 décembre 1848 : ministre de l'Instruction publique et des Cultes
MARIE DE SAINT-GEORGES Pierre Thomas Alexandre Amable - 1er décembre 1848 - 20 décembre 1848 : ministre de l'Instruction publique et des Cultes par intérim
FALLOUX DU COUDRAY (de) Frédéric Alfred Pierre - 20 décembre 1848 - 31 octobre 1849 : ministre de l'Instruction publique et des Cultes
BUFFET Louis Joseph - 10 février 1849 - 20 février 1849 : ministre de l'Agriculture et du Commerce, ministre de l'Instruction publique et des Cultes par intérim
DUFAURE Armand Jules Stanislas - 28 juillet 1849 - 3 août 1849 : ministre de l'Instruction publique et des Cultes par intérim
LANJUINAIS (de) Victor Ambroise - 18 août 1849 - 10 septembre 1849 : ministre de l'Agriculture et du Commerce, ministre de l'Instruction publique et des Cultes par intérim, à nouveau : 14 septembre1849 - 31 octobre 1849
PARIEU (de) Marie Louis Pierre Félix Esquirou - 31 octobre 1849 - 24 janvier 1851 : ministre de l'Instruction publique et des Cultes
BAROCHE Pierre Jules - 2 au 20 septembre 1850 : ministre de l'Intérieur, ministre de l'Instruction publique et des Cultes par intérim
GIRAUD Charles Joseph Barthélemy - 24 janvier 1851 - 10 avril 1851 : ministre de l'Instruction publique et des Cultes
CROUSEILHES (de) Jean Pierre Pie Frédéric - 10 avril 1851 - 26 octobre 1851 : ministre de l'Instruction publique et des Cultes
ROUHER Eugène -18 août 1851 -Aassure l'intérim de l'Instruction publique et des Cultes
GIRAUD Charles Joseph Barthelémy - 26 octobre 1851 - 3 décembre 1851 : ministre de l'Instruction publique et des Cultes
FORTOUL Hippolyte Nicolas Honoré - 3 décembre 1851 - 7 juillet 1856 : ministre de l'Instruction publique et des Cultes

Nommé ministre de l'Instruction publique en 1863, Victor Duruy (1811-1894) chercha à créer des cours secondaires de jeunes filles.

VAILLANT Jean Baptiste Philibert - 1er juillet 1856 - 13 août 1856 : ministre de la Guerre et, par intérim, de l'Instruction publique et des Cultes
ROULAND Gustave - 13 août 1856 - 23 juin 1863 : ministre de l'Instruction publique et des Cultes
BILLAULT Auguste Adolphe - 29 août 1860 - 30 septembre 1860 : ministre de l'Intérieur et par intérim de l'Instruction publique et des Cultes
VAILLANT Jean Baptiste Philibert - 30 septembre 1860 - 10 octobre 1860 : ministre de la Guerre et par intérim de l'Instruction publique et des Cultes
DURUY Jean Victor - 23 juin 1863 - 17 juillet 1869 : ministre de l'Instruction publique
BOURBEAU Louis Olivier - 17 juillet 1869 - 2 janvier 1870 : ministre de l'Instruction publique
SEGRIS Alexis Emile - 2 janvier 1870 - 13 mai 1870 : ministre de l'Instruction publique
RICHARD Maurice Louis - 14 avril 1870 - 13 mai 1870 : ministre des Beaux-Arts, par intérim de l'Instruction publique
MEGE Jacques Philippe - 13 mai 1870 - 9 août 1870 : ministre de l'Instruction publique
BRAME Jules Louis Joseph - 10 août 1870 - 4 septembre 1870 : ministre de l'Instruction publique et des Beaux-Arts

De 1870 à Jules Ferry

La Troisième République devient l'âge d'or des hussards noirs, ces fameux instituteurs laïques et républicains. Les deux vont de pair car, si on leur demande d'être neutres religieusement, ils ne doivent pas l'être politiquement. Les républicains veulent faire de l'école leur cheval de Troie social.

Public ou privé ?

Avant Jules Ferry, la distinction entre écoles publiques et écoles privées tient à la nature du financement : «Les écoles publiques sont celles qu'entretiennent, en tout ou partie, les communes, les départements ou l'État». Mais les enseignants peuvent très bien y être des religieux, d'autant plus que la religion est inscrite dans les programmes et y est enseignée. Faute d'institutrices laïques, 48 % des filles des écoles publiques sont ainsi formées par des congréganistes ; pour les garçons, ce pourcentage est encore de 13 %.

L'école comme outil politique

Le Second Empire est tombé mais l'idée de monarchie est encore très présente en France puisque la IIIème République, perçue comme un régime provisoire et transitoire, n'est instaurée qu'à une voix, essentiellement du fait des divisions des royalistes entre orléanistes et légitimistes et de l'intransigeance du principal prétendant au trône.

Les républicains savent que leur position est fragile. Faire de l'école un outil politique au service de leur État, comme en rêvait déjà Richelieu, devient un élément essentiel de leur survie. Jules Ferry (voir les deux pages suivantes qui lui sont consacrées) l'a compris ; ses actions vont porter :

- sur la laïcité. Il ne faut pas que les enseignants soient des religieux parce qu'ils sont, à cette époque, monarchistes donc opposants politiques
- sur les écoles normales. Il faut les multiplier pour former des instituteurs farouchement républicains. En effet, on n'enseignera plus la religion à l'école mais on y enseignera la politique et les doctrines voulues par les républicains. «Nous avons promis la neutralité religieuse, explique Jules Ferry en 1883 dans un discours au Sénat, nous n'avons pas promis la neutralité philosophique, pas plus que la neutralité politique». En clair, son parti politique va faire de l'école un outil d'endoctrinement - ce qu'il reprochait précédemment, en toute bonne logique, au camp d'en face. Les instituteurs sont formés en ce sens : «Vous devez enseigner la politique, rappelle Jules Ferry au Congrès pédagogique des délégués des instituteurs de France en 1881, vous avez le devoir de faire aimer la République et la première révolution»
- sur l'éducation des filles. Là encore, pas de féminisme mais du pragmatisme politique. En 1870, Ferry affirme en effet : «Dans le combat politique, la femme ne peut être neutre... Les évêques le savent bien : celui qui tient la femme, celui-là tient tout, d'abord parce qu'il tient l'enfant, ensuite parce qu'il tient le mari... C'est pour cela que l'Église veut retenir la femme ; et c'est pour cela qu'il faut qu'on lui enlève». Pour la même raison, radicaux et socialistes s'opposeront toujours au vote des femmes. C'est un parti de droite, le MRP, qui leur accordera à la fin de la Seconde Guerre mondiale, là aussi à des fins politiques, pour empêcher un vote communiste trop important aux élections.

> *En 1879, 76 % des garçons sont scolarisés dans le public pour seulement 36 % des filles. Ramener les filles dans le public et éliminer les religieux qui y enseignent encore vont être des objectifs majeurs de Jules Ferry.*

Les mesures pratiques

Le 9 août 1879, Jules Ferry impose à chaque département d'entretenir deux écoles normales : une de garçons (c'est classique) et une de filles (c'est nouveau !). Le 18 juin 1881, il oblige les enseignants à obtenir un brevet de capacité et supprime la validité de la lettre d'obédience des congréganistes. Le 16 juin 1881, il fait voter la loi instituant la gratuité de l'école primaire. Enfin, le 28 mars 1882 passe sa loi rendant cette école obligatoire de six à treize ans, laïque (l'instruction religieuse est éliminée des programmes) et républicaine (l'instruction morale et civique est obligatoire). Actions fort efficaces, tant pour l'aLphabétisation que pour la politique puisque, en quelques décennies, la monarchie n'apparaîtra plus en France comme un régime possible.

Les ministres de 1870 à 1886

Jules Ferry (1832-1896)

SIMON Jules - 4 septembre 1870 - 18 mai 1873 : ministre de l'Instruction publique, des Cultes et des Beaux-Arts

PELLETAN Eugène - 31 janvier 1871 - 4 février 1871 : ministre de l'Instruction publique et des Cultes et des Beaux-Arts, par intérim

DORIAN Pierre Frédéric 4 au 22 février 1871 : ministre des Travaux publics, assure l'intérim de l'Instruction publique, des Cultes et Beaux-Arts

TAILLANDIER SAINT-RENE René - 22 février 1871 : secrétaire général du ministère de l'Instruction publique, il assure l'intérim de l'Instruction publique, des Cultes et des Beaux-Arts

REMUSAT (de) Charles François Marie - 14 août 1872 : ministre des Affaires étrangères, assure l'intérim de l'Instruction publique, des Cultes et des Beaux-Arts

WADDINGTON William Henri - 18 mai 1873 - 24 mai 1873 : ministre de l'Instruction publique, des Cultes et des Beaux-Arts

BATBIE Anselme Polycarpe - 25 mai 1873 - 26 novembre 1873 : ministre de l'Instruction publique, des Cultes et des Beaux-Arts

BARDY de FOURTOU Marie François Oscar - 26 novembre 1873 - 22 mai 1874 : ministre de l'Instruction publique, des Cultes et Beaux-Arts

CUMONT (de) Arthur Timothée Antoine Victor - 22 mai 1874 - 10 mars 1875 : ministre de l'Instruction publique, des Cultes et Beaux-Arts

WALLON Henri Alexandre - 10 mars 1875 - 9 mars 1876 : ministre de l'Instruction publique, des Cultes et des Beaux-Arts

WADDINGTON William Henri - 9 mars 1876 - 16 mai 1877 : ministre de l'Instruction publique, des Cultes et des Beaux-Arts

BRUNET Joseph Mathieu - 17 mai au 23 novembre 1877 : ministre de l'Instruction publique, des Cultes et des Beaux-Arts

FAYE Hervé Auguste Etienne Léopold Alban - 23 novembre 1877 - 13 décembre 1877 : ministre de l'Instruction publique, des Cultes et Beaux-Arts

BARDOUX Benjamin Agénor - 13 décembre 1877 - 4 février 1879 : ministre de l'Instruction publique, des Cultes et des Beaux-Arts

FERRY Jules - 4 février 1879 - 13 novembre 1881 : ministre de l'Instruction publique et des Beaux-Arts

BERT Paul - 14 novembre 1881 - 30 janvier 1882 : ministre de l'Instruction publique et des Cultes

FERRY Jules - 30 janvier 1882 - 6 août 1882 : ministre de l'Instruction publique et des Beaux-Arts

DUVAUX Jules - 7 août 1882 - 21 février 1883 : ministre de l'Instruction publique et des Beaux-Arts

FERRY Jules - 21 février 1883 - 20 novembre 1883 : ministre de l'Instruction publique et des Beaux-Arts

FALLIERES Clément Armand - 20 novembre 1883 - 6 avril 1885 : ministre de l'Instruction publique et des Beaux-Arts

GOBLET René - 6 avril 1885 - 11 décembre 1886 : ministre de l'Instruction publique, des Beaux-Arts et des Cultes

La loi Goblet de 1886

L'ensemble des réformes établies par Jules Ferry est rappelé par la loi du 30 octobre 1886 (loi René Goblet) qui impose la laïcisation des enseignants des écoles publiques : les instituteurs congréganistes doivent partir dans un délai de cinq ans ; les religieuses au fur et à mesure des remplacements possibles par des maîtresses laïques (on leur laisse plus de temps parce qu'on n'a pas d'institutrices laïques en nombre suffisant).

Jules Ferry

"Entre toutes les nécessités du temps présent, entre tous les problèmes, j'en choisirai un auquel je consacrerai tout ce que j'ai d'intelligence, tout ce que j'ai d'âme, de cœur, de puissance physique et morale, c'est le problème de l'éducation du peuple." (10 avril 1870)

Un homme engagé

Jules Ferry est né en 1832, dans les Vosges, à Saint-Dié. Il est élevé par sa famille dans les idées de 1789 et, dès l'adolescence, se passionne pour le positivisme. Après avoir suivi des études d'avocat, il refuse de prêter serment d'allégeance au régime du Second Empire, devient journaliste pamphlétaire puis député républicain. Il tient en 1870 un discours fameux dans lequel il défend déjà les fondements de l'éducation républicaine et qui s'inspire à la fois du positivisme et des idées de Condorcet. En 1875, il devient franc-maçon à la loge Clémente Amitié qui regroupe les positivistes parisiens.

Son intérêt pour l'éducation populaire va pouvoir être mis en pratique car il devient ministre de l'Instruction publique en 1879, dans un gouvernement républicain. Il fait voter de 1879 à 1882 les lois qui fondent notre école jusqu'au milieu du XXème siècle. Mais son action ne se limite pas à l'éducation puisqu'il fait voter, en tant que Président du Conseil, la liberté de réunion (30 juin 1882), de la presse (29 juillet 1881) et d'association (21 mars 1884).

Ferry se présente à la présidence de la République en 1887 ; mais Clemenceau et les radicaux font campagne contre lui et le font échouer.

L'école gratuite

Lorsque Jules Ferry fait voter la gratuité de l'enseignement primaire, il ne fait qu'étendre au milieu rural une gratuité déjà acquise en général dans les villes grâce aux efforts financiers des communes ou grâce à la présence de congrégations religieuses : 60 % des élèves bénéficiaient déjà de la gratuité, la rétribution scolaire versée par les parents n'existait plus qu'à la campagne. Il transforme en service public ce qui était jusqu'alors œuvre de charité et fait désormais reposer la charge de l'école non plus sur les usagers (les parents) mais sur l'ensemble de la population, ainsi que le font remarquer de nombreux opposants au projet.

L'école obligatoire

L'une des grandes conquêtes de Ferry est aussi l'obligation scolaire. Les lois précédentes, celle de Guizot surtout, avaient tenté un effort en ce sens, mais n'étaient pas parvenu à contraindre toutes les familles : les mentalités et les porte-monnaie n'étaient pas encore prêts... L'obligation s'impose désormais grâce à Ferry aux filles comme aux garçons.

Comment obliger ? Les moyens de cœrcition prévus par la loi ne sont pas très nombreux ni très violents. Il n'est pas question, comme l'imaginaient un temps les opposants au projet, que l'État construise des geôles où Ferry aurait fait enfermer les parents récalcitrants ! La seule sanction prévue pour la non-déclaration d'un enfant en âge d'être scolarisé est son inscription d'office à une école publique et, si les parents persistent à ne pas envoyer l'enfant en classe, l'affichage de leur nom à la porte de la mairie. En fait, le souci du qu'en dira-t-on, associé à la gratuité faisant tomber les réticences des plus pauvres, suffisent à faire passer sans problème cette idée d'obligation.

Encore faut-il nuancer cette obligation ou du moins son respect. Dans les campagnes, où les parents ont régulièrement besoin de l'aide des enfants, les écoliers seront absents lorsque les travaux de la ferme l'exigent, parfois plusieurs semaines par an, jusqu'à la Première Guerre mondiale. Bref : les parents respectent l'obligation globalement mais pas au jour le jour ! Et les instituteurs seront bien obligés de vivre avec ces classes variables en nombre d'élèves...

L'école laïque

Quant à la laïcité, en dehors des visées politiques qui peuvent sous-tendre son établissement (voir pages précédentes), elle semble aller de soi dès lors que l'ensemble des enfants du pays va à l'école puisque les familles de confessions religieuses minoritaires (protestantisme, judaïsme) s'y retrouvent : on ne peut ni imposer le catholicisme ni introduire des «controverses fâcheuses».

La loi du 28 mars 1882

«Article premier - L'enseignement primaire comprend : l'instruction morale et civique ; la lecture et l'écriture ; la langue et les éléments de la littérature française ; la géographie, particulièrement celle de la France ; l'histoire, particulièrement celle de la France jusqu'à nos jours ; quelques notions usuelles de droit et d'économie politique ; les éléments des sciences naturelles, physiques et mathématiques, leurs applications à l'agriculture, à l'hygiène, aux arts industriels, travaux manuels et usage des outils des principaux métiers ; les éléments du dessin, du modelage et de la musique ; la gymnastique ; pour les garçons, les exercices militaires, pour les filles, les travaux à l'aiguille.»

On remarque d'abord le remplacement de l'instruction religieuse par l'instruction civique : c'est obligé pour une école laïque ! Même si la nation devient presque une religion en elle-même... Les connaissances basiques restent les mêmes qu'aux décennies précédentes, mais s'en ajoutent d'autres, plus artistiques d'un côté, plus pratiques de l'autre : on veut créer des citoyens complets, éveillés mais pas rêveurs et bien pragmatiques. La multiplication des matières est permise par le notable allongement de la durée d'études obligatoires. On ne peut pas s'empêcher de séparer encore un peu filles et garçons... On se demande en quoi peuvent consister les exercices militaires si la gymnastique est déjà commune ?...

«Art. 2. - Les écoles primaires publiques vaqueront un jour par semaine, en outre du dimanche, afin de permettre aux parents de faire donner, s'ils le désirent, à leurs enfants, l'instruction religieuse, en dehors des édifices scolaires. L'enseignement religieux est facultatif dans les écoles privées.»

C'est le début du fameux jeudi, choisi logiquement comme milieu de la semaine puisqu'on travaille le samedi tout entier. Malgré l'apparente tolérance dont atteste ce jour aménagé pour les croyants, pas question de se servir du lieu de l'école pour l'enseignement religieux.

«Art. 4 - L'instruction primaire est obligatoire pour les enfants des deux sexes âgés de six ans révolus à treize ans révolus ; elle peut être donnée soit dans les établissements d'instruction primaire ou secondaire, soit dans les écoles publiques ou libres, soit dans les familles, par le père de famille lui-même, ou par toute personne qu'il aura choisie.»

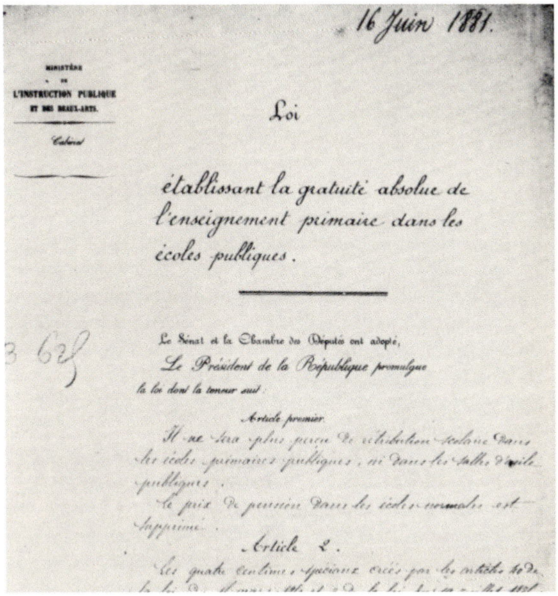
16 Juin 1881.

Ministère de l'Instruction publique et des Beaux-Arts.

Cabinet

Loi

établissant la gratuité absolue de l'enseignement primaire dans les écoles publiques.

Le Sénat et la Chambre des Députés ont adopté,

Le Président de la République promulgue la loi dont la teneur suit :

Article premier.

Il ne sera plus perçu de rétribution scolaire dans les écoles primaires publiques, ni dans les salles d'asile publiques.

Le prix de pension dans les écoles normales est supprimé.

Article 2.

Les quatre centimes spéciaux créés par les articles ...

C'est la première fois qu'un législateur instaure enfin une durée obligatoire d'enseignement permettant à un enfant d'acquérir plus que de simples bases peu exploitables. Mais c'est aussi l'entérinement d'un système à deux vitesses, celui du collège qui succède à l'école primaire pour les citadins aisés, et celui de la communale qui dure six ou sept ans pour les gens de la campagne...

«Art. 6 - Il est institué un certificat d'études primaires ; il est décerné après un examen public, auquel pourront se présenter les enfants dès l'âge de onze ans. Ceux qui, à partir de cet âge, auront obtenu le certificat d'études primaires, seront dispensés du temps de scolarité obligatoire qui leur restait à passer.»

Voici donc les débuts du certif, avec ces quelques intéressantes précisions qu'on ne connaît pas toujours...

Un tableau pas tout rose...

Beaucoup de communes n'ont pas les moyens de faire construire des locaux adéquats et réservés à l'école, et on continue à utiliser encore quelque temps la vieille grange qui servait au maître d'Ancien régime... Avec Jules Ferry, c'est l'État qui va prendre en charge le financement de la construction des écoles.

De Jules Ferry à la guerre

La guerre mondiale ne survient qu'en 1914. Mais entre temps, la guerre menée par les républicains contre les congrégations enseignantes ne connaît pas de répit. Le fameux «petit père Combes» fait disparaître plus de 2 500 écoles religieuses et l'Église doit intervenir pour le respect de la neutralité.

Laïciser le personnel du public

Dans la poursuite des lois de Jules Ferry, la loi Goblet de 1886 met dehors, dans les cinq ans, tous les religieux enseignants dans les écoles publiques, quel que soit leur dévouement. Une décision qui laïcise le personnel mais n'arrange bien sûr pas les relations avec l'Église. Seules les religieuses connaissent un sursis parce que le gouvernement n'a pas assez d'institutrices laïques pour les remplacer (près d'une maîtresse sur deux dans le public est encore une religieuse).

Pour les écarter plus vite, un secondaire féminin public est établi par la loi Camille Sée du 21 décembre 1880 et une école normale supérieure de filles (pour former le personnel des écoles normales des départements) est créée à Fontenay-aux-Roses par la loi du 13 juillet 1880. L'urgence pour l'enseignement républicain des filles semble ainsi telle qu'on fait pour une fois passer les filles avant les garçons ! L'école normale supérieure de garçons ne sera en effet ouverte que deux ans plus tard, le 30 décembre 1882 à Saint-Cloud.

Chasser les écoles des congrégations

Les républicains continuent à tenir les écoles congréganistes comme des pépinières de futurs opposants. Aussi, quand Waldeck-Rousseau fait voter en 1901 la fameuse loi sur les associations, c'est surtout pour lui un moyen de contrôle des congrégations religieuses qui doivent désormais demander une autorisation avant d'ouvrir un établissement scolaire. En 1902, le radical et anti-clérical Émile Combes, qui avait déjà occupé les fonctions de ministre de l'Instruction publique en 1895-1896, devient président du Conseil et ministre de l'Intérieur et des Cultes. Il va mener contre elles une politique d'exception, au mépris de toutes les règles législatives. Dès son arrivée, il fait fermer 2 500 écoles autorisées et fondées avant la loi de Waldeck-Rousseau (donc qui n'avaient pas à redemander d'autorisation selon le principe établi de non-rétroactivité des lois) sous prétexte... qu'elles n'avaient pas demandé d'autorisation ! Les congrégations qui demandent alors, selon la loi de 1901, l'autorisation d'ouvrir une école ou de s'établir reçoivent un refus en bloc, qu'il fait voter par la Chambre. En 1904, il va jusqu'au bout de sa démarche en interdisant l'enseignement à toute congrégation religieuse et en donnant dix ans à celles qui existent pour disparaître.

> ***!*** *L'enfant doit désormais aller à l'école de 6 à 13 ans, scolarité brève mais efficace : le nombre de conscrits illettrés, qui était en 1830 de 55 % est, en 1910 de... 5 %, un chiffre record qu'on n'égale plus aujourd'hui !*

Même si certaines congrégations réussissent à rester en se sécularisant et en se faisant enregistrer comme des écoles privées laïques, il ne reste que 12,2 % d'écoles privées pour les garçons au bout de dix ans et 23,3 % pour les filles. Dans le public, il n'y a quasiment plus de religieux enseignants pour les garçons et les maîtresses congréganistes n'y représentent plus que 1,5 %. Des diminutions considérables. Mais il y a désormais tant d'enfants catholiques dans l'école publique qu'en 1908 l'Église de France est obligée de rappeler le principe de laïcité, c'est-à-dire de neutralité religieuse prévue par la loi, compte tenu des dérives anticléricales constatées dans les propos des instituteurs.

Écoles, mobilier et matériel scolaire

Beaucoup de communes n'avaient pas jusqu'alors les moyens de faire construire des locaux réservés à l'école et continuaient à utiliser la vieille grange du maître d'Ancien régime... Rares sont les locaux qui ont une cour privée et fermée pour la récréation. Aussi, entre 1877 et 1914, le budget de l'Instruction publique destiné à construire des «maisons d'école» est multiplié par six !

Pour les plus pauvres, le matériel scolaire est gratuit, fourni par l'État. Mais, pour éviter les abus de parents qui n'en avaient pas vraiment besoin, les cahiers portaient la marque humiliante de «cahier d'indigent».

Les ministres de 1886 à 1914

BERTHELOT Pierre Eugène Marcelin - 11 décembre 1886 - 30 mai 1887 : ministre de l'Instruction publi-que et des Beaux-Arts
SPULLER Séraphin Jacques - 30 mai 1887 - 12 décembre 1887 : ministre de l'Instruction publique, des Cultes et des Beaux-Arts
FAYE Etienne Léopold - 12 décembre 1887 - 3 avril 1888 : ministre de l'Instruction publi-que, des Cultes et des Beaux-Arts
SIMON dit LOCKROY Etienne Auguste Edouard - 3 avril 1888 - 22 février 1889 : ministre de l'Instruction publique et des Beaux-1rts
FALLIERES Clément Armand - 22 février 1889 - 17 mars 1890 : ministre de l'Instruction publique et des Beaux-Arts
BOURGEOIS Léon Victor Auguste - 17 mars 1890 - 6 décembre 1892 : ministre de l'Instruction publique et des Beaux-Arts
DUPUY Charles Alexandre - 6 décembre 1892 - 3 avril 1893 : ministre de l'Instruction publique, des Beaux-Arts et des Cultes
POINCARÉ Raymond - 4 avril 1893 - 2 décembre 1893 : ministre de l'Instruction publique, des Beaux-arts et des Cultes
SPULLER Séraphin Jacques Eugène - 3 décembre 1893 - 29 mai 1894 : ministre de l'Instruction publique, des Cultes et des Beaux-Arts
LEYGUES Georges - 30 mai 1894 - 26 janvier 1895 : ministre de l'Instruction publique et des Beaux-Arts
POINCARÉ Raymond - 26 janvier 1895 - 1er novembre 1895 : ministre de l'Instruction publique, des Beaux-Arts et des Cultes
COMBES Emile - 1er novembre 1895 - 28 avril 1896 : ministre de l'Instruction publique, des Beaux-Arts et des Cultes
RAMBAUD Alfred Nicolas - 29 avril 1896 - 28 juin 1898 : ministre de l'Instruction publique, des Beaux-Arts et des Cultes

Camille Sée (1827-1919)

BOURGEOIS Léon Victor Auguste - 28 juin 1898 - 1er novembre 1898 : ministre de l'Instruction publique et des Beaux-Arts
LEYGUES Georges - 1er novembre 1898 - 7 juin 1902 : ministre de l'Instruction publiq-ue et des Beaux-Arts
CHAUMIE Joseph - 7 juin 1902 - 23 janvier 1905 : ministre de l'Instruction publique
BIENVENU-MAR-TIN Jean-Baptiste - 24 janvier 1905 - 13 mars 1906 : ministre de l'Instruction publique et des Cultes
BRIAND Aristide - 14 mars 1906 - 4 janvier 1908 : ministre de l'Instruction publique, des Beaux-Arts et des Cultes
DOUMERGUE Gaston - 4 janvier 1908 - 2 novembre 1910 : ministre de l'Instruction publique et des Beaux-Arts
FAURE Emile Louis Maurice - 3 novembre 1910 - 1er mars 1911 : ministre de l'Instruction publique et des Beaux-Arts
STEEG Jules Joseph Théodore - 2 mars 1911 - 13 janvier 1912 : ministre de l'Instruction publique et des Beaux-Arts
GUIST'HAU Gabriel - 14 janvier 1912 - 20 janvier 1913 : ministre de l'Instruction publique et des Beaux-Arts
STEEG Jules Joseph Théodore - 21 janvier au 21 mars 1913 : ministre de l'Instruction publique et des Beaux-Arts
BARTHOU Jean Louis - 22 mars 1913 - 8 décembre 1913 : ministre de l'Instruction publique et des Beaux-Arts
VIVIANI Jean Raphaël Adrien René - 9 décembre 1913 - 8 juin 1914 : ministre de l'Instruction publique et des Beaux-Arts

Le prix des fournitures scolaires vers 1900

Pour un cahier, une plume, un crayon, un buvard, de l'encre et de la craie, il faut débourser de 3,50 à 5 F ; pour un livre de lecture, 0,60 F, un fablier (livre de fables) 1,25 F, et pour une ardoise, 0,40 F.

De la guerre à 1932

L'Entre-Deux-Guerres est l'heure glorieuse de l'école républicaine et de la sélection par le mérite, système rôdé comportant tous les éléments de folklore qui ont marqué les mémoires... Période chère à beaucoup de gens qui s'en souviennent encore, mais où déjà des doutes, des failles s'installent.

L'emploi du temps journalier

Les heures de cours sont réparties de façon assez régulière pendant des décennies, dans toutes les écoles de France ; c'est sans doute vers les années 1930 que cette systématisation atteint son apogée.

Au petit matin, en arrivant à huit heures, on corrige les devoirs du soir donnés la veille, ou on aborde la leçon de morale. Tant que les esprits sont alertes, on passe à des problèmes d'arithmétique et à un peu de calcul mental. La récréation est suivie de la dictée, et de sa correction immédiate en classe. La matinée se termine sur la leçon d'écriture, on devrait plutôt dire de calligraphie tant le soin qui y est apporté est énorme.

L'après-midi s'ouvre sur les leçons d'histoire et de géographie. C'est aussi là que trouvent place les exercices longs comme la rédaction. Enfin la journée se finit sur des leçons de choses, des activités artistiques (dessin, musique) ou sportives.

Une pédagogie progressive

Une cinquantaine d'années après la création de l'école de Jules Ferry, on ne songe pas encore à en changer, ou même à en modifier radicalement le contenu : on veut en prolonger les enseignements, les développer, on pense être à l'apogée... Mais en 1923, le ministre Paul Lapie met en place des réformes des programmes : la morale est réduite et jumelée à l'instruction civique ; l'ensemble du système pédagogique doit être revu. Lapie pense que le système en vigueur jusque-là, à savoir parler de tout à l'enfant dès la première année, puis y revenir les suivantes en creusant chaque fois un peu plus loin, risque surtout de l'ennuyer, de lasser son esprit. L'enfant, suivant une leçon dont il a déjà vu le sujet l'année précédente, et les autres années encore, croit tout savoir, se rebute de cette répétition, n'écoute pas vraiment, et manque les nouvelles informations... Lapie veut transformer cette pédagogie «concentrique» par cercles s'élargissant un peu chaque année, en une pédagogie «progressive» donnant à l'élève «l'impression qu'il avance, qu'il progresse, qu'il découvre du pays nouveau».

! Pour les républicains des années 1920, justice sociale et justice scolaire vont de pair : c'est l'affirmation de l'élitisme républicain.

Il recommande également les méthodes actives «faisant un appel constant à l'effort de l'élève et l'associant au maître dans la recherche de la vérité». Motivation de l'élève, refus de la passivité : on s'éloigne du bourrage de crâne obligatoire... ou de la motivation primaire mais efficace d'échapper à la punition ! Mais il faudra plusieurs décennies pour que ces idées pédagogiques nouvelles passent dans les mœurs.

Le débat sur l'école unique

Les années 1920 sont celles du débat sur l'école unique. Le système d'alors est en effet à deux vitesses : secondaire (payant) incluant des petites classes dès les six ans dans des lycées ; primaire (gratuit) + primaire supérieur (toujours gratuit) jusqu'à treize ans avec le certificat d'études à l'issue pour l'essentiel de la population.

Après guerre, de nombreux mouvements, soutenus par Herriot, lancent l'idée d'une école unique, gratuite jusqu'à quatorze ans qui amalgamerait les premières années de supérieur avec le primaire supérieur, le secondaire ne commençant qu'ensuite et les meilleurs élèves obtenant des bourses pour y accéder.

Mais le débat est confus, les oppositions très violentes tant à droite qu'à gauche : «L'État imbécile deviendrait le souverain maître des vocations, des orientations ! Par trois fois, au sortir de l'enfance, de l'adolescence, de la juvénilité, les Français passeraient sous la toise de M. Lepédant et de M. Lebureau qui délivreraient à quelques-uns un brevet de capacité et à la plupart des autres un brevet de stupidité» ; «Le système de l'école unique a un casque à pointe» ; «L'école unique formera des déclassés qui mépriseront leurs origines populaires»... Finalement, aucun projet ne réussit à voir le jour.

Les ministres de 1914 à 1932

DESSOYE Charles - 9 au 13 juin 1914 : ministre de l'Instruction publique et des Beaux-Arts
AUGAGNEUR Victor - 13 juin - 3 août 1914 : ministre de l'Instruction publique et Beaux-Arts
SARRAUT Albert Pierre - 3 août 1914 - 28 octobre 1915 : ministre de l'Instruction publique et des Beaux-Arts
PAINLEVE Paul - 29 octobre 1915 - 15 novembre 1915 : ministre de l'Instruction publique et des Beaux-Arts, puis 15 novembre 1915 -11 décembre 1916 : ministre de l'Instruction publique, des Beaux-Arts et des Inventions
VIVIANI Jean Raphaël Adrien René - 12 décembre 1916 - 19 mars 1917 : ministre de la Justice, de l'Instruction publique et des Beaux-Arts
STEEG Jules Joseph Théodore - 20 mars 1917 - 11 septembre 1917 : ministre de l'Instruction publique et des Beaux-Arts
DANIEL-VINCENT Charles Augustin - 12 septembre 1917 - 15 novembre 1917 : ministre de l'Instruction publique et des Beaux-Arts
LAFFERRE Louis - 16 novembre 1917 - 27 novembre 1919 : ministre de l'Instruction publique et des Beaux-Arts
BERARD Elie Joseph Louis Léon - 27 novembre 1919 - 19 janvier 1920 : ministre de l'Instruction publique et des Beaux-Arts
HONNORAT André - 20 janvier 1920 - 15 janvier 1921 : ministre de l'Instruction publique et des Beaux-Arts
BERARD Elie Joseph Louis Léon - 16 janvier 1921 - 28 mars 1924 : ministre de l'Instruction publique et des Beaux-Arts
JOUVENEL des URSINS (de) Henry Bertrand Léon Robert -29 mars 1924 -8 juin 1924 : ministre de l'Instruction publique, des Beaux-Arts et de l'Enseignement technique
LANDRY Michel Auguste Adolphe - 9 juin 1924 - 13 juin 1924 : ministre de l'Instruction publique, des Beaux-Arts et de l'Enseignement technique
ALBERT François - 14 juin 1924 - 16 avril 1925 : ministre de l'Instruction publique et Beaux-Arts
MONZIE (de) Anatole Pierre Armand - 17 avril 1925 - 11 octobre 1925 : ministre de l'Instruction publique et des Beaux-Arts
DELBOS Yvon - 11 octobre - 27 novembre 1925 : ministre de l'Instruction publique et Beaux-Arts

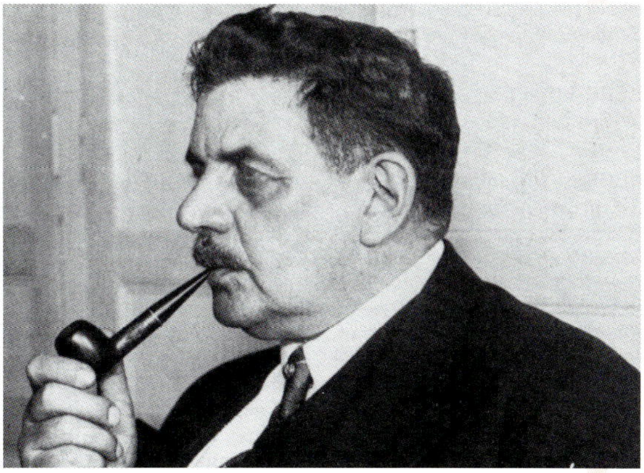

Édouard Herriot, partisan d'une école unique.

DALADIER Edouard - 28 novembre 1925 - 9 mars 1926 : ministre de l'Instruction publique et des Beaux-Arts
LAMOUREUX Lucien - 9 mars 1926 - 22 juin 1926 : ministre de l'Instruction publique et des Beaux-Arts
NOGARO Bertrand - 23 juin 1926 - 18 juillet 1926 : ministre de l'Instruction publique et des Beaux-Arts

La gratuité du secondaire
Les finances de l'État le permettant, la gratuité jusqu'alors réservée à l'enseignement primaire est étendue aux classes de sixième en 1930 puis à tout le secondaire en 1933. C'est la mise en œuvre de «l'élitisme républicain».

DALADIER Edouard - 19 au 22 juillet 1926 : ministre de l'Instruction publique et Beaux-Arts
HERRIOT Edouard - 23 juillet 1926 - 10 novembre 1928 : ministre de l'Instruction publique et des Beaux-Arts
MARRAUD Pierre - 11 novembre 1928 - 20 février 1930 : ministre de l'Instruction publique et des Beaux-Arts
DURAND Jean Alexandre - 21 février 1930 - 1er mars 1930 : ministre de l'Instruction publique et des Beaux-Arts
MARRAUD Pierre - 2 mars 1930 - 12 décembre 1930 : ministre de l'Instruction publique et des Beaux-Arts
CHAUTEMPS Camille - 13 décembre 1930 - 26 janvier 1931 : ministre de l'Instruction publique
ROUSTAN Marius François Pierre dit Mario - 27 janvier 1931 - 2 juin 1932 : ministre de l'Instruction publique et des Beaux-Arts

De 1932 à 1958

Paradoxalement, ce sont les deux opposés, Front populaire et gouvernement de Vichy, qui réussissent à lancer un véritable enseignement professionnel en France. Pour les filières générales, des réformes s'imposent mais que la IVème République ne réussira jamais à mettre en place.

Le Front populaire

Le Front populaire fait avancer un peu l'idée d'école unique en imposant par arrêté, en 1937 et en 1938, le même programme pour le début du secondaire et les années de primaire supérieur. Cette classe supplémentaire qui s'ajoute au primaire supérieur «est faite, dit le ministre Jean Zay, pour le grand nombre». Le Front populaire n'est pas près à faire passer tous les enfants au collège. Il s'agit simplement, pour la grande masse du peuple, de donner une dernière année de formation plus souple, ouvertes aux réalités locales, aux besoins des élèves, une année de transition vers la vie professionnelle. Pour cela, Jean Zay fait passer dès son arrivée au ministère en 1936 l'âge de la scolarité obligatoire à quatorze ans, et non plus treize.

On fait aussi passer en 1937 l'idée de «classes-promenades», pour permettre aux instituteurs d'utiliser l'environnement comme support d'activité pédagogique : sortie à la campagne, dans une carrière de pierres, près d'une mare, dans un musée... Mais cette idée de bon sens ne parvient pas à se développer dans les faits.

Par ailleurs, l'enseignement technique commence à être revalorisé : 4 % des élèves en âge de sixième entrent désormais en école professionnelle de commerce et d'industrie.

> **!** *De 1945 à 1958, le nombre d'enfants de 12 à 15 ans scolarisés double : c'est désormais 44 % de cette tranche d'âge qui va à l'école au lieu de commencer à travailler, signe d'une mutation fondamentale de la société .*

Le gouvernement de Vichy

«Si nous avons été battus, la faute en incombe au système éducatif !» Voici une idée qui revient souvent dans le gouvernement de Pétain et qui justifie selon eux les mesures qu'ils vont prendre :

-- révocation de plus d'un millier d'instituteurs, parce qu'ils avaient pris avant la défaite des positions munichoises et pacifistes (suivant en cela le syndicat des instituteurs), parce qu'ils venaient d'entrer dans un mouvement de résistance, ou encore (mais ils étaient peu nombreux) parce qu'ils étaient juifs ou francs-maçons ;

- suppression des écoles normales primaires, vases clos où le socialisme règne en maître ;

- intégration des classes de primaire supérieur au secondaire. Cette décision qui avait pour but d'enlever les enfants les plus âgés à l'influence des instituteurs aboutit à une démocratisation non recherchée mais durable du secondaire : 2,7 % de fils d'ouvriers en secondaire fin 1936, 8,3 % en 1942, 14,5 % en 1943...

- création par Vichy d'un enseignement technique de masse. Plus de 600 nouveaux «centres de formation professionnelle» sont fondés (il n'en existait que 300 avant guerre), accueillant 56 000 élèves en 1944. Leur qualité et leur efficacité sont telles qu'ils sont conservés après la chute du régime, avec un statut confirmé en 1949 (ils comptent alors 100 000 élèves) et qu'ils deviendront nos actuels lycées professionnels.

La IVème République

Après la guerre, la IVème République cherche en permanence à réformer l'éducation mais si les projets se multiplient, aucun n'aboutit, même ceux de ministres qui ont pourtant su rester plusieurs années en place. Les enseignants eux-mêmes, comme les syndicats, sont profondément divisés sur les modifications à accomplir.

Pourtant, le nombre d'adolescents scolarisés est en croissance telle qu'il ne devient plus possible de maintenir longtemps un système secondaire de lycées qui prend les enfants dès six ans pour les mener avec des professeurs jusqu'au baccalauréat et un système primaire tenu par les instituteurs, coupé du secondaire et clôturé par le certificat d'études.

La société évolue en parallèle, la tertiarisation des emplois se met en marche et nécessite des études plus longues, des pédagogues novateurs comme Célestin Freinet mettent en place dans des écoles libres des méthodes d'enseignement différentes... L'enseignement doit bouger.

Les ministres de 1932 à 1958

MONZIE (de) Anatole Pierre Armand - 3 juin 1932 - 29 janvier 1934 : ministre de l'Education nationale
BERTHOD Aimé - 30 janvier 1934 - 8 novembre 1934 : ministre de l'Education nationale
MALLARME André Victor - 8 novembre 1934 - 31 mai 1935 : ministre de l'Education nationale
ROUSTAN Mario - 1er juin 1935 - 6 juin 1935 : ministre de l'Education nationale
MARCOMBES Marie Jean Philippe - 7 juin 1935 - 16 juin 1935 : ministre de l'Education nationale
ROUSTAN Marius François Pierre dit Mario - 17 juin 1935 - 23 janvier 1936 : ministre de l'Education nationale
GUERNUT Henri - 24 janvier 1936 - 4 juin 1936 : ministre de l'Education nationale
ZAY Jean Elie Paul - 4 juin 1936 - 10 septembre 1939 : ministre de l'Education nationale
DELBOS Yvon - 13 septembre 1939 - 20 mars 1940 : ministre de l'Education nationale
SARRAUT Albert Pierre - 21 mars 1940 - 5 juin 1940 : ministre de l'Education nationale
DELBOS Yvon - 5 juin 1940 - 16 juin 1940 : ministre de l'Education nationale
RIVAUD Georges - 16 juin 1940 - 12 juillet 1940 : ministre de l'Education nationale
MIREAUX Emile Bernard - 12 juillet 1940 - 6 septembre 1940 : secrétaire d'Etat de l'Instruction publique et des Beaux-Arts
RIPERT Georges - 6 septembre 1940 - 13 décembre 1940 : secrétaire d'Etat de l'Instruction publique et de la Jeunesse
CHEVALIER Jacques - 14 décembre 1940 - 24 février 1941 : ministre de l'Education nationale
CARCOPINO Jérôme Ernest Joseph - 25 février 1941 - 18 avril 1942 : secrétaire d'Etat de l'Instruction nationale et de la Jeunesse
BONNARD Abel - 18 avril 1942 - 20 août 1944 : ministre - secrétaire d'Etat de l'Education nationale et de la Jeunesse
WALLON Henri - 20 août 1944 - 6 septembre 1944 : secrétaire d'Etat de l'Education nationale
CAPITANT René - 4 sept. 1944 - 21 novembre 1945 : ministre de l'Education nationale
GIACOBBI Paul Joseph Marie - 21 novembre 1945 - 26 janvier 1946 : ministre de l'Education nationale

NAEGELEN Marcel Edmond - 26 janvier 1946 - 12 février 1948 : ministre de l'Education nationale
DEPREUX Edouard - 12 février 1948 - 26 juillet 1948 : ministre de l'Education nationale
DELBOS Yvon - 26 juillet 1948 - 5 septembre 1948 : ministre de l'Education nationale
TONY-REVILLON Michel - 5 septembre 1948 - 11 septembre 1948 : ministre de l'Education nationale
DELBOS Yvon - 11 septembre 1948 - 2 juillet 1950 : ministre de l'Education nationale
MORICE André - 2 juillet 1950 - 12 juillet 1950 : ministre de l'Education nationale
LAPIE Pierre Olivier - 12 juillet 1950 - 11 août 1952 : ministre de l'Education nationale
MARIE André Désiré Paul - 12 août 1952 - 18 juin 1954 : ministre de l'Education nationale
BERTHOIN Jean - 19 juin 1954 - 1er février 1956 : ministre de l'Education nationale
BILLERES René Sylvain - 1er février 1956 - 14 mai 1958 : ministre de l'Education nationale, de la Jeunesse et des Sports
BORDENEUVE Jacques - 14 mai 1958 - 1er juin 1958 : ministre de l'Education nationale

Où sont les lycéens?

En 1938, à l'âge d'entrée en sixième, seulement 6,5 % d'une génération poursuit ses études au lycée et 5 % dans les écoles primaires supérieures. C'est encore la bourgeoisie qui envoie ses enfants au collège, même si on y trouve désormais une petite frange d'élèves doués de la communale. En 1927, après la création d'un concours pourtant commun, seulement 2 600 élèves (sur 15 200 reçus) optent pour le secondaire.

De 1958 à nos jours

Avec le baby boom, on passe de 400 000 à 800 000 enfants par tranche d'âge en 1960, soit près de 6 millions d'écoliers ! Gérée par l'État, l'Éducation nationale devient ainsi dans les années 1980, avec 1 200 000 fonctionnaires, l'organisme mondial le plus colossal après l'Armée Rouge et devant General Motors !

La réalisation de l'école unique

En 1959, le ministre radical Jean Berthoin prolonge jusqu'à seize ans la durée des études obligatoires. Il crée un cycle d'observation de deux ans en collège (6ème et 5ème), qui implique la disparition à terme des classes de primaire supérieur. Un bouleversement radical est en marche.

En 1963, Christian Fouchet crée, à côté des collèges d'enseignement général (CEG), les collèges d'enseignement secondaire (CES). Avec la loi Haby de 1975 qui unifie CES et CEG sous l'appellation «collège», on aboutit à une école unique en fonction de l'âge de l'enfant (primaire puis collège puis lycée). Le mot «collège», qui évoquait auparavant un établissement prenant des élèves depuis le CP jusqu'au baccalauréat, change de sens. Même chose pour «lycée» qui s'employait pour tout le secondaire (de la 6ème à la terminale) et qui ne s'applique plus désormais qu'au second degré. C'est dans la loi Haby qu'apparaît le terme global de «système scolaire».

> *En 1968, 10 % d'une tranche d'âge arrive au baccalauréat ; en 1990, c'est 40 % ; le ministre Chevènement se donne en 1985 comme objectif d'y conduire 80 %. Mais cela passe par la multiplication des baccalauréats. «Si on finit par créer un bac de balayage, on mènera 100 % des élèves au baccalauréat», disent les mauvaises langues.*

La mixité

Avec la désertification des campagnes, les écoles de village perdent leurs effectifs. À partir de 1962, commence une opération de regroupement des écoles de filles et de garçons pour maintenir un nombre d'élèves raisonnable par classe. En 1969, on choisit de passer à la mixité générale : l'évolution de la société le permet et cela simplifie grandement la carte scolaire. En même temps, c'est tout un univers qui disparaît : école et classe, qui se confondaient souvent dans les villages, font place à des groupes scolaires urbains de cinq classes au minimum.

Une étape plutôt qu'un univers en soi

En devenant la première étape d'un système éducatif au lieu d'être un système en soi, le primaire perd de sa force. Au lieu de se dire : «Ce que je ne leur aurai pas appris, ils l'ignoreront toute leur vie», l'instituteur pense : «Ils l'apprendront au collège».

Par conséquent, l'histoire, la géographie et les sciences perdent leur importance. Aussi une réforme radicale des horaires est-elle réalisée en 1969 : on passe de 33 heures à 27 heures réparties simplement entre français (10 h), calcul (5 h), activités d'éveil (6 h), sport (6 h). On supprime en même temps (théoriquement) tout classement et toute notation. En 1970 enfin, on fait entrer les mathématiques modernes abstraites en primaire. Des révolutions qui veulent placer les aptitudes avant les connaissances. Est-ce réussi ?

Une complémentarité public-privé

Plus personne n'imagine d'autre système politique que la République. L'école publique n'a plus pour fonction de défendre l'État en place, ni l'école catholique un rôle d'opposition. La complémentarité est devenue la règle ; elle permet un choix des parents, un espace de liberté dans un système majoritairement tenu et imposé par l'État. Aussi, en 1959, la loi Debré, pérennisée par la loi Pompidou de 1971, institue avec le privé :
- le «contrat d'association», l'État supporte le traitement et les charges sociales des enseignants du privé et les communes leur fonctionnement si celui-ci respecte les programmes du public, «dans le respect du caractère propre» de l'école,
- le «contrat simple» dans lequel l'État supporte le traitement des enseignants, les dépenses de fonctionnement restant à la charge de l'école si elle veut décider librement de sa pédagogie.

La loi Guermeur de 1977 précise que les enseignants du privé sont tenus au respect du caractère propre de chaque établissement. Quand en 1984, Savary tente de fondre le privé dans le public en faisant disparaître cette notion de «caractère propre», plus d'un million de personnes défilent à Paris pour protester. Le projet sera retiré.

Les ministres de 1958 à nos jours

BERTHOIN Jean - 1er juin 1958 - 8 janvier 1959 : ministre de l'Education nationale
BOULLOCHE André - 8 janvier au 23 décembre 1959 : ministre de l'Education nationale
DEBRÉ Michel - 23 décembre 1959 - 15 janvier 1960 : ministre de l'Education par intérim
JOXE Louis - 15 janvier 1960 - 22 novembre 1960 : ministre de l'Education nationale
GUILLAUMAT Pierre - 22 novembre 1960 - 20 février 1961 : ministre de l'Education nationale par intérim
PAYE Lucien - 20 février 1961 - 14 avril 1962 : ministre de l'Education nationale
SUDREAU Pierre - 15 avril 1962 - 15 octobre 1962 : ministre de l'Education nationale
JOXE Louis - 15 octobre 1962 - 28 novembre 1962 : ministre de l'Education nationale
FOUCHET Christian - 28 novembre 1962 - 6 avril 1967 : ministre de l'Education nationale
PEYREFITTE Alain - 6 avril 1967 - 30 mai 1968 : ministre de l'Education nationale
ORTOLI François-Xavier - 31 mai 1968 - 10 juillet 1968 : ministre de l'Education nationale
FAURE Edgar - 10 juillet 1968 - 22 juin 1969 : ministre de l'Education nationale
GUICHARD Olivier - 22 juin 1969 - 6 juillet 1972 : ministre de l'Education nationale
FONTANET Joseph - 7 juillet 1972 - 27 mai 1974 : ministre de l'Education nationale
HABY René - 29 mai 1974 - 5 avril 1978 : ministre de l'Education nationale
SOISSON Jean-Pierre - 5 avril 1978 - 13 mai 1981 : ministre de la Jeunesse, des Sports et des Loisirs
BEULLAC Christian - 5 avril 1978 - 22 mai 1981 : ministre de l'Education nationale
SAUNIER-SEITÉ Alice -10 janvier 1978 - 13 mai 1981 : ministre des Universités
SAVARY Alain - 22 mai 1981 - 19 juillet 1984 : ministre de l'Education nationale
CHEVÈNEMENT Jean Pierre - 19 juillet 1984-20 mars 1986 : ministre de l'Education nationale
MONORY René - 20 mars 1986 - 12 mai 1988 : ministre de l'Education nationale
DEVAQUET Alain - 20 mars 1986 - 8 décembre 1986 : ministre délégué, chargé de la Recherche et de l'Enseignement supérieur
VALADE Jacques - 20 janvier 1987 - 9 mai 1988: ministre délégué auprès du ministre de l'Education nationale, chargé de la Recherche et du Supérieur
JOSPIN Lionel - 12 mai 1988 - 23 juin 1988 : ministre de l'Education nationale, de la Recherche et des Sports puis 23 juin 1988 -2 avril 1992
CURIEN Hubert - 12 mai 1988 - 23 juin 1988 : ministre délégué auprès du ministre de l'Education nationale, chargé de la Recherche
LANG Jack - 2 avril 1992 - 30 mars 1993 : ministre de l'Education nationale et de la Culture
BAYROU François - 30 mars 1993 - 11 mai 1995 : ministre de l'Education nationale
FILLON François - 30 mars 1993 - 11 mai 1995 : ministre du Supérieur et de la Recherche
BAYROU François - 18 mai 1995 - 7 novembre 1995 : ministre de l'Education nationale, de l'Enseignement supérieur, de la Recherche et de l'Insertion professionnelle puis 7 novembre au 4 juin 1997 : ministre de l'Education nationale, de l'Enseignement supérieur et de la Recherche
ALLÈGRE Claude - 4 juin 1997 - 6 avril 2000 : ministre de l'Education nationale, de la Recherche et de la Technologie
ROYAL Ségolène - 4 juin 1997 - 27 mars 2000 : ministre chargée de l'Enseignement scolaire
LANG Jack - 6 avril 2000 - 5 mai 2002 : ministre de l'Education nationale
MÉLENCHON Jean-Luc - 7 avril 2000 - 5 mai 2002 : ministre délégué chargé de l'Enseignement professionnel
FERRY Luc - 9 mai 2002 - 30 mars 2004 : ministre de la Jeunesse, de l'Education nationale et de la Recherche
DARCOS Xavier - 17 juin 2002 - 30 mars 2004 : ministre délégué à l'Enseignement scolaire
HAIGNERÉ Claudie - 17 juin 2002 - 30 mars 2004 : ministre déléguée à la Recherche et aux nouvelles technologies
LOOS François - 7 mai 2002 - 16 juin 2002 : ministre délégué à la Recherche et à l'enseignement supérieur
D'AUBERT François - à partir du 31 mars 2004 : ministre délégué à la Recherche
FILLON François - à partir du 31 mars 2004 : ministre de l'Education nationale, de l'Enseignement supérieur et de la Recherche

L'instituteur au quotidien

Les maîtres d'école avant Ferry

Figure d'importance, parfois effrayante, le maître d'école à l'ancienne, encore appelé magister, sévit dans les campagnes, la férule à la main, du XVIIème au XIXème siècle. Moins bien formé que les religieux, presque ignorant, il est souvent rude avec ses élèves, même s'il aime son métier.

Qui est le maître d'école ?

Dans un pays relativement illettré, il suffit souvent de savoir lire et écrire, compter et parfois un peu de latin pour être jugé apte à enseigner. Les connaissances du *magister* ne sont pas bien étendues. C'est souvent un sacristain, un bedeau, parfois un commerçant ou un artisan.

Comment, vu leur peu de qualifications et leur absence de formation spécifique, sont choisis les maîtres d'école laïques ? C'est souvent le seigneur du lieu qui désigne une personne qui lui semble apte et qui en a manifesté le désir ; parfois, c'est tout simplement une assemblée de chefs de famille qui l'élit à la sortie de la messe du dimanche.

Les choses s'améliorent au XIXème siècle à travers une évaluation des capacités du futur maître d'école, même si le brevet de capacité, qui date de 1816, n'est que théorique : les notables qui le font passer seraient bien peine de refuser un candidat, a fortiori un candidat déjà dans la place, car les postulants sont bien peu nombreux. Mais ce semblant d'examen a le mérite d'exister. Il verra son importance renforcée par la loi Guizot de 1833.

> **!** *Sur les tableaux du XVIIIème siècle, les maîtres d'école sont parfois représentés avec des plumes sur leur chapeau : il y en a une, deux ou trois selon qu'ils savent enseigner à lire, à écrire et/ou à compter !*

Quels contenus ?

C'est surtout du salut de l'âme que se préoccupent les maîtres d'écoles : en fait de livre, on apprend dans un vieil évangile familial ou un livre de piété. Il s'agit plus d'éducation que d'enseignement et seule la lecture est considérée comme une priorité véritable.

En 1833, la loi Guizot fixe une première définition nationale des obligations des maîtres. Les matières enseignées sont définies ainsi : instruction morale et religieuse, lecture, écriture, rudiments de la langue française et du calcul, système légal des poids et mesure.

Ensuite, dans la classe primaire supérieure, que le village n'est tenu d'entretenir que s'il en a les moyens et s'il y a assez d'élèves, on ajoute quelques notions de géométrie, de physique et d'histoire naturelle, le chant et un peu d'histoire-géographie. Si le maître d'école est un sacristain ou un chantre d'église, le chant prend souvent le pas sur les autres matières.

Quelles méthodes d'enseignement ?

Avant les années 1800, on peut parler d'absence de méthode : les maîtres laïques, peu formés par rapport aux religieux, savent souvent à peine lire et écrire. Ils tentent de transmettre leurs connaissances comme ils peuvent, en improvisant.

La méthode individuelle, simple et fruste, consiste à appeler tour à tour chaque élève à son bureau pour lui apprendre des rudiments ; pendant ce temps, les autres chahutent à qui mieux mieux. C'est la plus ancienne et la plus infructueuse des méthodes : pour chacun, quelques instants de cour par jour. Ce système simple, qui s'apparente un peu à un «préceptorat de groupe», reste le plus utilisé par les maîtres d'école laïques jusqu'à la fin du XIXème siècle et les lois de Ferry.

La méthode mutuelle, développée sous la Restauration et inspirée de l'anglais Lancaster, utilise des élèves relais appelés moniteurs : les plus avancés, montés sur des estrades, enseignent aux débutants en petits groupes, orchestrés par le maître. En 1820, la France compte 1 500 écoles mutuelles.

La dernière méthode, celle d'aujourd'hui, appelée méthode simultanée, est de très loin la plus efficace dans un système d'éducation de masse. Choisie par Guizot, elle correspond à la méthode d'enseignement inventée par Jean-Baptiste de La Salle et utilisée par les écoles chrétiennes depuis cent cinquante ans déjà : un cours qui n'est plus individualisé, donné par le maître d'école face à une classe d'élèves écoutant et travaillant au même rythme, avec exercices et contrôles.

Au féminin...

Petites écolières bretonnes en sabots dans une école du début du XIXème siècle.

Un statut essentiellement religieux

Au XVIIIème siècle et jusqu'au second tiers du XIXème siècle, les maîtresses d'école laïques sont bien rares, d'autant plus esseulées qu'elles vivent au milieu d'une population qui juge que «des femmes et des ch'vaux, y en a point sans défaut». L'éducation des filles reste longtemps l'apanage des religieuses ou de femmes laïques mais qui font vœu de chasteté et de pauvreté pour se tourner vers l'enseignement des petits, comme les Béates du Velay ou les dames de Charité d'Angers. Dans l'esprit du public celles-ci sont encore assimilées à des sœurs et respectées en tant que telles.

Un métier honorable pour une veuve

En dehors de ces quasi-religieuses, on trouve surtout des veuves de bonne famille que le besoin d'argent pousse à enseigner, souvent jusqu'à leur mort faute d'autres ressources, même si les salaires restent bien faibles et inférieurs à ceux de leurs homologues masculins. En Touraine, une Marie Chenon faisait encore la classe à soixante-quinze ans à la fin du XVIIIème siècle.

Très rares encore sont les femmes qui exercent ce métier tout en étant les épouses d'artisans ou de petits notables. On en trouve cependant quelques exemples, comme cette Marie-Anne Deschamps, maîtresse d'école à Vallières et mariée à un marchand de faïence tourangeau, morte en 1788.

Souvenirs d'écoliers...

Paul Arène se souvient du maître qui a marqué sa petite enfance dans les années 1830 : «Dans une grande salle blanche et voûtée, pleine de bancs boiteux, de cartables et de tapage, un vieux bonhomme brandissant sa canne sur une estrade en descendait parfois pour battre quelque pauvre petit diable ébouriffé, qui restait après cela des heures à pleurer en silence et à souffler sur ses doigts meurtris».

Une vie précaire jusqu'aux années 1880

Isolées, les maîtresses d'école laïques se regroupent souvent à deux dans la même maisonnette. C'est une façon pour elles de se protéger mutuellement (des ragots en particulier) et d'économiser le peu de revenu que, pendant longtemps, leur apporte cette activité.

Enfants de petite classe récitant leur alphabet.

Le précepteur

Si la situation de l'enseignement, pour les enfants de milieu modeste, est peu reluisante – organisation défectueuse, contenu des enseignements indigents, absentéisme – tout est bien sûr différent quand on est assez aisé pour s'offrir un précepteur particulier.

Des cours à domicile

Le métier de précepteur est très répandu sous l'Ancien Régime. Il est né de la volonté de donner aux jeunes gens une instruction dans le cadre de la maison familiale. Réservé aux milieux sociaux pouvant en assurer les frais, le recours à un précepteur constitue une alternative aux petites écoles et aux collèges.

Il existe également des préceptrices. Celles-ci sont chargées de l'éducation des jeunes filles puisque l'accès au collège et à l'université leur est interdit et qu'il serait très mal vu de les faire éduquer par un homme.

Le précepteur est un maître d'école particulier, dispensant son enseignement à domicile. Attaché non pas à l'éducation d'une petite fratrie mais plutôt d'un seul enfant, il prend largement part à chaque activité de son élève. On relève cependant une formule mixte consistant à envoyer un élève dans un collège en tant qu'interne, mais assisté de son précepteur qui partage sa chambre et l'aide dans son travail.

> ! *Si la charge de précepteur peut sembler prestigieuse, elle conduit pourtant dans bien des cas à une condition de vie proche de celle des domestiques.*

Le précepteur, un maître à penser

Jouissant d'une très grande proximité avec son élève, le précepteur est chargé de son éducation au sens large du terme. Il l'accompagne dans la découverte des choses de la vie. Souvent, cette fonction lui confère une ascendance indéniable sur son élève, pour qui il représente un véritable maître à penser.

Voltaire a donné vie dans son œuvre aux personnages de Candide, l'élève naïf, et de Pangloss, caricature de précepteur. Le premier, élevé suivant l'instruction du second, vit mille tourments avant de remettre en cause la philosophie de son précepteur selon laquelle «tout est pour le mieux dans le meilleur des mondes». Bien que caricaturale, cette fiction témoigne de l'importance du rôle du précepteur sur l'état d'esprit futur de son élève.

Les différentes figures du précepteur

Les figures de précepteur sont très nombreuses dans la littérature en France, depuis le personnage de Ponocrates dans *Gargantua* de Rabelais, jusqu'à celui de Saint-Preux dans *La Nouvelle Héloïse* de Rousseau.

Elles sont tout aussi diverses dans la réalité quotidienne de l'Ancien Régime. Suivant le cas et le niveau social de la famille de l'élève, les précepteurs peuvent être d'origines et de niveaux d'érudition très différents. On trouve autant d'étudiants nécessiteux que d'hommes de lettres ou encore de curés. Les précepteurs français sont aussi très appréciés à l'étranger car la langue française est dans toute l'Europe celle de la culture et de la diplomatie.

Une place ambiguë

La tâche du précepteur n'est pas aisée : il doit inspirer à son élève le respect, mais ce dernier, de grande famille, se considère parfois comme supérieur à lui. Cela est encore plus vrai au XIXème siècle, quand les précepteurs, y compris dans les familles nobles, ne sont plus que très rarement des religieux, mais plus souvent d'humbles laïques, parfois assimilés à la domesticité.

Il est difficile alors d'en imposer à un enfant qui vous méprise... Les récits de gamins orgueilleux tyrannisant leur professeur particulier sont légion et souvent très cruels ! Les descriptions de maîtres inflexibles à l'autorité haïe mais non contestée sont tout aussi nombreuses... Heureusement, il arrive qu'une complicité et un respect mutuel s'établissent, et que l'élève profite à juste titre de cette relation privilégiée qui lui est offerte. Un tuteur cultivé, intelligent et bon, formant un esprit éclairé, voilà le rêve des Lumières, et par chance il lui arrive de se réaliser.

Au féminin...

Et les filles ?

Dans les romans de la comtesse de Ségur, les garçons vont au collège, tandis que les filles sont éduquées à la maison. L'internat au couvent, s'il a lieu, est une séparation bien dure que l'enfant vit souvent mal et, comme on ne destine pas les filles aux grandes carrières, on y renonce plus facilement. À la maison, l'éducation des jeunes filles de bonne famille est bien souvent faite par la mère. Préceptes moraux, éducation religieuse, dessin, calligraphie, couture et broderie, un peu d'histoire mais aussi les langues étrangères de l'Europe proche, le plus souvent anglais et italien, pour briller dans les salons parfois cosmopolites, la musique... Paradoxalement, comme il n'y a pas la sanction de l'examen, les études des filles prennent parfois des allures novatrices, propices à l'expérimentation pédagogique et à l'éclosion de nouvelles théories éducatives.... qui seront ensuite réutilisées pour les garçons.

Un exemple : l'éducation de Mme de Genlis

«Mlle de Mars était seule chargée de mes études. Elle devait me faire répéter mon catéchisme, un abrégé d'histoire du père Buffier et me donner une leçon de musique et deux de clavecin. Dans ces dernières leçons, elle exigeait avec raison que je regardasse avec attention sur mon livre afin d'apprendre à déchiffrer ; mais j'avais trouvé un artifice qui me dispensait de cette peine. Je feignais d'aimer à la folie la pièce qu'on voulait me faire apprendre, et sous ce prétexte je la faisais jouer continuellement à Mlle de Mars pendant deux ou trois jours. Au bout de ce temps je la savais par cœur et alors la mémoire et l'oreille me suffisaient pour l'étudier à la grande satisfaction de ma maîtresse,, qui s'applaudissait des étonnants progrès que je faisais dans la musique; tandis que j'avais des yeux attachés sur mon livre sans regarder les notes et que je jouais absolument de routine. Quant au livre du père Buffier, il nous ennuya tellement que nous l'abandonnâmes sans retour au bout de huit jours, et jamais on ne nous en a demandé compte.

À la prière de Mlle de Mars, mon père tira de sa bibliothèque *Clélie* de Mlle de Scudéry et le théâtre de Mlle Barbier ; il nous donna ces deux ouvrages qui ont fait nos délices pendant bien longtemps ; dès lors, à huit ans, je commençai à composer des romans et des comédies que je dictais à Mlle de Mars, car je ne savais pas former une lettre. Nous avions les paroles imprimées de trois ou quatre opéras, nous trouvions un plaisir extrême à les chanter de tête en improvisant ; c'était un de nos plus grands amusements. [...]

En parlant de mes études, je n'ai point fait mention de l'écriture pour une bonne raison, c'est qu'on ne m'en a jamais donné une seule leçon. Au mois de janvier 1757, ayant onze ans, je voulus écrire à mon père pour le nouvel an. Et, n'ayant jamais tenu une plume, j'écrivis à mon père une longue lettre, avec une grosse et vilaine écriture mais d'une bonne orthographe car la lecture avait gravé dans ma tête tous les mots comme on doit les écrire. Depuis ce jour-là, je m'exerçai toute seule à écrire, me perfectionnant peu à peu. Je n'ai point une belle écriture, mais je me suis fait une écriture très lisible et assez jolie.» (*Mémoires de Mme de Genlis,* rééditées par Le Mercure de France, in *Généalogie Magazine,* avril 2005)

Déguisements...

Il semble fort inconvenant de faire donner une éducation solide à une jeune fille, surtout par un précepteur masculin, fût-il religieux. Ainsi, au début du XIXème siècle, on rapporte l'histoire d'une fille de comte habillée en jeune garçon jusqu'au début de l'après-midi pour suivre ses cours, puis redevenant jeune fille pour les mondanités de la soirée et de l'après-midi !

LES ÉCOLES NORMALES AVANT FERRY

Les religieux de La Salle sont formés à l'enseignement dès le XVIIème siècle dans des écoles de maîtres, qui acceptent aussi des laïques. Mais ce n'est qu'à partir de la Révolution que l'Etat considère qu'il lui revient de former les enseignants. Les premières écoles normales datent de 1794.

Prémices révolutionnaires

Les premières écoles normales d'instituteurs sont prévues par le décret du 30 octobre 1794. Mais tout est à créer *ex nihilo* : il faut à la fois trouver des formateurs pour enseigner dans ces écoles et trouver les élèves ! Quasi militaire, la loi prévoit donc que, dans chaque district de la République, «on désignera, à raison de 1 pour 20 000 habitants, des hommes âgés d'au moins vingt-et-un ans pour venir quatre mois à Paris suivre des cours dans une école normale nationale. Puis ils repartiront dans leur province pour y ouvrir une école normale régionale». Les professeurs de cette école normale centrale sont des sommités : savants (Monge, Lagrange, Berthollet...), écrivains (Bernardin de Saint-Pierre). Mais ceux-ci tiennent des discours de si haut niveau, si peu pédagogiques pour les jeunes adultes qui viennent les voir et si peu utiles à enseigner à des enfants d'âge primaire que les candidats, qui avaient afflué en masse, désertent l'école. Elle ferme six mois après sa création... Et aucune école normale n'est créée dans les provinces.

En 1818, une loi soucieuse de rajeunir les effectifs des maîtres du public et d'attirer des enseignants exempte les instituteurs du service militaire... qui durait alors six ans !

Les efforts du début du XIXème siècle

L'échec des projets révolutionnaires ayant échaudé les législateurs, et Napoléon s'étant beaucoup plus préoccupé des lycées et de l'enseignement supérieur que du primaire, une seule école normale primaire est créée en 1810, à Strasbourg, et reste unique pour de nombreuses années. Sous la Restauration, les choses s'améliorent un peu : une école normale est créée en Moselle en 1823, une autre dans la Meuse en 1828. En 1829 c'est l'explosion : onze écoles normales ouvertes dans l'année, à Orléans, Bourges, Salers, Ajaccio, Rouen et dans l'Est. Paris doit attendre 1831 pour avoir son école normale primaire. En 1832, ce sont quarante-sept départements qui ont la leur.

Un véritable essor à partir de 1833

Avec la loi Guizot de 1833, chaque chef-lieu de département doit avoir son école normale. Jusque-là peu réglementées, les écoles normales obtiennent un vrai statut, avec des programmes, un recrutement et un financement bien précis. Entrer dans une école normale primaire s'apparente quasiment à une entrée dans les ordres ! Recrutés sur concours pour une durée de deux années (consacrées l'une à la préparation du brevet élémentaire, l'autre à celle du brevet supérieur), les élèves, souvent d'origine modeste, le plus souvent boursiers, portent l'uniforme sombre, se lèvent à cinq heures, se couchent à vingt heures, se déploient en silence et vivent dans un climat austère et religieux. Enseigner est toujours perçu comme un apostolat.

Les écoles normales d'institutrices

Les premières écoles normales primaires d'institutrices sont créées plus tard, en 1838 seulement. Mais ces écoles restent considérées comme un luxe. Former des institutrices laïques ne semble pas une priorité, pas plus, pour beaucoup, que l'éducation des filles : à la fin des années 1870, peu avant les lois Jules Ferry (photo ci-dessus), seuls huit départements n'ont pas d'école normale de garçons... tandis que soixante-sept n'ont toujours pas d'école normale de filles !

Les difficultés du début

L'École normale supérieure de Saint-Cloud pour les jeunes gens n'est créée par décret qu'en 1882.

La fin de la liberté de choix

Auparavant, on l'a vu, le maître était recruté par les parents, quand il s'agissait d'un précepteur, ou par la communauté villageoise, quand il s'agissait d'un maître d'école. C'était donc chaque fois un choix local. Or les écoles normales, avec leur caractère d'institution nationale et leur désignation d'office des postes, ne laissent plus cette impression de choix. L'instituteur est «imposé», ce qui explique pour une part l'hostilité qu'il a pu rencontrer localement.

Un outil politique de l'État

Comme l'instituteur issu de l'école normale ne répond de sa conduite et de la teneur de son enseignement que devant l'administration de l'Instruction publique, il ne peut plus être remercié par une communauté villageoise s'il ne correspond pas à ses attentes, notamment en matière d'enseignement politique, puisque les débats sont alors fort vifs et les positions tranchées. On craint, à juste cause, que l'instituteur ne soit non seulement un enseignant mais aussi un outil politique au service de l'État.

L'essor envers et contre tous

Ces réticences expliquent que, à la fin des années 1870, plusieurs départements soient toujours dépourvus d'école normale de garçons (sans parler des écoles normales de filles...). Mais en janvier 1878, Paul Bert donne un coup de collier à l'enseignement primaire en proposant une loi qui rende obligatoire la création des écoles normales manquantes dans un délai de quatre ans. La loi est votée en 1879. Les lois de Ferry suivent peu après. Résultat : en 1886, tous les départements sans exception ont leur école normale de garçons, et il n'y en a plus que dix qui n'ont pas leur école normale de filles.

Les «écoles normales» de 1650

La toute première initiative de formation des maîtres date de 1659 : le prêtre Jacques de Batencour ouvre à Paris un "séminaire de maîtres". Il inspirera les plus connus Charles Démia et Jean-Baptiste de La Salle.

Un laboratoire de l'École normale supérieure au XIXème siècle.

Les écoles normales de Jules Ferry

Après leur passage en école normale, essaimant dans toute la France tel un bataillon de colonisateurs fervents, les hussards noirs de la République n'ont pas seulement un métier mais aussi une vraie mission. Soucieux de pédagogie, ils aiment leur métier et ne comptent pas leurs heures !

Pourquoi «normales» ?

L'expression est assez intéressante pour qu'on se penche sur son sens. Ecole «normale», ne veut bien entendu pas dire école banale, par opposition à bizarre, étrange. Il faut rapprocher le mot, plutôt, de «norme». L'école normale est celle qui fixe les règles, le modèle, l'unité.

Elle se veut en rupture avec les irrégularités locales des siècles précédents, où chaque maître enseignait ce qu'il voulait (et pouvait), faisant ainsi que les enfants de certains villages avaient la chance d'un maître cultivé et pédagogue et que d'autres ne pouvaient rien apprendre.

L'école normale veut donner le même bagage culturel et pédagogique à tous les instituteurs envoyés ensuite dans toute la France, pour que tous les enfants aient, le plus possible, le droit à la même éducation. Par cette unification, cette «normalisation», on donne à tous la même chance. On donne aussi aux instituteurs, auparavant démunis devant les enfants parce que non formés à l'enseignement, les outils nécessaires pour faire passer le savoir. Aussi les écoles normales sont-elles une formidable poussée en avant, une aide incalculable tant aux enseignants qu'aux élèves.

! *Les directeurs d'écoles normales ont un poste sensible, délicat et... très surveillé. Ce sont d'anciens principaux de collège, des maîtres adjoints expérimentés, ou des instituteurs qui ont fait leurs preuves.*

L'art de la pédagogie

«La connaissance ne porte pas avec soi l'art de la transmettre». Tout savant qu'il soit, un érudit ne sait pas toujours transmettre ses connaissances... Cela n'est pas neuf, mais c'est la première fois qu'on s'en préoccupe à l'échelon national : donner aux enseignants des outils pour «faire passer» le savoir.

Et pour cela il faut d'abord les penser, ces outils ! En s'inspirant des pédagogues isolés de toutes les époques, des penseurs du siècle des Lumières et des grandes réflexions des comités révolutionnaires, les créateurs de l'école normale de Jules Ferry ont plutôt tapé juste.

Les élèves instituteurs ont des connaissances dont ils n'auront jamais besoin ; mais n'est-ce pas tout naturel ? Quelle serait l'autorité de l'instituteur si les élèves, en fin d'étude primaire, arrivaient au même degré de connaissance qui lui, s'il n'en avait pas encore en réserve pour répondre aux questions d'un curieux ?

Ceci dit, les jeunes instituteurs ne tombent pas de haut en découvrant soudainement le décalage entre leur haut niveau d'étude, leurs facultés intellectuelles, et le quotidien moins brillant d'une classe de primaire : ils ont été préparés à la réalité du métier par des «leçons-modèles», qui leurs montrent quoi et comment enseigner à une classe d'enfant, et par des stages en classe d'application, en général dans les six derniers mois de leurs études à l'école normale. On voit que les IUFM n'ont rien inventé, du moins dans ce domaine !

Le personnel des écoles normales

L'école normale de Poitiers en 1926 : un groupe d'élèves est photographié en page de gauche, un groupe de professeurs ci-dessous et, en haut de cette page, la directrice dans son cabinet de travail (on ne disait pas encore bureau !).

Le personnel des écoles normales

Qui sont les formateurs de formateurs ? Avant Jules Ferry, le personnel des écoles de maîtres (religieuses) comprend un directeur, un aumônier et quelques maîtres adjoints, rarement plus de deux ou trois, qui se répartissent les matières à enseigner. Après Ferry, le directeur reste et devient une figure centrale absolue tandis que l'aumônier disparaît, évidemment ; mais le grand changement est la multiplication des effectifs de maîtres adjoints (et surtout maîtresses adjointes).

Les diplômes requis

À partir des lois Ferry, pour enseigner dans les écoles normales, il faut être bachelier, avoir plus de vingt-et-un ans et plus de deux ans à un poste d'enseignant à des enfants. Le recrutement se fait désormais sur concours uniquement. Les maîtres adjoints peuvent monter en grade et devenir «professeurs d'école normale primaire» lorsqu'ils ont plus de vingt-cinq ans, trois ans d'ancienneté et s'ils ont réussi le certificat d'aptitude à l'enseignement. Les maîtres adjoints de plus de quarante ans et de dix ans d'ancienneté sont dispensés de concours pour devenir professeurs.

Les écoles normales au quotidien

Les élèves maîtres sont très jeunes : recrutés vers quinze ou seize ans, ils sortent de l'école normale trois ans plus tard. Ils vivent, en internat, un quotidien si austère qu'il en est presque militaire. Un monde clos qui donne aussi des occasions de mariages... avec beaucoup de petits instituteurs à naître !

Une vie quasi monacale

En dehors des onze semaines annuelles de vacances (sept l'été, deux à Noël, deux à Pâques), l'essentiel de la vie des élèves instituteurs se passe à l'école, avec seulement une promenade surveillée, le jeudi après-midi, et deux sorties libres, le dimanche (10 h 30 - 12 h et 12 h 30 - 17 h). Ils sont soumis à une tutelle permanente de leurs enseignants, pendant les heures de cours, mais aussi dans les salles d'étude.

Le quotidien des élèves maîtres est pour le moins austère. La claustration au sein du groupe est obligatoire, surtout dans les pensionnats féminins : l'internat coupe les élèves du monde et les replie sur leur communauté. S'y ajoutent pendant des décennies une nourriture chiche et le froid terrible de dortoirs peu ou pas chauffés...

La journée d'un pensionnaire

L'emploi du temps est à peu près celui-ci :
– lever à cinq heures en été, six heures en hiver
– étude pendant une heure
– petit déjeuner puis ménage, jusqu'à huit heures
– cours de huit heures à midi avec quinze minutes de récréation
- déjeuner en une demi-heure, puis temps libre jusqu'à 14 heures
– cours jusqu'à 17 h
– petit goûter
– étude de 17 heures 30 à 19 heures
– dîner en une demi-heure puis temps libre (lecture, danse, musique...)
– étude du soir de 20 heures à 21 heures, puis coucher. Souvent la toilette est fruste, l'eau étant froide, les douches absentes, la glace dans les lavabos en hiver !

C'est en général le très bon élève du certif qui devient lui-même un normalien puis un jeune enseignant qui respecte le maître qui l'a mené à cette réussite et brûle de transmettre à son tour les savoirs.

Heureusement il y avait les sorties du jeudi et du dimanche. Elles étaient souvent collectives le jeudi, avec les pensionnaires en rang bien ordonné et en uniforme allant de par la ville ou dans les bois, et individuelles le dimanche. Mais il fallait être de retour à dix-sept heures, et que les sorties soient familiales ou au moins bien calmes : pas de virées entre copains, arrosées ou en bonne compagnie ! C'était risquer l'exclusion...

Une école de bienséance

Le terme de «hussards noirs» qui a désigné les premiers instituteurs républicains évoque bien cette idée de rigueur et de morale laïque forte qu'ils vont s'efforcer de faire passer mais qu'ils ont d'abord vécu au quotidien en école normale. Les vêtements obligatoires sont austères. Pour les filles, pas question de maquillage ou de cheveux détachés (il n'y a pendant longtemps que les femmes de mauvaise vie qui sortent «en cheveux»).

Même dans les années 1920-1930, lorsque les cheveux courts viennent à la mode mais traduisent surtout au début l'émancipation féminine, se faire couper les cheveux est un motif de renvoi. En 1926, deux jeunes normaliennes de Poitiers reviennent les cheveux courts à l'issue d'une sortie. Elles se les sont mutuellement tailladés mais prétextent une agression par des plaisantins, seule façon pour elles de ne pas se faire exclure de l'école. Non seulement leur manœuvre réussit mais elles obtiennent même l'autorisation d'aller chez un coiffeur faire rectifier leur coupe ! (anecdote rapportée par Marcelle Doreau).

Quand un normalien croise une normalienne...

Les normaliens intègrent tous l'école avec un rang d'entrée. Lorsque des rencontres sont organisées entre écoles normales de filles et écoles normales de garçons, les élèves portant le même rang d'entrée au sein d'une même promotion sont automatiquement cavalier et cavalière, et surnommés «mari et femme». Les mêmes rangs de la promotion d'avant sont leurs «père et mère», ceux de la promo d'avant leurs «grand-père et grand-mère». Ces appellations et ces sorties organisées ont survécu jusqu'aux années 1950. Et il arrivait bien sûr qu'un «mari» épouse sa «femme», affinités oblige ! (rapporté par Raymond Ferrand)

Écoles normales ou séminaires laïques ?

Dans les modes de vie...

On a souvent qualifié les écoles normales de «séminaires laïques». «Si l'on peut parler, sans exagération, de séminaire laïque, c'est d'abord à cause de la volonté d'enfermer les élèves [en internat], et de réduire au minimum leurs contacts avec le monde extérieur». (J.-M. Gaillard)

Dans les modes de pensée...

Dans *La Gloire de mon père*, Marcel Pagnol présente les écoles normales plus radicalement, avec beaucoup d'humour : «Les écoles normales primaires étaient à cette époque de véritables séminaires, mais l'étude de la théologie y était remplacée par des cours d'anticléricalisme. On laissait entendre à ces jeunes gens que l'Eglise n'avait jamais été rien d'autre qu'un instrument d'oppression, et que le but et la tâche des prêtres, c'était de nouer sur les yeux du peuple le bandeau noir de l'ignorance, tout en lui chantant des fables, infernales ou paradisiaques. La mauvaise foi des «curés» était d'ailleurs prouvée par l'usage du latin, langue mystérieuse, et qui avait, pour les fidèles ignorants, la vertu perfide des formules magiques. La Papauté était dignement représentée par les deux Borgia, et les rois n'étaient pas mieux traités : ces tyrans libidineux ne s'occupaient guère que de leurs concubines, quand ils ne jouaient pas au bilboquet ; pendant ce temps leurs «suppôts» percevaient des impôts écrasants qui atteignaient jusqu'à dix pour cent des revenus de la nation. [...] Les normaliens frais émoulus étaient persuadés que la grande Révolution avait été une époque idyllique, l'âge d'or de la générosité, et de la fraternité poussée jusqu'à la tendresse. ; en somme, une explosion de bonté. Je ne sais pas comment on avait pu leur exposer – sans attirer leur attention – que ces anges laïques, après vingt mille assassinats suivis de viols, s'étaient entre-guillotinés eux-mêmes.»

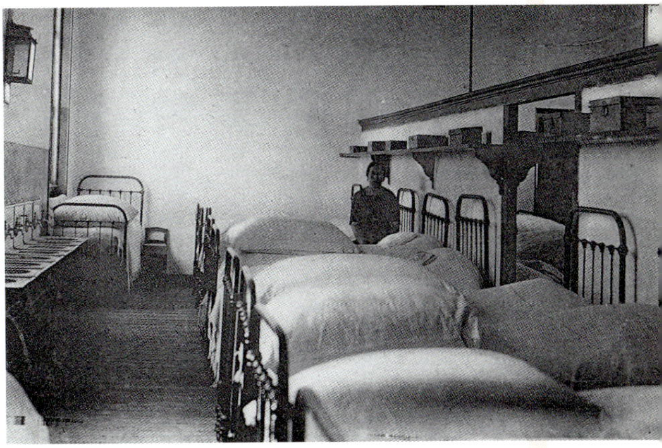

Ci-dessus : le dortoir de l'école normale d'institutrices de Poitiers en 1926. Ci-dessous : le réfectoire de la même école à la même époque.

Les activités extra-scolaires

Même s'il était assez surveillé, le quotidien s'égayait de petites fêtes (Pâques, bal annuel, goûters avec la directrice, rencontres entre écoles, notamment entre celles de filles et celles de garçons, sorties en forêt...).

À partir de la Seconde Guerre mondiale, de nombreux clubs se sont aussi créés : clubs de danses, de discussions politiques, d'échanges de disques ou de livres, ciné-clubs...

La formation en école normale

Les élèves instituteurs sont recrutés sur concours et reçoivent pendant trois ans à l'école normale une formation tant culturelle que pédagogique. L'idéologie républicaine imprègne bien sûr dès le départ les cours de ceux qui doivent devenir des éducateurs fervents. Petit aperçu des cours dispensés autrefois...

Les lettres

Ce sont en général les meilleurs élèves de la communale, ceux qui ont eu brillamment leur certif, qui se dirigent vers les écoles normales. Dès le départ, les élèves maîtres, pour entrer sur concours à l'école normale, doivent donc savoir lire, écrire, avoir d'excellentes notions de grammaire et d'orthographe. L'examen des copies montre que ce dernier point laisse parfois à désirer... Mais l'école est là pour parfaire non seulement la grammaire et l'orthographe, mais aussi les connaissances en littérature : on lit et commente les grands auteurs, on apprend par cœur théâtre et poésie... Les rédactions et compositions exercent leur esprit critique, leur beau langage... et leur apprennent à écrire des leçons. La calligraphie fait partie intégrante de l'enseignement. Ne faut-il pas que les instituteurs soient des plumes parfaites pour pouvoir enseigner cet art jugé nécessaire aux enfants de toute la France ? D'autant que beaucoup seront aussi secrétaire de mairie et auront à rédiger des actes.

> **!** *Dans l'entre-deux-guerres, environ 26 000 communes ont pour secrétaire de mairie un instituteur, soit environ un quart du corps enseignant en primaire.*

Histoire et géographie

Ces matières sont découpées en tranches par années : en première année, on étudie l'histoire ancienne et médiévale et la géographie du monde ; en deuxième année l'histoire jusqu'à la Révolution et la géographie de la France ; en troisième année l'histoire récente et encore la géographie de la France... S'y ajoutent le dessin linéaire et le chant. Un décalque, bien évidemment, des matières de l'école primaire. Sans oublier les cours de pédagogie, dispensés surtout dans les six derniers mois.

Les sciences

Parmi les sciences, les maths règnent en maître absolu, tout particulièrement l'arithmétique. La géométrie n'est abordée qu'en deuxième année, moins bien comprise par les élèves maîtres, donc moins bien enseignées aux enfants, au final... Les initiatives se multiplient pour encourager les futurs instituteurs : «En Corse, le préfet décore d'une médaille d'argent l'élève maître qui entendrait le mieux l'arpentage, le nivellement, le tracé des routes». (C. Bouyer) On voit que les applications pratiques pour la nation sont directement visées !

Les autres matières scientifiques enseignées sont l'agriculture, les sciences naturelles et la physique, qui serviront aux fameuses leçons de choses.

Le sport

Témoignage d'une jeune institutrice de 1920 : «[Dans] notre costume, on s'était plus soucié de la décence que de l'aisance des mouvements. Les leçons se bornaient à des évolutions, toujours les mêmes : marche au pas cadencé, sur les pointes, sur les talons, mouvements de bras, de jambes et de tronc. [...] Mais le plus drôle était l'initiation à la natation. Nous apprenions à nager "à sec". A plat ventre sur un tabouret de piano à vis (ce qui permettait le demi-tour quand nous étions censées arriver au bout du bassin), nous nous exercions à la brasse et j'entends encore le professeur me dire d'un ton parfaitement sérieux : "la tête hors de l'eau, mademoiselle, la tête hors de l'eau".» (M. Peltot in H. Lethierry)

Pédagogie de l'éducation

Leçon de piano (ci-dessus) et cours (à gauche) à l'école normale d'institutrice de Poitiers, 1926.

Éducateur autant qu'instructeur

Cette mission perçue dès le départ par l'État comme partie inhérente de la fonction est très bien résumée par une directrice d'école normale en 1958 : «Dans nos écoles normales, nous essayons pendant quatre années de faire de ces jeunes gens et jeunes filles, entrés à quinze ou seize ans et issus des milieux populaires, non pas des fonctionnaires honnêtes et besogneux, mais des éducateurs fervents.»

L'instituteur ne transmet donc pas que des connaissances livresques : former les âmes, comme le fait le prêtre, est partie intégrante de son rôle, et est explicitement conçu comme tel par les instructions officielles de la IIIème République. L'État veut modeler des citoyens nouveaux, forger un peuple à l'image qu'il désire : farouchement républicain bien sûr, très patriote, et libre-penseur, c'est-à-dire hors de l'Eglise. Il lui impose une autre forme de carcan de pensée, mais c'est une autre histoire... Dans ces conditions, on ne peut plus considérer que le rôle de l'école n'est qu'instructif, laissant l'éducation aux soins des parents : l'instituteur sera donc un formateur complet, du savoir mais aussi de l'âme de l'écolier, quitte à s'opposer aux parents.

Les parents : voilà l'ennemi

De là à considérer que les parents sont des ennemis dont il faut détacher l'enfant, il n'y a qu'un pas que des écoles et de nombreux manuels, aujourd'hui encore, ne vont pas hésiter à franchir. Sur le plan de l'instruction, c'est sûr, les parents, sous la IIIème République, sont souvent beaucoup moins instruits que leurs enfants et les instituteurs doivent batailler pour que les petits ne cumulent pas trop de jours d'absence lorsqu'arrivent les foins, les vendanges, les semailles... Sur le plan de la vie quotidienne, il faut éduquer les enfants à l'hygiène et à l'économie domestique. De façon légitime sur tous ces points, en plus de la question politique abordée précédemment et dont la légitimité est moins justifiable, l'instituteur peut se retrouver en conflit avec les parents. Aussi les manuels de pédagogie évoquent-ils toujours avec beaucoup de soin les relations avec la famille. Les parents y sont souvent décrits comme potentiellement hostiles. On conseille de les éviter autant que faire se peut. Et comme pour laisser aux maîtres un univers qui ne soit qu'à eux, coupé du reste du monde, on change aujourd'hui le vocabulaire : dans certains manuels des années 1990, l'écolier n'est plus un élève mais un «apprenant», les père et mère ne sont plus des parents mais des «géniteurs d'apprenants»... Un terme pseudo-scientifique qui rattache vaguement ces parents redoutés à l'univers animal et qui leur retire suffisamment d'humanité pour que le maître se sente légitimement seul formateur véritable de l'enfant.

Durée variable

La durée de la formation des maîtres augmente régulièrement : au départ de deux ans, les écoles normales passent très vite à trois ans avant d'atteindre au début du XXème siècle les quatre ans, durée qu'elles garderont jusqu'à leur remplacement par les IUFM... en 1992.

Les débuts en salle de classe

Ah ! Le premier matin du premier jour de classe du tout nouveau maître ou de la nouvelle institutrice ! Il reste inoubliable, avec les ardeurs pédagogiques non émoussées et, surtout, toutes ces petites têtes rondes qui vous regardent avec la plus grande attention, comme si vous étiez Dieu !

Souvenirs
«Dans ma première classe, ils étaient quarante, tous des CP, se souvient Paulette Deslandes, devenue institutrice dans le Berry en 1929. J'avais dix-neuf ans et je me sentais prête à renverser des montagnes. Vous verrez, m'avait dit une ancienne, il faut leur avoir appris leurs lettres pour Noël. Pour Noël ? Cela me semblait bien long. J'étais persuadée que j'aurais inculqué les voyelles en une journée à tous ces petits, puis les consonnes ensuite cinq par cinq... L'alphabet entier en à peine plus d'une semaine ! En fait, c'était les illusions d'une débutante. On en rit l'année suivante. Mais j'ai toujours pris le plus grand plaisir à enseigner.»

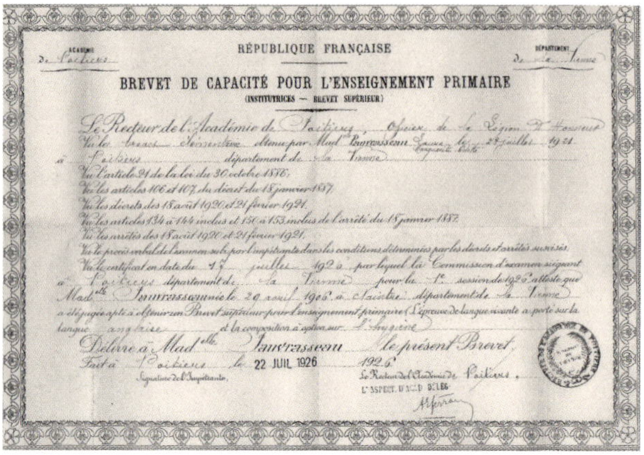
RÉPUBLIQUE FRANÇAISE

BREVET DE CAPACITÉ POUR L'ENSEIGNEMENT PRIMAIRE

(INSTITUTRICES — BREVET SUPÉRIEUR)

Délivré à Mad^lle Pauvrasseau le présent Brevet.

Fait à Poitiers le 22 JUIL 1926

Ci-dessus, le brevet de capacité de l'enseignement primaire obtenu en 1926 par Laure Pauvrasseau et lui permettant de devenir institutrice. Ci-dessous un autre diplôme attestant qu'elle peut aussi donner des cours de gymnastique.

> **!** *Aujourd'hui, on tente de maintenir les classes à 25 ou 30 élèves. Autrefois, on trouve fréquemment des classes de 40 enfants, ou bien, en zone rurale, des classes beaucoup plus petites mais mélangeant tous les niveaux.*

Les petits...
Autre témoignage, celui d'une institutrice débutant dans les années 1960 : «Trois années d'études pour réaliser une évidence de toujours : devenir instit. Cesser de «jouer à» pour «faire» la maîtresse pour de vrai... enfin ! Et puis ce premier poste que je voulais mais surtout pas à B. et que j'ai eu à B. ... Garer la voiture dans un petit parking boueux la moitié de l'année, pousser le portillon et tout à coup : une voix, une silhouette toute ronde, un bouquet de fraîcheur qui court vers moi.

Pendant un an, ma Lugdivine, tu sauteras à mon cou, le visage rayonnant, en criant : «Maîtresse !» Arrivée toujours avant moi, tu m'apporteras cette énergie pour tenter, tout au long de la journée d'école, d'être à la hauteur !»

(Catherine, in *Mémoires de maîtres, paroles d'élèves*, Radio France 2001)

Maîtres et élèves : des souvenirs inoubliables, surtout si l'instituteur est juste et qu'il donne le meilleur de lui-même pour faire progresser les enfants sur le chemin de la vie.

RÉPUBLIQUE FRANÇAISE.

Diplôme de Maîtresse de Gymnastique.

Le Ministre de l'Instruction publique et des Beaux-Arts,

Souvent plusieurs niveaux par classe

L'un des grands succès cinématographique de ces dernières années, c'est *Être et avoir*, le récit d'un enseignant d'une école rurale en Auvergne avec si peu d'enfants que tous les niveaux sont réunis en un seul local avec un seul maître. C'était autrefois assez fréquent, au moins le cumul de deux niveaux dans une même salle.

«L'école, c'était la classe unique, la chance de ma vie, raconte Alain Rémond dans ses mémoires. Tous mélangés, les petits avec les grands. Le but, c'était le certificat d'études. Sa méthode, au vicaire instituteur, c'était deux choses. Un : les grands apprennent aux petits. Deux : chacun travaille à son rythme. Chaque matin, il nous distribuait une fiche. C'était la feuille de route pour la journée. Il donnait des pistes, des points de repère. Et nous laissait nous débrouiller. On allait, bien sûr, plus ou moins vite. Dès qu'on avait fini, on pouvait passer à autre chose. Aider les petits, si on était un grand. Prendre un livre dans la bibliothèque. Potasser l'histoire de France, la géographie dans des beaux manuels pleins d'illustrations. [...] C'était l'école de rêve. Classe unique, le travail à la carte, l'envie et le plaisir d'apprendre, l'odeur de la sciure, le poêle qui ronflait en hiver, ceux de la campagne (nous, on était du bourg) qui arrivaient pleins de givre et de neige après leur longue marche à pied. On avait des blouses grises, des sabots (les filles des galoches) ou des socques, brodequins à semelles de bois sous lesquelles on clouait des bandes de caoutchouc. Quand j'ai lu *Le Grand Meaulnes*, j'ai tout reconnu, immédiatement. C'était mon école, mon village, mes histoires et mes légendes. C'était chez moi.»

(Alain Rémond, *Chaque jour est un adieu*, © Éditions du Seuil, 2000)

Une classe de 1918, avec une institutrice qui semble à peine plus âgée que ses élèves.

Dur de bavarder !

«Voux avez remarqué que, quand on veut parler avec les copains en classe, c'est difficile et on est tout le temps dérangé ? Bien sûr, vous pouvez parler avec le copain qui est assis à côté de vous ; mais même si vous essayez de parler tout bas, la maîtresse vous entend et elle vous dit : «Puisque vous avez tellement envie de parler, venez au tableau, nous verrons si vous êtes toujours aussi bavard !» Et elle vous demande les départements avec leurs chefs-lieux, et ça fait des histoires.» (Sempé, Le Petit Nicolas et les copains, Éditions Denoël, 1963)

Des normaliennes en sortie en forêt en 1926, peu avant leur affectation dans une école : elles seront presque aussi jeunes que leurs élèves du certificat d'études.

LES CONSEILS DE L'INSPECTEUR

L'inspecteur n'est pas seulement là pour évaluer des niveaux, constater des manques, des faiblesses, apprécier des points forts... Il a aussi un devoir de soutien vis à vis de l'instituteur. Aussi lui donne-t-il souvent, en début de carrière, des conseils judicieux... dont nous reproduisons ci-dessous un exemple.

Une surveillance redoutée

Ah ! Le passage de l'inspecteur ! Aussi redouté des élèves que de l'instituteur qui est en fait le seul jugé ce jour-là !

Une gerbe de conseils

Pourtant, l'inspection n'a pas seulement une fonction de contrôle mais aussi un rôle de formation. C'est sous l'intitulé «Une gerbe de conseils» que l'inspecteur du primaire A. Souché indiquait en 1928 à une jeune institutrice poitevine la marche à suivre pour bien tenir sa classe. En voici le déroulé :

«1) Chaque matin avant 8h 30 je m'assure : que mon cahier de préparation est à jour, que mes tableaux noirs sont préparés, que ma classe est chauffée, que mon local est propre et accueillant

2) J'entre à l'heure, même si mes élèves ont tendance à être en retard. Tout exemple est contagieux.

3) Une fréquentation régulière est la condition de tout progrès. Donc : j'encourage et je récompense les élèves assidus ; je donne un enseignement vivant ; je fais aimer l'école ; j'autorise une absence motivée et sollicitée ; je veille au chauffage, à l'hygiène, à la nourriture des enfants : une classe froide, un courant d'air et les rhumes et les grippes apparaissent. La section des débutants va perdre deux ou trois mois.

À côté de son strict rôle de contrôle, l'inspecteur fait passer à l'instituteur les messages de l'académie ou du ministère, souligne l'importance de tel ou tel décret et insiste pour sa mise en application.

4) Je m'ingénie à donner aux enfants l'amour et la joie du travail bien fait. Je veux qu'ils aiment leur cahier, qu'ils le soignent, qu'ils l'ornent avec plaisir, qu'ils en soient fiers. Au cours élémentaire 1ère année, jamais un devoir ne dépasse six lignes mais ce sont six lignes appliquées. Je leur apprends à se servir du buvard, de la règle, à tirer correctement les traits, à séparer le travail des journées par des motifs décoratifs.

5) Si je propose des devoirs à la maison, je les donne courts et simples et surtout je les corrige assidûment. J'exige que le cahier du soir soit aussi net et soigné que le cahier du jour.

6) Je donne aussi à l'enfant l'amour et la joie des livres bien tenus. Que les livres soient couverts, qu'un signet de laine ou de papier marque la page de la leçon.

7) J'apprends à mes élèves à apprendre leurs leçons. Avec eux au préalable je fais lire et relire le texte à apprendre, je mets en lumière les passages essentiels, des leçons courtes mais toujours sues et toujours récitées.

8) Attention : la leçon commence : les pieds sur la barre, les mains sur la table, les regards sur le maître. Et alors mes élèves sont attentifs ; d'un mot, d'un geste, d'un coup d'œil, je dirige tout mon monde. Pour répondre ils lèveront le doigt, le coude restant posé sur la table. Car la vraie classe vivante ce n'est pas la classe bruyante où fusent en désordre les réponses collectives, mais la classe où dans le calme et l'effort fécond, chacun observe, cherche, réfléchit, puis désigné répond.

9) Le procédé La Martinière permet de contrôler en cinq minutes le savoir de vingt élèves de cours moyen et supérieur. Mais il ne contrôle que le «squelette» de la leçon : faits, dates, villes, pics, nomenclature, croquis. Il faut le compléter par l'interrogation d'intelligence, qui se fixe sur trois, quatre, six élèves et qui laisse chaque enfant présenter son savoir en quelques phrases bien liées et précises. Une note chiffrée sanctionne la réponse.

10) Comme dans les classes montessoriennes j'organise parfois la minute de silence : attention : sortons nos ardoises, en silence... Rentrons-les... Que la main sache d'elle même trouver dans le casier tel cahier, tel livre... Car la vraie classe active c'est la classe qui travaille dans l'ordre et le calme.

Les conseils de l'inspecteur (suite)

11) A chaque leçon de lecture, chaque enfant lit, et chaque enfant quel que soit son niveau réalise un progrès. La leçon de lecture est celle qui exige du maître le plus de vigilance, d'efforts d'activité, de souplesse pédagogique, il faut éviter tout à la fois la leçon qui se traîne, monotone et somnolente (je la coupe à propos d'une question, d'un concours de lecture pour telle phrase, etc) et la leçon interrompue à chaque instant par des questions qui en rompent l'unité et l'intérêt et dispersent les attentions.

12) Évitons la fastidieuse copie des résumés sur le cahier. Choisissons dans le livre de l'élève un résumé net et clair ou un passage capital. N'oublions pas que l'enfant qui apprend par cœur un résumé incorrect, ou un texte erroné, ou des vers mutilés, grave dans sa mémoire des fautes d'orthographe et de français.

ACADÉMIE DE POITIERS — ENSEIGNEMENT PRIMAIRE — DÉPARTEMENT DE LA VIENNE

MENTION HONORABLE

Le Recteur de l'Académie de Poitiers,
Officier de la Légion d'Honneur,
Vu l'article 34 de la loi du 30 Octobre 1886,
Vu l'article 127 de l'arrêté du 18 Janvier 1887, modifié par l'arrêté du 1er Janvier 1922,
Vu l'article 128 de l'arrêté du 18 Janvier 1887, modifié par les arrêtés des 23 Juillet 1925, 27 Janvier 1927, 21 Juillet 1933 et 13 Juillet 1934,
Vu l'article 45 de la loi du 19 Juillet 1889,
Vu l'avis du Conseil Départemental de l'Enseignement primaire,

DÉCERNE à Madame Labreuille à Antoigné
la Mention Honorable des Instituteurs et Institutrices.

Pour extrait conforme, Poitiers, le 28 OCT 1946, L'Inspecteur d'Académie,
Fait à Poitiers, le 24 octobre 1946. Le Recteur, Signé : R. Hubert
INSPECTION ACADÉMIQUE DE LA VIENNE

S'il est de qualité, l'instituteur reçoit de son administration des marques de considération.

13) Quand une dictée d'enfant dépas-se cinq fautes, c'est le maître qui a tort. Il lui fallait proposer un texte plus court, plus simple, mieux préparé.

14) Le bon maître a très rarement à punir. En effet, lors des exercices, ses élèves sont toujours occupés : lors des leçons, ils sont toujours intéressés et leurs regards posés sur son regard ; d'autre part il leur a enseigné l'art d'apprendre une leçon. N'est-il pas vrai que le maître qui punit c'est trop souvent un maître qui se venge sur des élèves qui ont troublé sa quiétude et qui l'ont troublé parce qu'il n'a pas su les occuper intelligemment et activement.»

Sur la leçon de choses

Chaque inspection est propice aux conseils, y compris sur la leçon de choses. En 1929 à Vouneuil-sur-Vienne, l'inspecteur note ainsi pour l'instituteur son commentaire de la leçon : « Le maître interroge sur la précédente leçon de choses ; on avait observé la pomme : forme, couleur... Coupons-la, écrasons-la, etc. Bon petit exercice d'observation. Un conseil : qu'il évite d'amorcer la réponse des enfants en disant la 1ère syllabe du mot. [...] Pour les mathématiques, chaque enfant est pourvu d'un lot de bûchettes qu'il manie, ajoute, retranche.»

Lettre de félicitations adressée par un inspecteur d'académie à une jeune institutrice de Vouneuil-sur-Vienne en 1930.

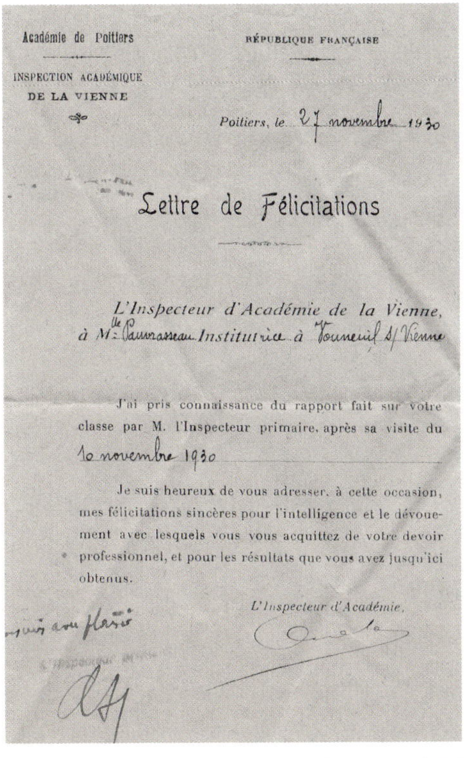
Académie de Poitiers — RÉPUBLIQUE FRANÇAISE
INSPECTION ACADÉMIQUE DE LA VIENNE

Poitiers, le 27 novembre 1930

Lettre de Félicitations

L'Inspecteur d'Académie de la Vienne,
à Mlle [illegible] Institutrice à Vouneuil s/ Vienne

J'ai pris connaissance du rapport fait sur votre classe par M. l'Inspecteur primaire, après sa visite du 10 novembre 1930

Je suis heureux de vous adresser, à cette occasion, mes félicitations sincères pour l'intelligence et le dévouement avec lesquels vous vous acquittez de votre devoir professionnel, et pour les résultats que vous avez jusqu'ici obtenus.

L'Inspecteur d'Académie,

L'INSPECTION

L'instituteur a prévenu les élèves : «Attention, l'inspecteur sera là demain» ! Les petits se mettent sur leur trente et un, révisent leurs leçons et leurs poésies mieux que d'habitude... Il leur faudra quelques années de plus pour comprendre que l'inspecteur ne vient pas pour eux mais pour leur maître.

Une institution aussi vieille que l'école

L'instituteur a toujours été surveillé, contrôlé, que ce soit sur sa moralité et sa religion avant Ferry, ou bien sur ses compétences pédagogiques et sa tenue de classe.

L'inspection existe et existera toujours. Depuis longtemps déjà, elle ne vérifie plus que ce qui relève de la qualité de l'enseignement et du respect des programmes.

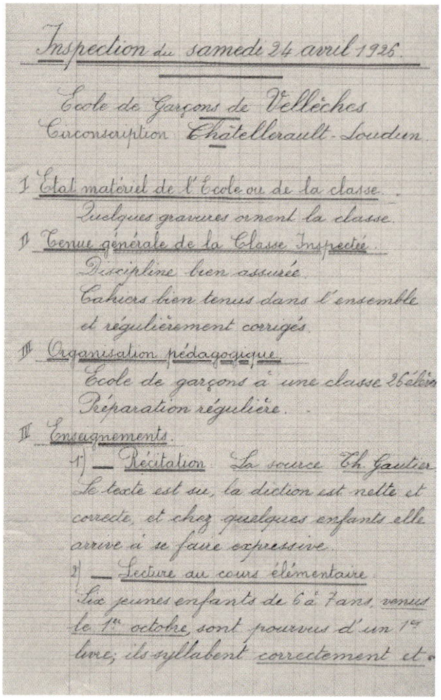

Inspection du samedi 24 avril 1926.

École de Garçons de Vellèches
Circonscription Châtellerault-Loudun

I État matériel de l'École ou de la classe.
Quelques gravures ornent la classe.
II Tenue générale de la Classe Inspectée.
Discipline bien assurée.
Cahiers bien tenus dans l'ensemble et régulièrement corrigés.
III Organisation pédagogique.
École de garçons à une classe 26 élèv
Préparation régulière.
IV Enseignements.
1) — Récitation La source Th. Gautier
Le texte est su, la diction est nette et correcte, et chez quelques enfants elle arrive à se faire expressive.
2) — Lecture au cours élémentaire
Six jeunes enfants de 6 à 7 ans, venus le 1er octobre, sont pourvus d'un 1er livre; ils syllabent correctement et

Un jour pas comme un autre...

Le drame, c'est quand le bon élève est toujours malade le jour où passe l'inspecteur. C'est bien dommage de ne pouvoir être sûr que l'enfant qu'on va interroger saura sa leçon sur le bout du doigt et la restituera avec les mots justes...
Alors ? L'angoisse est-elle là, dans le cœur du maître, lorsque l'inspecteur entre, s'installe en fond de classe et dit à l'instituteur : «Commencez votre cours, faites comme si je n'étais pas là» ? Une consigne bien difficile à exécuter à la lettre. Surtout dans les premières années d'enseignement, lorsque l'on n'est pas encore sûr de soi. Pourtant, c'est l'occasion unique d'un dialogue avec un autre adulte, présent autant pour contrôler que pour donner un avis et formuler des conseils utiles.

> **!** *L'historien apprécie les rapports d'inspection qui, au fil des ans, lui fournissent une bonne approche de l'état tant matériel que pédagogique de l'enseignement. Ils lui permettent aussi de cerner les périodes d'évolutions.*

Un regard global

L'inspecteur regarde un ensemble : les locaux déjà. Il est de son devoir de commenter l'état de l'école, même si les réparations n'entrent pas dans les attributions des instituteurs, car son rapport peut débloquer des budgets, auprès du ministère, du département ou de la commune selon les époques.
Il passe aussi en revue les registres de l'école et l'organisation des classes : sont-ils bien tenus au fil de l'année ? les classes comportent-elles un ou plusieurs niveaux ? les élèves sont-ils propres et soignés ?... Autant de points qui ne relèvent que partiellement de la responsabilité du maître.

Enfin, il feuillette les cahiers des élèves, écoute le cours, les interrogations, les réponses des enfants, la façon dont le maître rattrape ou corrige les erreurs, fait rentrer dans les têtes un sujet difficile... C'est la partie la plus sensible, aussi bien pour les élèves, impressionnés par ce «monsieur» en fond de salle, que pour l'instituteur.

Des rapports non secrets

Le rapport que l'inspecteur du primaire rédige à l'issue de sa visite n'a rien de secret car on donne copie du contenu à l'instituteur évalué. Avant son départ, l'inspecteur n'hésite d'ailleurs pas à s'entretenir avec lui et à lui donner ses avis pertinents d'«ancien» sur les cours auxquels il a assisté. Il en a d'ailleurs vu tellement que cela lui est bien facile. Il apporte donc beaucoup, même s'il n'est pas reçu sans un peu d'angoisse.

Quelques rapports d'inspection...

Rapport de 1929, école de Vouneuil/Vienne

I) État matériel : La classe - Mobilier neuf, d'un modèle conforme à l'hygiène. Obtenir de la balayeuse le nettoyage des vitres, du bureau, etc. Un blanchissage de la classe et un crépissage intérieur sont également nécessaires.

II) Les registres - Bien.

III) Organisation pédagogique - 2ème classe d'une école de garçons à deux classes, 29 présents sur 35 inscrits. Il y a actuellement 4 divisions : je serais heureux qu'on pût améliorer cette organisation pédagogique : en passant le cours élémentaire 2ème année dans l'autre classe ; en fusionnant le cours élémentaire 1ère année et les avancés du cours préparatoire en une seule section de lecture. La préparation écrite est régulière. Un conseil : Ne pas prolonger l'écriture au crayon.

IV) Les leçons entendues : lecture - Le cours élémentaire 2ème année, qui comprend six élèves, lit sur *Le Tour de France,* livre bien difficile pour ce jeune monde, je préfèrerais un livre de textes choisis, autours desquels l'on peut grouper les divers exercices de français. Malgré cette réserve, je reconnais avec plaisir que ces enfants lisent couramment. Les deux autres sections arrivent également à syllaber avec aisance et sous peu leurs lectures seront courantes : il y aura avantage à les grouper pour la leçon de lecture (on pourra réserver une leçon supplémentaire pour la section des moins avancés). Les débutants lisent au tableau noir : *an, in* ; ils font de rapides progrès.

IV) Les leçons entendues : lecture - Conseils :

a) Vos enfants sont bien entraînés au mécanisme des opérations, trop même car vous n'avez pas mené de front l'intelligence des opérations et leur automatisme.

b) Bien difficiles les problèmes que vous proposez. Au cours élémentaire, il suffit d'enseigner l'apprentissage intelligent des quatre opérations avec exercices les combinant.

c) Au cours élémentaire 1ère année, veillez à l'étude des nombres 70 et 90 ; à chaque leçon des exercices Lamartinière sur l'ardoise sous la direction du maître et des exercices de calcul mental concret donnant l'intelligence des opérations.

d) Proposer des opérations sur des nombres moins gros, mais que les nombres soient compris.

V) Appréciations générales - M. Labreuille est un maître laborieux qui ne marchande pas sa peine. Sa petite classe est bien entraînée, surtout en lecture, ses cahiers sont bien tenus.

Rapport de 1945, école d'Antoigné (Vienne)

I) État matériel - L'école est en bon état. Toutefois les petits disposent d'une cour trop en pente et d'un préau ouvert au vent du Nord, pratiquement inutilisable pendant la mauvaise saison. La classe de M. Labreuille est claire, parfaitement propre, décorée avec sobriété et bon goût. Les registres sont à jour.

II) Éducation et enseignement - La classe de M. Labreuille, qui rassemble les enfants du cours supérieur et de la classe de fin d'études, est homogène. Leçons et exercices sont communs aux deux cours, sauf pour le calcul et parfois pour les sciences. Le niveau scolaire est très satisfaisant. Quelques enfants seulement n'ont pas réussi les exercices proposés. Garçons et filles ont une tenue soignée, distinguée même, qui contraste heureusement avec celle d'une importante fraction de la classe enfantine, laquelle se recrute largement dans un milieu sordide et de moralité douteuse.

La préparation des leçons est très concise. Les cahiers des élèves sont tenus avec soin et tous les exercices qui y figurent ont été revus et corrigés.

J'assiste à une leçon de géométrie sur le trapèze. L'étude des figures (trapèzes, rectangles, isocèles, quelconque) est intuitive. On fait établir par les élèves, à l'aide des figures, la formule de la surface du trapèze. Après la leçon, les deux divisions font chacune un problème du livre. La correction est collective, et les deux cours y participent simultanément. Le maître exige toujours des élèves un langage correct et précis.

III) Remarque concernant l'organisation pédagogique de l'école - Il faudra séparer plus nettement la classe enfantine et le cours primaire. Il convient que tous les enfants inscrits à l'école à six ans entrent directement au cours primaire (classe récemment créée). La plupart des élèves âgés de six à neuf ans qui entrent ou demeurent dans la classe enfantine y perdent leur temps.

IV) Appréciations générales - M. Labreuille est un maître excellent, qui dirige sa classe avec sûreté et autorité. Il obtient de ses élèves une attention soutenue et profitable. Note : 17/20.

Les matières enseignées

La lecture

La lecture : le premier enseignement, jugé comme le plus essentiel, la base absolue. Parfois seule matière des maîtres de l'ancien temps, elle devient avec la IIIème République la clé de voûte d'un savoir plus vaste, mais reste autant respectée...

B.A.-Ba...

Pendant des siècles, la seule méthode connue pour apprendre à lire est celle de l'épellation : on apprend à déchiffrer les mots, lettre par lettre, péniblement. La méthode a le mérite d'être simple : il suffit d'apprendre aux élèves à reconnaître chacune des 26 lettres de l'alphabet, puis les combinaisons de sons qu'elles forment.

Les premiers enseignements improvisés par les *magisters*, parfois jusqu'au XIXème siècle, utilisent les livres que chaque enfant rapporte de chez lui : un vieux livre religieux en général, catéchisme ou livre de piété où ont appris les parents et grands-parents. Prenant chaque élève individuellement, il lui enseigne à déchiffrer correctement mot après mot. Problème rencontré plus couramment qu'on ne le pense : des enfants savent ânonner par cœur le livre où ils ont appris à lire, et se trouvent incapables de lire quoi que ce soit d'autre !

Quand se répand l'idée d'une pédagogie comportant des livres de base (période qui s'étend du XVIIème au XIXème siècle suivant les communes), on voit apparaître un objet essentiel de l'apprentissage de la lecture : le fameux abécédaire. Jusqu'au XVIIIème siècle, il est... en latin, et "orné d'une croix, d'où son nom de Croix de Dieu. on y apprend, mécaniquement, l'alphabet, les syllabes, puis les mots entiers du Pater, de l'Ave et du Credo. L'épellation lettre à lettre justifie l'usage du latin, qui se prête mieux à cet exercice que le français, ignoré d'ailleurs de la plupart des sujets du roi." (Y. Galupeau)

> ! *Le fameux "b.a.-ba", tout premier apprentissage de la lecture, ne signifie rien d'autre que "la lettre* b *suivie de la lettre* a *forment le son* ba*". Par extension, cela signifie aussi "très simple".*

Au tableau

Sous la Troisième République, l'enseignement n'étant plus individuel mais simultané à toute la classe, l'apprentissage de la lecture a pour principal support le grand tableau noir. Voici le récit d'une leçon de lecture dans une classe à plusieurs niveaux, par des élèves de petite classe qui savent déjà déchiffrer : «L'instituteur écrivait le résumé de morale des cours moyen et supérieur sur le tableau principal. La classe commençait par une causerie que tous écoutaient les bras croisés. Pendant que les grands copiaient le résumé, les marmots venaient se rassembler pour la lecture. Le maître retournait le tableau et on relisait d'abord la leçon de la veille. "Attention, tous ensemble, suivez la baguette... Maintenant à toi tout seul, Bertrand Coulomiès, à toi, Marie Faure, à toi, George Sentenac..." Certains lisaient d'une coulée, sachant le texte par cœur depuis la veille, d'autres trébuchaient misérablement et les bouches s'ouvraient pour leur venir en aide. "Défense de souffler !" Les bras se levaient. La baguette abandonnait la syllabe difficile et revenait plus haut. À leurs bancs, les grands entre deux phrases suivaient l'opération avec des sourires condescendants ou apitoyés.» (P. Gamarra)

Une activité très calibrée

L'enseignement du français occupe deux heures par jour, toutes matières confondues (lecture, écriture, grammaire, dictées, analyses, rédaction...) : dans les petites classes, elles sont bien sûr consacrées exclusivement à l'apprentissage de la lecture, mais même une fois celle-ci maîtrisée, elle n'est jamais totalement abandonnée : on garde la lecture expliquée, les exercices de phonétiques et de prononciation.

«De nombreux exercices permettent d'évaluer la compréhension des mots usuels de la langue française et des principales idées du texte lu. Les textes proposés en lecture au cours moyen sont plus complexes. En outre, la lecture silencieuse devient de plus en plus fréquente. Elle est contrôlée par des questionnaires corrigés par le maître. Enfin, au cours supérieur, la lecture expressive doit être maîtrisée.» (J. Combes)

B-A Ba

La méthode analytique

Après les techniques d'épellation individuelle de l'Ancien régime, souvent improvisées sur le tas par des instituteurs non formés, l'école républicaine cherche à créer des méthodes cohérentes et enseignées dans les écoles normales.

La plus pratiquée au début est la méthode analytique, ou plutôt les méthodes analytiques, convergeant toutes sur un effort de systématisation : attribuer à chaque objet un mot, donner à chaque mot un son et un sens.

Les méthodes globale et mixte

Continuant sur la lancée de globalisation amorcée par les méthodes analytiques, les pédagogues du milieu du XXème siècle créent la méthode globale : si l'élève avait bien des peines à comprendre et lire vite en ânonnant lettre après lettre, et que vitesse et compréhension s'améliorent quand la lecture est plus raisonnée et basée sur les syllabes, alors pourquoi ne pas pousser plus loin ?

La méthode globale enseigne donc aux enfants à reconnaître directement les mots entiers, avec leur forme générale, plutôt que les lettres individuellement. Effectivement, la lecture est plus rapide, la compréhension correcte... mais on s'aperçoit vite que les enfants qui ont appris exclusivement par cette méthode ont une orthographe catastrophique et beaucoup de difficultés à écrire !

La méthode mixte est enfin mise au point, associant à la fois la précision de l'apprentissage des lettres et des syllabes que leur association forme, et le déchiffrage global qui permet une plus grande rapidité. C'est la méthode encore en vigueur actuellement.

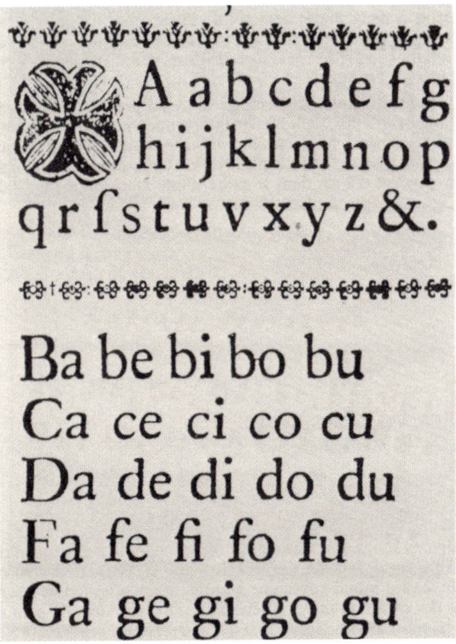

Des cornes du bœuf à Benjamin Rabier

Auteur d'un célèbre manuel de grammaire et d'orthographe, Édouard Bled raconte comment il a appris à lire à la Belle Epoque...

«[Notre maître] était un fervent de la méthode phonomimique. Pour apprendre la lettre r, nous mettions nos poings sur le front, les pouces dressés, et en chœur nous répétions "les cornes du bœuf, les cornes du bœuf...". Avec le bras droit, nous imitions les reptations du serpent et nous faisions "ss, ss...". En nous amusant, en satisfaisant notre besoin de mouvement, nous nous initiions à la lecture.

Nous avions deux syllabaires, un bleu et un rose. Au début de février, nous étions assez bien débrouillés. L'étude des sons et des difficultés était terminée. Nous commencions à aborder de petits textes imprimés ou écrits au tableau noir. A la fin de l'année je lisais couramment. C'était un succès qui me comblait d'aise : il me libérait en partie de la tutelle de mes frères. Je n'aurai plus besoin de les supplier de me lire les histoires de mon album d'images d'Épinal ou de celui de Benjamin Rabier.» Édouard Bled, *Mes Écoles*.

Les livres de lecture ont pris des formes cariées selon les époques, le plus diffusé ayant été «Le Tour de la France de deux enfants».

L'ÉCRITURE

Deuxième grand exercice scolaire, base obligatoire donnant aussi lieu à des concours d'élégance, l'écriture fait partie des figures de proue des souvenirs scolaires. On s'entraîne sur l'ardoise avant de passer au papier car l'écriture à la plume et à l'encre violette est à la fois belle et fort ardue...

L'écriture et la loi

Faisant partie des acquis de base, l'écriture a toujours été enseignée à l'école, même au temps où celle-ci était encore rudimentaire et se limitait vraiment à l'essentiel. Cependant, à partir de la Troisième république, l'exercice ne prend plus seulement des tournures pratiques mais aussi esthétiques : il importe d'avoir ce qu'on appelle "une belle main", et une calligraphie soignée est aussi importante qu'une bonne orthographe.

Les exercices d'écriture cumulent donc un double devoir : celui d'apprendre comment se forment les lettres et les mots, et celui de les "dessiner" correctement suivant les modèles les plus officiels : en ronde, en bâtarde... L'importance de ces modèles calligraphiques diminue cependant au fil des décennies, pour passer simplement à des beaux "pleins et déliés" sans moulure précise de chaque caractère.

Au début floue, indiquant seulement que le maître est tenu d'apprendre à écrire aux élèves (sous Guizot et Thiers par exemple), la législation se précise : selon un arrêté de 1887 "le temps consacré aux exercices d'écriture proprement dite sera d'une heure au moins par jour dans le cours élémentaire et se réduira graduellement, à mesure que les divers devoirs dictés ou rédigés pourront en tenir lieu."

> **!** *Au temps où machine à écrire et ordinateur n'existent pas, avoir "une belle main" (bien écrire) et une bonne orthographe est un passeport pour un métier de bureau sûr et rémunérateur.*

Débuts à l'ardoise

Les petits enfants apprennent à former les lettres à la craie sur une ardoise - parfois une simple planche de bois - bien avant de passer à l'écriture sur papier, à la plume. Ainsi on ne gâche pas de précieuse encre et de papier avec leurs maladroits débuts, et on ne rajoute pas l'exercice difficile de la tenue de la plume récalcitrante et sauteuse à celui déjà bien ardu de l'apprentissage de la forme des lettres.

"La grande affaire, c'était l'écriture. Le moment venu d'écrire une page, je portais sur la table de "notre maître" ma planche, qui avait servi avant moi à mon père et à ma grand-mère. [...] Le maître prenait sa règle et son crayon et dessinait une ligne horizontale qui divisait la page en deux, la partie du haut était pour écrire en gros, et l'autre, pour écrire en fin ; Dans le haut, les lignes s'accouplaient deux par deux, l'intervalle devant être rempli par des grandes lettres. Mais le maître ne traçait pas les lignes de bout en bout ; il les interrompait de manière à nous forcer à écrire sans appui. Lorsque je voyais se multiplier les lignes courtes, je m'inquiétais des prochaines difficultés de ma page." (E. Lavisse)

Passage au cahier

L'écriture sur l'ardoise maîtrisée, on passe au cahier. Mais pas encore à la plume, qui est une consécration ! On n'utilise encore que le cahier de brouillon, au papier gris, et un crayon à papier, qui peut comme la craie être effacé. L'enfant s'habitue ainsi à la tenue d'un crayon et au support papier. Une fois habitué, il pourra accéder à la consécration de l'encre violette et du beau cahier d'écriture, ou cahier du jour, avec son papier blanc glacé. Les plumes sont hiérarchisées : la simple "gauloise", puis la noble "sergent-major". Dans les milieux un peu aisés d'abord, puis dans toutes les classes, chaque élève possède son jeu de plumes et son porte-plume, qu'il range dans un petit étui de carton bouilli.

L'élève perfectionne alors les qualités déjà recherchées auparavant : une écriture claire et régulière surtout, si possible élégante et bien moulée, en suivant les grands modèles : d'abord l'anglaise, ou cursive (italique), la ronde et la bâtarde ; la gothique pour les plus chevronnés. Chacun de ces styles doit être réalisé en trois tailles : la "fine" (3 mm de haut), la "moyenne" (4 à 5 mm) et la "grosse" (6 à 7mm).

Exercices d'écriture

L'encre gelée

Les conditions de travail des enfants et de l'instituteur sont, jusqu'à la généralisation du chauffage central dans les classes, souvent précaires. Le poêle, quand il existe, ne suffit pas toujours. Les leçons sont interrompues pour permettre aux élèves de sautiller sur place pour se réchauffer... Le froid a aussi des conséquences qu'on n'envisage plus aujourd'hui : "Voici maintenant l'heure de la séance d'écriture pour le cours élémentaire. "Monsieur, Monsieur, s'écrie Mélanie Gazagne, l'encre est gelée !" C'est vrai, je dois me rendre à l'évidence ; cela ne facilitera pas ma tâche aujourd'hui, mais l'essentiel est de se tirer tout de même d'affaire. Je modifie donc les occupations en tenant compte de cette nouvelle difficulté. Il faudra attendre jusqu'à dix heures pour que la température devienne suffisante dans la classe. Peu à peu, le givre des vitres s'efface et, en rentrant après la récréation, nous pouvons reprendre les travaux écrits." (M. Boyer, *Éveilleurs d'âmes ; la première classe d'un instituteur de campagne*, Éditions de Paris, 1995)

Les plumes

Les plumes d'oie sont taillées différemment pour chaque style d'écriture : on n'a pas la même plume pour écrire en ronde ou en gothique. Il faut pas moins de huit étapes pour tailler une plume d'oie, et on peut les retailler quand elles s'usent, avant de les changer pour de bon.

C'est à partir des années 1850 que la plume métallique fait son entrée à l'école ; mais elle est très chère, pas moins de 6 sous, et la plume d'oie, matériau gratuit et toujours disponible à la campagne, a encore de belles décennies avant que la Baignol & Farjon, pour l'élève, et la Sergent-Major, pour le maître, ne deviennent la règle. La plume et l'encre existeront dans les écoles primaires jusqu'aux années 1970.

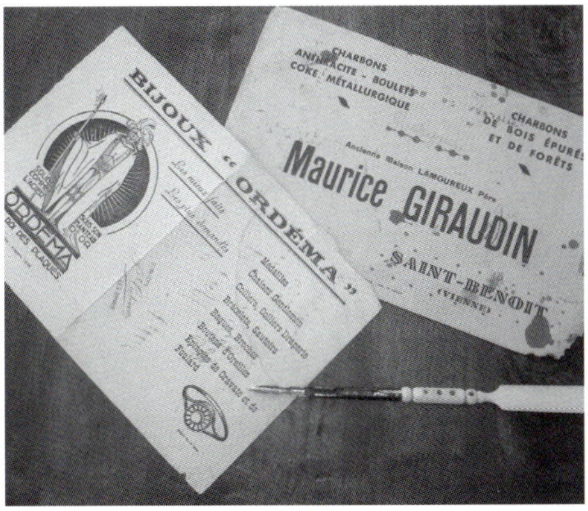

George Sand et l'écriture

"C'est vers l'âge de cinq ans que j'appris à écrire. Ma mère me faisait faire de grandes pages de *bâtons* et de *jambages*. Mais, comme elle écrivait elle-même comme un chat, j'aurais barbouillé bien du papier avant de savoir signer mon nom, si je n'eusse pris le parti de chercher moi-même un moyen d'exprimer ma pensée par des signes quelconques. Je me sentais fort ennuyée de copier tous les jours un alphabet et de tracer des pleins et déliés en caractères d'affiche. [...] Je vins bientôt à bout de me faire une orthographe à mon usage. Elle était très simplifiée et chargée d'hiéroglyphes. Ma grand-mère surprit une de ces lettres et la trouva très drôle, [et] conseilla à ma mère de me laisser griffonner seule tant que je voudrais. Elle disait avec raison qu'on perd beaucoup de temps à vouloir donner une belle écriture aux enfants et que pendant ce temps-là ils ne songent point à quoi sert l'écriture." G. Sand, *Histoire de ma vie*, 1854.

Difficultés techniques

Lorsque l'élève sait déjà un peu écrire sur son ardoise, il accède au règne du porte-plume et de l'encre violette : moment attendu et fiévreux. L'honneur est aussi grand que la difficulté, car l'encre violette éprouve une fâcheuse tendance à s'étaler en pâtés indélébiles sur le papier, les doigts sont perpétuellement maculés... Le buvard, roue de secours de l'écolier, ne peut qu'atténuer les dégâts !

Les mathématiques

Ce troisième élément de la grande trinité scolaire (lecture, écriture, calcul), est considéré jusqu'au milieu du XIXème siècle comme le summum de ce qui peut être enseigné, un art difficile réservé aux meilleurs. L'école républicaine en fait, au contraire, une base, un fondement premier.

Les quatre opérations

Avant les grandes réformes scolaires du XIXème siècle, qui diversifient et augmentent peu à peu les matières enseignées, la trilogie apprise assez simplement auprès du *magister* se compose de la lecture, de l'écriture et parfois du calcul, ce dernier étant donc considéré comme la pierre faîtière de l'éducation, et parfois négligé comme un luxe... Il n'est pas donné partout, ni à tous - encore faut-il que ledit maître d'école, dont on a vu les compétences limitées, en soit capable... Ces rudiments de calcul consistent en l'apprentissage des quatre opérations : addition, soustraction, multiplication, division.

On commence souvent l'apprentissage du calcul avec des jetons disposés sur quatre colonnes, symbolisant milliers, centaines, dizaines et unités. Ce système très manuel, non utilisé dans toutes les écoles mais plutôt suivant le goût du maître et les moyens locaux, rappelle un peu celui du boulier, sans qu'on laisse les enfants en atteindre l'extraordinaire efficacité car, aussitôt ces mécanismes de base acquis, on passe au calcul sur papier, à la plume, avec des chiffres arabes.

Les difficultés des maths, comme celles de la grammaire, font fleurir les moyens mnémotechniques ; qui ne se souvient du "que j'aime à faire apprendre un nombre utile aux sages" rappelant que pi = 3,14159265... ?

L'ère de la logique

L'école républicaine cherche à transformer le simple enseignement du calcul en enseignement des mathématiques. En effet, le but des pédagogues est de former une nation qui sait penser, réfléchir, et pour cela il faut développer ses capacités de raisonnement logique. Les quatre opérations ne suffisent pas à cela, et l'on développe l'enseignement de la géométrie, de l'arpentage, on aborde une certaine abstraction, et surtout, dans les problèmes, on fait appel au bon sens, à l'esprit pratique. On enseigne aux enfants à réfléchir sur le sens des problèmes qu'on leur soumet, à s'étonner devant un résultat négatif quand on calcule la superficie d'un champ, etc. ; en somme, on leur apprend à juger avec raison.

Édouard Bled raconte ainsi ses classes faites à la Belle Époque : «J'appris à compter avec un boulier. Utilisions-nous des bûchettes ? Je ne le crois pas. [Plus tard], j'ai appris à extraire la racine carrée et la racine cubique ; on nous proposait des problèmes qui s'appuyaient sur le théorème de Pythagore. Par exemple, chercher la surface d'un triangle équilatéral en fonction de son côté, était pour nous un jeu d'enfant. Il va de soi que nous retrouvions aisément le rayon d'une sphère dont on nous donnait le volume. Les nombres premiers nous étaient familiers. Nous acquérions les premières notions d'algèbre et de théorie arithmétique. Évidemment, bien des élèves n'eurent jamais à se servir de ces connaissances, mais je crois que ces exercices, loin de nous rebuter, excitaient notre désir de réussite, par simple goût de la difficulté vaincue. Quand nous avions la bonne réponse, que de satisfactions !»

TABLE DE MULTIPLICATION

2	fois	1	font	2	5	fois	1	font	5	8	fois	1	font	8
2	—	2	—	4	5	—	2	—	10	8	—	2	—	16
2	—	3	—	6	5	—	3	—	15	8	—	3	—	24
2	—	4	—	8	5	—	4	—	20	8	—	4	—	32
2	—	5	—	10	5	—	5	—	25	8	—	5	—	40
2	—	6	—	12	5	—	6	—	30	8	—	6	—	48
2	—	7	—	14	5	—	7	—	35	8	—	7	—	56
2	—	8	—	16	5	—	8	—	40	8	—	8	—	64
2	—	9	—	18	5	—	9	—	45	8	—	9	—	72
2	—	10	—	20	5	—	10	—	50	8	—	10	—	80
3	fois	1	font	3	6	fois	1	font	6	9	fois	1	font	9
3	—	2	—	6	6	—	2	—	12	9	—	2	—	18
3	—	3	—	9	6	—	3	—	18	9	—	3	—	27
3	—	4	—	12	6	—	4	—	24	9	—	4	—	36
3	—	5	—	15	6	—	5	—	30	9	—	5	—	45
3	—	6	—	18	6	—	6	—	36	9	—	6	—	54
3	—	7	—	21	6	—	7	—	42	9	—	7	—	63
3	—	8	—	24	6	—	8	—	48	9	—	8	—	72
3	—	9	—	27	6	—	9	—	54	9	—	9	—	81
3	—	10	—	30	6	—	10	—	60	9	—	10	—	90
4	fois	1	font	4	7	fois	1	font	7	10	fois	1	font	10
4	—	2	—	8	7	—	2	—	14	10	—	2	—	20
4	—	3	—	12	7	—	3	—	21	10	—	3	—	30
4	—	4	—	16	7	—	4	—	28	10	—	4	—	40
4	—	5	—	20	7	—	5	—	35	10	—	5	—	50
4	—	6	—	24	7	—	6	—	42	10	—	6	—	60
4	—	7	—	28	7	—	7	—	49	10	—	7	—	70
4	—	8	—	32	7	—	8	—	56	10	—	8	—	80
4	—	9	—	36	7	—	9	—	63	10	—	9	—	90
4	—	10	—	40	7	—	10	—	70	10	—	10	—	100

Les mathématiques au service de l'État

Les dos des cahiers d'écolier des années 1920 portaient souvent le rappel des différentes mesures : poids, longueur, surface, volume, unités monétaires...

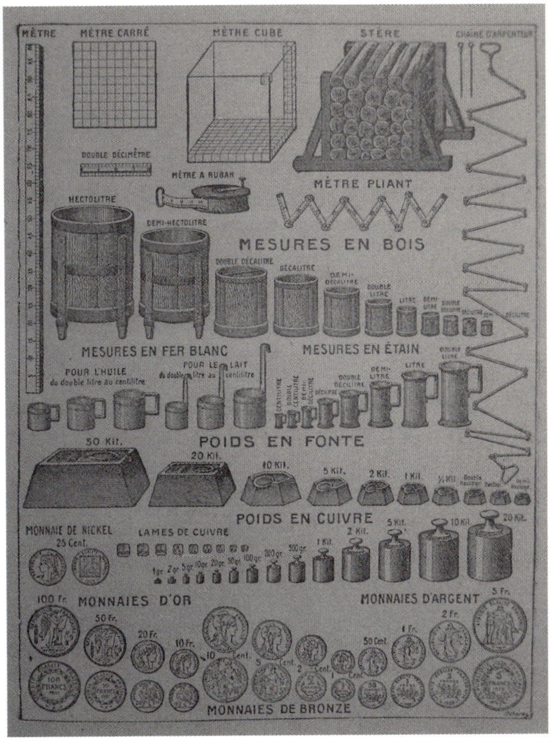

Le calcul au service de l'unité

Les mathématiques et les problèmes donnés aux élèves est aussi pour l'État un bon moyen de rendre effective l'application du système métrique, normalement en vigueur dans tout le pays à partir du 1er janvier 1840 en remplacement de quantités de mesures locales. Cet enseignement contribue à l'unité du pays, même si les habitudes de calcul dans les anciennes mesures ont la vie dure et perdurent jusqu'au début du XXème siècle dans certaines campagnes. Il permet aussi aux yeux de la IIIème République, d'effacer un peu plus l'Ancien Régime puisque c'est la Révolution qui a conçu le système métrique et l'ensemble des mesures en découlant.

Le calcul au service de la revanche

Poids et mesures ne sont pas les seuls thèmes d'une arithmétique parfois... très militaire, du moins entre 1870 et 1939. Après la défaite de la guerre franco-prussienne, l'esprit de revanche, avec canons, fusils, cavalerie, chars d'assaut et garnisons assiégées, se glisse partout, y compris dans les exercices mathématiques :

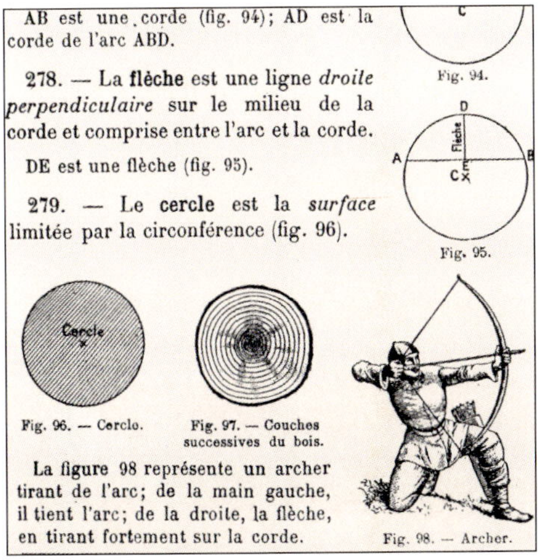

AB est une corde (fig. 94); AD est la corde de l'arc ABD.

278. — La **flèche** est une ligne *droite perpendiculaire* sur le milieu de la corde et comprise entre l'arc et la corde.

DE est une flèche (fig. 95).

279. — Le **cercle** est la *surface* limitée par la circonférence (fig. 96).

Fig. 94.

Fig. 95.

Fig. 96. — Cercle.

Fig. 97. — Couches successives du bois.

La figure 98 représente un archer tirant de l'arc; de la main gauche, il tient l'arc; de la droite, la flèche, en tirant fortement sur la corde.

Fig. 98. — Archer.

«Une garnison de 2 480 hommes étant assiégée n'avait plus de vivres que pour tenir 71 jours ; 17 jours après elle fait une sortie, puis elle peut encore se nourrir pendant 72 jours à la suite des combats menés. Combien d'hommes a-t-elle perdus ?» (1902).

«La vitesse d'un boulet de canon de 24, au sortir de la pièce, est de 500 mètres par seconde ; quel temps lui faudrait-il, en conservant la même vitesse, pour aller de la terre à la lune, dont la distance est de 86 000 x 4 444 mètres ?» (1875)

«Pour aller prendre sa position de combat à une distance de 18 km, une compagnie de chars d'assaut part à 22 h 3/4 et arrive en position à 4 h 15. Sachant que des obstacles accumulés sur le passage des chars d'assaut ont retardé la marche de 1 h 1/2, on demande la vitesse moyenne à l'heure de la compagnie en marche.» (1923).

En page de gauche : dos d'un cahier de 1923, avec les tables de multiplication.
Ci-contre : une page extraite d'un livre d'exercices de mathématiques appliquées.

Les problèmes de calcul

Longtemps, le savoir dispensé à l'école primaire est l'unique bagage intellectuel de l'enfant pour le reste de sa vie. Aussi faut-il des mathématiques concrètes, appliquées à toutes les futures situations professionnelles. Ce n'est qu'avec l'allongement de la durée des études qu'apparaissent les «maths modernes».

L'utilité du concret

Les problèmes de calcul, à la complexité souvent étonnante, sont restés célèbres pour leur difficulté. Elle peut sembler parfois un peu inutile à des yeux d'aujourd'hui. Mais ces exercices ont été rédigés dans le souci d'apporter des connaissances pratiques aux enfants : la calculatrice n'existe pas encore, il faut à travers eux, dans un cycle court qui va constituer le seul bagage éducatif de l'enfant pour le reste de sa vie, former le petit commerçant ou l'artisan à calculer dépenses, recettes, pourcentages et bénéfices ; le paysan aussi doit savoir gérer un budget, calculer la superficie de ses champs, le poids de grain nécessaire pour les ensemencer... On retrouve les préoccupations des physiocrates du XVIIIème siècle qui affirmaient qu'il ne pouvait y avoir de nation riche et prospère sans un peuple sachant calculer.

Défense de l'abstraction

À partir du milieu du XXème siècle, la situation change. La durée des études s'allonge. Le certificat d'études est en perte de vitesse, les enfants poursuivent de plus en plus leur scolarité en collèges et lycées. Aussi les problèmes s'éloignent-ils progressivement de ce que pourraient être les préoccupations adultes des élèves : croisement de trains et vidanges de baignoires, entre autres, puis abstraction pure à partir des seuls chiffres. On quitte le domaine des applications concrètes pour permettre aux problèmes de toucher à tous les domaines et développer un «raisonnement mathématique» utilisable dans les études ultérieures. Et certains instituteurs sont aussi las de leur faire additionner «des choux et des carottes», comme le veut la formule consacrée !

La règle de trois et le théorème de Pythagore sont les fameux «ponts aux ânes» obligés de la primaire d'autrefois. Comme l'indique la formule, il n'y a vraiment que les ânes qui n'y passent pas !

Les changements de programme de 1969, avec l'apparition en primaire de ce qui est alors appelé les «maths modernes», constituent ainsi un bouleversement radical du mode d'approche des chiffres. Tellement brutal que les opposants ont beau jeu de critiquer cette révolution pédagogique et de dénoncer l'apparition d'«analphabètes arithmétiques» qui peuvent résoudre une équation à deux inconnues mais sont incapables de faire leurs courses ou de mesurer leur jardin !

Mieux vaut en rire !

À la fin des années 1980 circulait, sous forme de plaisanterie, un résumé de l'évolution de l'enseignement des mathématiques en France sur un siècle, depuis la simplification jusqu'à l'abstraction avec un zeste d'idéologie...

«Problème de mathématiques 1910 : un paysan possède un champ d'un hectare et demi. Il y plante des pommes de terre. Sachant que la semence lui coûte 0,15 f par are, l'arrosage 8,50 f par are, qu'il attend un rendement de 52 kg par are, combien doit-il revendre son kilo de pommes de terre pour en tirer un revenu annuel de 18 %.

Problème de mathématiques 1950 : un fermier possède un champ dans lequel il plante des pommes de terre. Ses dépenses totales de semences et d'arrosage sont de 100 f. Il obtient 1 000 kg de pommes de terre. Combien doit-il les revendre pour gagner 120 f ?

Problème de mathématiques 1968 : un infâme agriculteur capitaliste veut revendre 120 f des patates qui lui ont coûté 100 f. Calcule le profit qu'il va faire sur le dos du peuple.

Problème de mathématiques 1975 : soit un ensemble A de revenus de patates, soit un ensemble B de coût agricole, dessine l'intersection C correspondant au coût des patates et devine le sous-ensemble correspondant au bénéfice.

Problème de mathématiques 1980 : un agriculteur plante des pommes de terre qu'il revend en coopérative avec un bénéfice. Pose ta feuille et discute avec ton voisin de cette façon de gagner sa vie.»

Sauriez-vous les faire ?

Problèmes 1921 pour enfants de neuf ans

Une dame achète 12 m d'étoffe pour robe à 7,25 f le mètre. Comme elle paie comptant, on lui fait une remise de 3,75 %. Combien le marchand doit-il remettre sur un billet de 100 f ?

Une maison a coûté 3 000 f. On y fait pour 550 f de réparations. Combien le propriétaire devra-t-il la louer pour retirer un revenu de 6,5 % par an ?

Problèmes 1923 pour enfants de douze ans

Une personne a payé 35 f pour 5 kg de chocolat et 3 kg de café. Une autre a payé 40 f pour 5 kg de chocolat et 4 de café. On demande : 1°) le prix du kg de café ; 2°) le prix du kg de chocolat.

Pour faire 1 chemise, on emploie 2,85 m de cretonne à 0,85 f le mètre. Sachant qu'il faut 0,15 f de fil et 0,10 f de boutons par chemise, on demande ce qu'un chemisier qui paie 1,75 f de façon pour chacune doit revendre la douzaine pour gagner 18 % du prix de revient.

Quelle économie réalisera une mère de famille qui, au lieu d'acheter une douzaine de chemises pour 78 f, les fera faire par une ouvrière à qui elle fournira 28,50 m de toile à 1,50 f le mètre et qui lui demandera 2,50 f de façon par chemise ?

On a partagé 638 pommes entre un certain nombre d'enfants. Il manque 6 pommes pour pouvoir en donner 46 à chacun. Combien y a-t-il d'enfants ?

Une laitière, voulant vérifier si le lait qu'on lui vend contient de l'eau, en achète 35 l. Elle le pèse et trouve que le poids est de 35,840 kg. Combien ce lait contient-il de litres d'eau, sachant qu'un litre de lait pèse 1,030 kg.

Problèmes 1923 pour l'année du certif

En donnant son linge à une blanchisseuse, votre maman dépensait 5,80 f par semaine. Maintenant, elle prend 2 jours par mois une ouvrière qu'elle paye 8,50 f par jour. Elle dépense en outre 55,80 f de charbon et de savon par an. Dites le mode de blanchissage le plus avantageux et quelle économie il permet de réaliser par an.

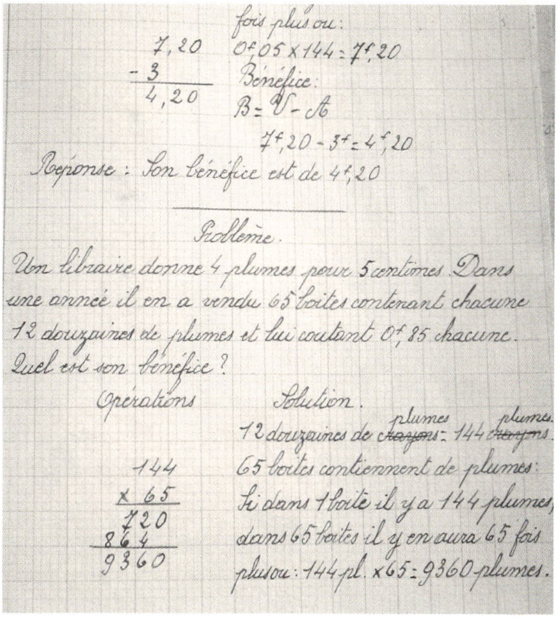

Cahier d'écolier de douze ans en 1923, avec exercice de calcul. Jusqu'à la révolution des «maths modernes» des années 1970, les mathématiques en primaire ont vocation à préparer les élèves à tous les calculs de la vie courante.

Un ouvrier a dépensé pour sa nourriture 1/3 de ce qu'il a gagné pendant l'année, 1/3 pour son habillement et son logement, 1/10 en dépenses diverses, et il a économisé 318 f. Combien avait-il gagné pendant cette année ?

Une ménagère a besoin annuellement de 1200 kg de charbon ; elle l'achète au début de l'hiver à raison de 15,50 f le sac de 50 kg. Si elle avait fait sa provision en juin, elle aurait payé 28 f le quintal. Quelle économie aurait-elle pu réaliser ?

J'ai dépensé les 3/4 de ce que je possédais, plus la moitié du reste. Il me reste 15 f. Quelle somme possédais-je ?

Problèmes de 1895

Un maquignon achète 6 vaches et 5 chevaux pour 9 600 F. Quel est le prix d'une vache et celui d'un cheval, les chevaux coûtant deux fois plus cher que les vaches ?

On a ensemencé une prairie en luzerne à raison de 35 décagrammes de graines par are, et l'on a dépensé 48,60 F. Quelle est la superficie de la prairie, sachant que le quintal de graines de luzerne vaut 138 F ?

La grammaire et l'orthographe

L'arrêté de 1887 stipule que l'enseignement du français (lecture, écriture, grammaire, orthographe, dictées, analyses de phrases et rédaction) occupe environ deux heures par jour : peu de temps pour chaque matière, mais un programme bien chargé pour chacune !

La dictée

Pendant de nombreuses décennies, la dictée est bi-hebdomadaire, voire quotidienne. Se basant, comme tous les autres exercices, sur des textes moraux et éducatifs, elle vise à faire écrire juste, sinon bien. L'orthographe, qui jusqu'au début du XIXème siècle, même dans les classes aisées, reste parfois un peu aléatoire (moins cependant que jusqu'au XVIIème siècle, bien entendu, avant sa fixation officielle par l'Académie française), l'orthographe donc devient la marque de l'honnête citoyen bien éduqué, intelligent et responsable. Elle fait partie d'une "propreté" nécessaire qu'on doit avoir dans ses rapports avec les autres.

La dictée est un exercice aux exigences drastiques : pour ne pas échouer au certificat d'études, il faut absolument faire moins de cinq fautes à la dictée ; cinq et plus sont éliminatoires, quel que soit le niveau des autres exercices !

Pourtant, le jeune Édouard Bled trouve l'exercice réjouissant. Présage sans doute de ses futurs ouvrages ! «Après la récréation du matin, revenait la sainte dictée quotidienne, avec ses questions où l'analyse grammaticale et l'analyse logique tenaient une bonne place. C'était l'heure de la solennelle attente. Le maître avait choisi un texte intéressant pour sa valeur littéraire et les difficultés qu'il contenait. [La dictée terminée], nous échangions notre cahier avec celui de notre voisin de table et la correction commençait, correction tout orale, faite par les élèves successivement. [...]

Nous faisions peu de fautes. Nos maîtres nous enseignaient la grammaire avec conscience et succès. Ils n'essayaient pas d'en atténuer l'austérité. La grammaire est un art difficile et nuancé. La clarté sortait des exemples choisis, du soin qu'ils prenaient à les calligraphier au tableau noir et des explications aussi nettes que leur écriture qu'ils nous fournissaient.»

> **!** *"Tandis que j'aplatissais un vêtement pour l'aplanir, mon père m'apostropha vertement : ma mère l'aperçut, l'apitoya et finit par l'apaiser" : voici la phrase mnémotechnique des verbes en ap- (avec un seul p) les plus courants !*

Tout autre est le son de cloche d'Hippolyte Gancel, pour qui la dictée est un exercice sadique... «Ce qui traumatise les futurs candidats [au certif] tient en deux mots lourds d'inquiétude. Cinq fautes. Cela revient sans cesse à l'esprit des infortunés que le sort a mis en délicatesse permanente avec l'orthographe. Cinq fautes dans la "terrible" dictée du certificat, c'est "le pot de colle", avec la honte qui s'y attache dans le genre d'une étiquette dégradante. L'idéal en matière de fautes, c'est de cousiner avec le "zéro faute". De déjouer les pièges. Les "fabricants de sujets" sont capables de tant de ruses, voire de machiavélisme, qu'il faut s'attendre à toutes les perfidies.»

Hiboux choux genoux

Si la dictée est souvent quotidienne, malgré les recommandations de certains pédagogues qui estime qu'elle ne doit être "ni trop fréquente, ni trop longue, ni trop difficile", la grammaire se voit quant à elle consacrer l'espace officiel de deux leçons par semaine. Son apprentissage passe avant tout par des exercices : analyse logique de la phrase, analyse grammaticale de chaque mot, exercice gradués d'"orthographe d'usage", curieuse expression (quelle orthographe ne serait pas "d'usage" mais abstraite ?...) qui reste encore familière aujourd'hui avec le célèbre Bled.

La tribu des *-oux*, qui marque encore aujourd'hui, parmi tant d'autres formules mnémotechniques, l'apprentissage de l'orthographe, date de la grammaire de Claude Augé.

Une certaine idéologie vient se nicher jusque dans les exemples de mots choisis pour illustrer les grammaires ; ainsi, pour donner des exemples de noms masculins, on trouve "zouave, lion, patriotisme" et pour les noms féminins "bergère, brebis, quenouille"...

Exercices de grammaire appliquée...

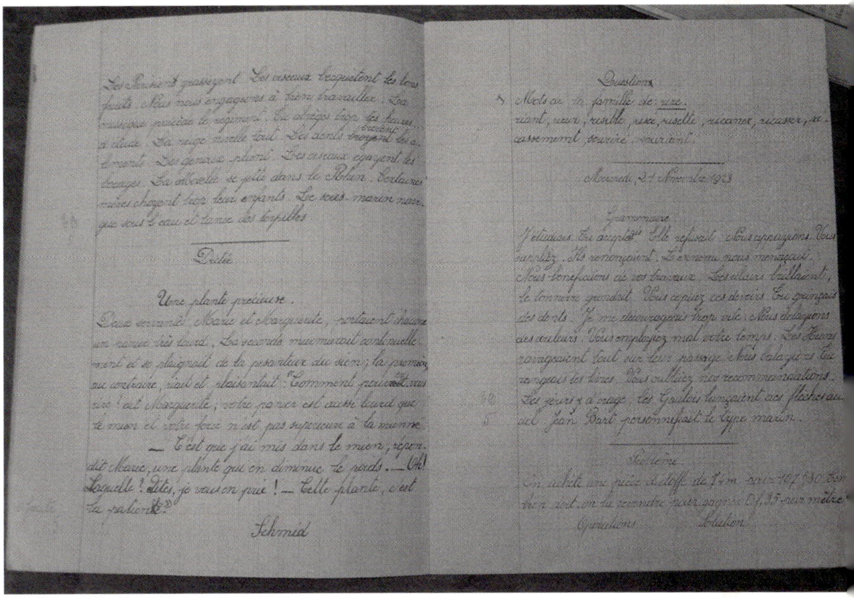

Ci-dessus : une dictée de 1923 ; en bas à gauche, une dictée de CP de 1940.

Pour la morale...

Les dictées comme les conjugaisons sont l'occasion d'enseigner quelques préceptes moraux. Cet exercice tiré de *L'Instruction primaire* (Belin 1879) le montre bien : «*Les élèves écriront le morceau suivant en soulignant les adjectifs : L'élève indolent et paresseux craint le travail comme la plus dure fatigue ; mais il n'en est pas moins inquiet et troublé, car il est sans cesse tourmenté par le désir d'être heureux. Il voudrait, comme les bons élèves, être récompensé, caressé, choyé par ses parents ; mais il n'est aimé de personne ; il est à peine supporté de ceux qui l'entourent. Il est tout étonné et tout surpris de voir arriver la fin de chaque classe sans avoir rien appris, et il se trouve aussi ignorant à la fin de l'année qu'il l'était au commencement. Si cet enfant ne se corrige pas, il restera éternellement ignorant, borné, et il sera plus d'une fois confus et honteux de sa nullité déplorable. Transformations à effectuer de vive voix. Au pluriel : Les élèves indolents. Au féminin : L'écolière indolente. Au féminin pluriel : Les écolières indolentes.*»

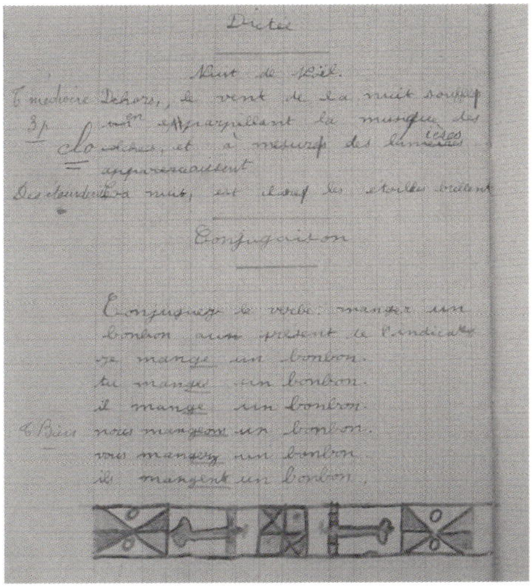

La terreur de la grammaire...

«La bataille essentielle [dans la dictée] se livre sur le parcours de tous les accords de cette satanée langue française qui ne joue que sur des règles aussitôt contredites par d'impressionnantes séries d'exceptions. Nous gardons tous un déplorable souvenir des "quatre-vingts" et des "quatre-vingt-un", des "trois cent mille " et des "trois cents millions". Et celle-ci : "Sa quasi-cécité la rendait quasi nulle". et que dire de ces fantaisies de mots où certains abandonnent sans vergogne leur famille d'origine pour faire bande à part ? "Le combattant combatif suivait son colonel placé devant la colonne." Comment un malheureux candidat au certificat pourrait-il s'y retrouver sur ce parcours où les *p*, les *t*, les *n* et autres consonnes se dédoublent, se simplifient, pour le contraindre à apprendre par cœur les listes multiples et interminables de "tous les mots commençant par... prennent deux... sauf..." [...] il ressort de l'atroce fermentation des neurones, de la trituration exténuante des méninges des approximations de singuliers, de féminins, de pluriels semés au petit bonheur la chance. Heureusement, le maître est là pour apaiser les anxieux, pour aplanir les difficultés en proposant des moyens mnémotechniques.» (H. Gancel)

LA RÉDACTION

Combien d'enfants aujourd'hui ont des rédactions à faire quand ils sont en primaire ? Bien peu. Autrefois, cet exercice est hebdomadaire et jugé indispensable à une bonne maîtrise du français. Le maître en donne dès que l'enfant sait écrire, même s'il ne s'agit que de quelques lignes à rédiger.

Développer le français

Dans la France de Jules Ferry, les patois sont encore largement parlés, la langue française de Paris pas toujours maîtrisée. Les exercices de rédaction, faisant suite, après quelques années, aux apprentissages plus basiques de la lecture, de l'écriture et des rudiments de l'orthographe et de la grammaire qui se poursuivront jusqu'au certif, visent donc en premier lieu à l'intégration des élèves.

Dans les années 1880, on parle de rédaction plutôt que de composition française (voir pages suivantes), un terme différent qui est utilisé pour les grandes classes seulement et encore pas toujours ! L'exercice de rédaction désigne des écrits sur des sujets simples, le quotidien de l'enfant, des comptes-rendus de lecture ou de leçon. On pousse parfois l'ambition, tout à la fin de l'école, à écrire des exercices de style un peu plus littéraires inspirés des grands auteurs, mais c'est encore modeste.
À partir de 1891, les sujets de rédaction recouvrent, en plus, de façon tout à fait officielle d'autres domaines d'enseignement sur lesquels on peut rédiger : les sciences, l'histoire, la géographie, l'hygiène, la morale aussi bien sûr...

> **!** *La lecture des copies de composition française des années 1880 ne laisse aucun doute : le niveau est consternant ! Les enfants parlent parfois patois et très mal français, sans vocabulaire... C'est l'une des raisons de l'unification linguistique de la IIIème République.*

Un apprentissage progressif

Les rédactions se font en moyenne deux fois par semaine. "Les conseils donnés aux maîtres proposent une progression très précise dans un domaine qui reste toujours difficile à maîtriser. Octave Gréard, l'une des références les plus souvent citées, observe que «les idées ne viennent pas d'elles-mêmes à l'esprit de l'enfant. Il faut lui apprendre à les trouver... C'est de très bonne heure que l'on peut commencer ces exercices avec profit.»

«Le travail de rédaction doit être progressif et obéir à un programme rigoureux. L'on s'efforce tout d'abord d'obtenir de l'élève la rédaction de quelques phrases, quatre ou cinq tout au plus. La correction se fait en classe, au tableau noir. Chaque élève apporte ses suggestions pendant cet exercice parmi les plus difficiles pratiqués à l'école primaire. Peu à peu, au cours moyen et au cours supérieur, l'on parvient à la rédaction de textes plus longs et plus complexes.» (J. Combes)

Un acte défini dans le temps

Les sujets ne sont pas laissés, comme on pourrait le penser, totalement au libre choix de l'instituteur, mais sont étroitement encadrés par un programme précis : au cours élémentaire, on commence en janvier-février, par des descriptions d'images ("l'enfant au berceau, une ruche, une maison, un mouton, un petit rouge-gorge en hiver"...). En mars, " des exercices de rédaction sont réalisés à partir d'un récit ou de "la lecture d'une historiette". Le mois d'avril est consacré à la traduction en prose d'une petite pièce en vers (*Le Laboureur et ses enfants*, de La Fontaine...)." En mai, les élèves apprennent à rédiger des comptes rendus de lecture ou de leçons de choses, en juin ils développent un sujet (voyage, morale...), en juillet ils rédigent des lettres sur des thèmes précis (une invitation, des remerciements...).

Les cours moyen et supérieur reprennent le même genre de programme, avec des rédactions plus longues et un niveau d'exigence plus élevé ; on y rajoute des rédactions historiques (siège de Paris par les Normands, histoire des croisades, récit sur la vie de Vercingétorix...), des développements de proverbes moraux et des comptes rendus de lecture plus complexes, presque des commentaires composés. Au point que cela peut devenir une véritable «composition française».

Quelques rédactions d'enfants de neuf et dix ans

Rédaction 1921 : L'animal familier

«Décrivez votre chat et votre chien. Leur caractère. Lequel préférez-vous ? Pourquoi ?»

Ma chatte s'appelle Poupette ; elle est jolie ; elle est blanche tachée de noir, son poil est fin et court ; son museau est orné de longues moustaches ; ses yeux sont brillants. Mon chien s'appelle Parisien ; il fait bonne garde, quand quelqu'un approche, il aboie aussitôt. C'est un chien de berger. Sa queue est en trompette, ses pattes sont fines et longues mais robustes, ses oreilles sont droites. Ma chatte est bien caressante, elle prend bien des souris et des rats. Mon chien est bien bon, il n'est pas méchant. Je les préfère autant l'un que l'autre parce que ce sont de bons animaux.»

Rédaction 1922 : Une soirée en famille

«D'après vos souvenirs, racontez une soirée chez vous durant l'hiver.»

J'aime à me rappeler les bonnes soirées d'hiver dans la maison au milieu de ma famille. Le feu jetait ses flammes claires dans la cheminée ; la grosse lampe éclairait la chambre. Nous faisions cercle autour de la table, maman avait enlevé le couvert et avait pris son ouvrage. Papa lisait le journal et ma grand-mère, les lunettes sur les yeux, tricotait une paire de bas avec la laine de ses brebis. Mon petit frère, très sage, feuilletait un livre d'images et moi je faisais mes devoirs. Mon grand-père occupait un coin de l'âtre et, les pieds nus sur les chenets, il semblait dormir. Près de lui, son chat faisait ronron à côté du chien étendu de tout son long. Les leçons apprises, nous priions grand-père de nous raconter des histoires et il commençait. Il a voyagé bien loin au-delà des mers et il a fait la guerre de 1870. On écoutait et on ouvrait de grands yeux. Dans quelques passages terribles, un petit frisson passait dans le dos. Oh ! les bons moments passés sous le toit paternel, je ne les oublierai jamais !

Rédaction 1922 : Au marché

«Racontez une visite au marché.»

Vendredi dernier, c'était le marché à Sainte-Maure. De bon matin, j'ai été réveillée par le raclement des voitures chargées de cages et de paniers. Nous aussi, nous y allâmes, papa, maman et moi, faire quelques emplettes. Nous partîmes à huit heures et, après une heure de marche, nous arrivâmes à la ville. Nous avions peine à nous frayer un passage dans la foule des gens en blouse et des dames en bonnets blancs. Quelle rumeur autour de nous ! Les cris des marchands qui discutaient avec les acheteurs se mêlaient aux beuglements des vaches et des veaux, aux grognements des porcs, aux bêlements plaintifs des chevreaux désolés d'avoir quitté leur étable et un si bon maître qui les soignait si bien. Quelquefois maman s'arrêtait devant un étalage pour faire ses achats. On alla faire un bon déjeuner à notre auberge habituelle et nous mangeâmes au son de la musique. Enfin, il fallut songer au retour. Le cheval attelé, nous nous asseyons sur la banquette, les oreilles fatiguées par tant de bruit, mais contents de cette journée.

Rédaction 1922 : La rue du village

«Décrivez la rue principale du bourg (disposition, forme, ce qu'on remarque au bord, mouvements). Vos réflexions.»

La rue principale de notre bourg le traverse tout entier. Elle est sinueuse, ce qui n'est pas commode, parce que, lorsqu'une bicyclette arrive à toute vitesse, on a à peine le temps de se garer. La route est un peu bombée au milieu. Au bord, cela forme un petit ruisseau de chaque côté. On voit quelquefois le vieux cantonnier qui amasse les cailloux pour en faire des tas qui serviront à réparer la route. La route n'est pas déserte : on entend les ronflements des autos, le timbre des bicyclettes, le pas des piétons. Le matin, passent d'abord les groupes d'écoliers, après ce sont les moutons que la bergère mène au pré. En été, elle est poussiéreuse et n'a pas d'ombre ni de fraîcheur.

La composition française

La composition française se veut un exercice de style plus élaboré que la rédaction, une sorte de littérature en gestation, un foisonnement d'émotions... Même si on réserve l'exercice aux grandes classes du primaire, les instituteurs ne réussissent pourtant pas à transformer tous les élèves en graines d'écrivains.

De la rédaction à la composition française

C'est dans les années 1890 que l'on commence à employer l'expression de «composition française», mais sa distinction d'avec la rédaction n'est pas encore bien nette avant 1895 : «rédiger une leçon de choses, une leçon d'instruction civique, ce n'est pas une composition française. Il faut que cette dernière élève en instruisant, qu'elle soit le travail de l'imagination et du cœur de l'enfant plutôt que de sa mémoire. [...] La rédaction nous donne une description exacte et détaillée de l'instrument. Tout autre sera la composition française, là les sentiments auront leur place, la description sera peut-être moins claire, moins précise, moins complète, mais elle sera plus imagée, plus poétique.»

Mais cette nouvelle épreuve du certificat d'études déçoit vite les examinateurs : les enfants n'ont pas les envolées lyriques qu'on attendait, à la fois très spirituelles, venues du cœur, et extrêmement construites selon les règles rhétoriques les plus élevées de la littérature française dont on tente de les imprégner...

La production restant médiocre par rapport aux attentes, l'exercice est revu à la baisse ; en 1917, on en revient même à la rédaction la plus simple sur la vie courante, à écrire en cinquante minutes à l'épreuve du certificat d'études. On se limite à vouloir un langage correct, sans trop de faute, sans patois, avec de petites impressions personnelles, laissant les charmes de la composition française au collège. Mais les éducateurs, nostalgiques d'une impossible grande qualité d'écrire généralisée, courent après le rêve de la composition française.

! *Rédactions et compositions françaises ont connu leur recul dans les exercices donnés en primaire à partir des années 1980 jusqu'à une disparition quasi totale aujourd'hui... au grand dam des parents qui trouvent que leurs enfants ne savent plus rédiger !*

La composition française le jour du certif

«[L'inspecteur], qu'une dame a rejoint, consulte sa montre. Il se tourne vers nous, lit le sujet d'une voix lente et distincte. Après quoi il l'écrit au tableau, se retournant fréquemment pour vérifier que nous ne communiquons pas entre nous. Comme si sa collègue n'existait pas. Comme si, déjà, nous allions tricher.

A présent, nos deux surveillants parcourent les allées, s'arrêtant de temps à autre derrière l'un de nous. Quand je sens cette présence indiscrète derrière moi, je cache instinctivement mon brouillon. Je n'apprécie pas que l'on découvre ainsi mon travail inachevé. C'est comme si l'on violait mon droit à la tranquillité. Et cela me perturbe si bien que je me retourne pour planter effrontément mes yeux dans ceux de l'homme. Il se contente de sourire et poursuit sa marche.

J'ai toujours été attiré par la rédaction. La scène qu'il nous est demandé de rapporter me plaît. Faire vivre les gens, animer les paysages, donner du relief aux couleurs, distinguer les senteurs, partager l'émotion, voilà qui donne de l'aisance à ma plume. Une certaine joie s'empare de moi. J'éprouve une sensation forte de confiance. Je ne sais ce qui fait miroiter en moi la certitude que mon devoir bénéficiera d'une bonne note. Alors je relis ma copie. Aucune faute d'orthographe ne doit altérer la forme de perfection que "modestement" je crois avoir atteinte. Pas une virgule ne doit manquer, aux bons endroits. Dès que le surveillant indique que le temps imparti est écoulé, je suis le premier à aller poser ma copie sur le bureau.» (H. Gancel)

Des textes qui viennent du cœur

Compositions françaises ou rédactions... Dans tous les cas, l'instituteur obtient un texte, parfois attendu, qui vient du cœur de l'enfant et qui traduit beaucoup de ses préoccupations ou de ses affections. Les textes ci-contre, rédigés par des enfants de onze ans dans les années 1920 et 1940, font ainsi entrer le lecteur dans l'intimité des familles et des amitiés.

Compositions françaises ou rédactions ?

Composition française 1924

Faites le portrait de quelqu'un de gentil que vous connaissez.

«Parmi mes douze camarades d'école, celle que je trouve la plus gentille, c'est une des grandes ; elle s'appelle Renée. Figure sympathique, taille assez élevée, Renée est toujours habillée très simplement, ce qui la fait estimer de tous, car ce n'est pas avec une toilette extravagante que l'on se fait regarder d'un bon œil. Elle est intelligente, et notre maîtresse nous la cite comme modèle : nous n'en sommes pas jalouses car Renée est une très bonne fille. Elle est dans ma division, car elle est de mon âge, et elle est aussi ma meilleure amie, parce qu'elle va à l'examen avec moi. Renée est très bonne mais cependant je lui connais un léger défaut : elle est un peu taquine, mais, dans ses petites taquineries, elle se montre si mignonne que l'on est presque forcé de lui pardonner. Enfin, toutes nous la trouvons bonne camarade et nous nous efforçons de lui ressembler.»

Composition française 1942

»Dernièrement, je fus obligé d'aller à la clinique. Maman se tourmentait beaucoup à l'avance. Je fus opéré le lendemain de mon arrivée. Les premiers jours, maman devait faire au moins deux km pour venir me voir parce qu'elle logeait chez un de nos amis ; elle devait faire quatre fois par jour ce trajet. Quand je souffrais un peu, elle me disait qu'elle aimerait mieux souffrir à ma place. Quelquefois, elle allait en ville et me rapportait des livres pour que je ne m'ennuie pas. Maman restait le plus longtemps possible avec moi pour me distraire. Quand le docteur venait me rendre visite, maman lui demandait si ça allait de mieux en mieux et si l'on pourrait sortir bientôt. Quand je fus levé et prêt à partir, maman fut soulagée d'un grand poids. Ce récit montre bien le dévouement et la bonté de maman.»

Composition française 1943

«Chaque mois, nous confectionnons un colis de cinq kilos pour envoyer à mon papa qui est prisonnier. Dans une boîte en carton très résistante, maman range les boîtes de conserve, les légumes secs en sachets pour faire du potage, le gâteau qu'elle confectionne, le tabac ; quelquefois, elle joint des photos qui font toujours plaisir à mon papa qui est loin de nous depuis si longtemps. Quand la boîte est remplie, maman inscrit sur une feuille la liste du contenu. Ensuite, elle prend du papier fort et enveloppe le colis ; elle choisit une bonne ficelle et l'entoure de tous les côtés. Après, maman colle l'étiquette et, par mesure de précaution, elle écrit à nouveau l'adresse sur l'emballage... Nos pensées s'en vont vers celui que nous attendons avec impatience. Ce colis lui rappellera notre souvenir, la terre de France et le foyer qu'il a quittés.»

Ne mélangeons pas les chiens et les chats

«Sujet de composition française.
Ecole des garçons : racontez l'enfance de Bertrand Du Guesclin.
Ecole des filles : pendant une courte absence que votre mère a été obligée de faire, vous vous êtes occupée du ménage et des détails de la vie domestique. Dites comment vous vous êtes acquittée de ce soin.»
Manuel général de l'instruction primaire, 1879.

La morale

L'instruction civique et morale existe dès avant les lois Ferry : les manuels religieux en font leur fer de lance. Mais c'est par des lois successives que, de 1882 aux années 1960, elle se définit en tant que matière scolaire et se fixe des buts précis, qui distingue la morale de l'éducation civique.

L'apparition d'une morale laïque

Enseignée jusque-là dans une optique religieuse, la morale devient matière de l'école laïque par la loi du 22 mars 1882. Beaucoup se demandent alors ce que peut être une morale dénuée de religion ; les "hussards noirs" de la IIIème république, instituteurs austères aux idéaux élevés, vont se charger de le leur démontrer.

La loi de 1882 ne prévoit cet enseignement que dans les cours supérieurs et les classes de fin d'études primaires ; mais une autre loi, en 1887, l'étend au cours élémentaire.

Souvent perçue aujourd'hui comme très directive et rigoriste, la morale enseignée à l'école de Jules Ferry procède au contraire d'une volonté d'ouverture de la conscience. Ferry distingue en effet avec grand soin le "fondement de la morale" et les grandes théories philosophiques, qu'il réserve aux débats de haut niveau, de la "bonne vieille morale de nos pères", une morale simple et de bon sens, que doit enseigner l'instituteur.

La tentation était en effet grande de créer une morale-religion nouvelle, comme le saint-simonisme ou la morale robespierriste de la Terreur. Mais la morale enseignée à l'école vise simplement à éveiller à la civilité, au respect de l'autre et de soi-même, au jugement et à la réflexion. Elle cherche à donner les bases nécessaires à la construction d'une société d'êtres intelligents, courtois et libres.

> *La morale enseignée à l'école prend souvent pour exemple des scènes de la vie quotidienne de l'élève : travail, jeux, en classe, relations entre camarades.*

Un programme très ambitieux

«La loi du 28 mars 1882 inscrit l'instruction morale et civique au premier rang des disciplines enseignées à l'école primaire. L'enseignement de la morale doit s'appuyer sur des exemples, des récits, des observations familières, des maximes empruntées à l'expérience. L'on recommande que le premier quart d'heure de chaque journée de classe soit consacré à l'enseignement de la morale. "Les institutrices, note un rapport d'inspecteur, comprennent et pratiquent mieux l'éducation morale que les instituteurs ; elles y mettent plus de cœur et de douceur persuasive." [...]

Les enfants de cinq à sept ans reçoivent, dès la classe enfantine, un enseignement ambitieux. Au mois d'octobre au mois de novembre, l'instituteur aborde la vie familiale sous forme de causeries et de lectures, au mois de décembre l'école, puis en janvier et février, "les qualités et les défauts" des enfants. En mars et en avril, les leçons sont consacrées à la justice, à la charité et au dévouement. En mai et en juin, on évoque la patrie, l'armée, le drapeau.» (J. Combes)

Disparue pour mieux renaître ?

Les cours de morale ont été retiré des programmes mais n'ont disparu des écoles primaires que dans les années 1960. Dans les campagnes même, les instituteurs les plus anciens ont continué à donner une réflexion morale hebdomadaire, portant souvent sur l'apprentissage de la politesse, jusqu'au milieu des années 1970.

«Il est interdit d'interdire». Cet état d'esprit a bien sûr empêché tout retour de la morale à l'école, du moins sous cette appellation qui pourrait donner à certains l'impression qu'une barrière psychologique contraignante va étouffer leur petit... Mais les instituteurs constatent bien qu'une éducation citoyenne est aujourd'hui toujours à réaliser, notamment auprès d'enfants asociaux, sans aucun repère ni règle de comportement en société. Dans les écoles primaires d'aujourd'hui, les petites «chartes de l'élève», discutées en classe, votées par les élèves, tapées et distribuées en début d'année, remplacent les «morales du matin» d'autrefois. On y trouve pourtant beaucoup d'éléments communs, comme le comportement dans la cour, vis-à-vis des plus petits comme des adultes, l'écoute en classe et le respect des autres.

La morale en action

Exercices de morale

La morale n'est pas l'objet que de cours magistraux, où l'élève doit absorber certaines notions : non seulement il s'agit en général de cours où la classe est invitée à participer, à donner des exemples, des avis, mais encore la morale fait l'objet d'exercices écrits... En effet, les sujets de rédaction, tout au long de l'école et au certif, peuvent piocher aussi bien dans l'histoire ou la création d'une scène imaginaire, que dans le développement d'une maxime ou d'un précepte moral. Quelques sujets:

Dans une lettre à un ami vous parlerez de deux élèves dont l'un est persévérant et l'autre ne l'est pas. Le premier est reçu à son examen pour le certificat d'études, et l'autre est refusé. Vous montrerez ensuite que la persévérance n'est pas moins utile dans la vie qu'à l'école et qu'elle peut conduire à tout.

Paul était pauvre ; il est devenu riche en mettant en pratique ce proverbe : les petits ruisseaux font les grandes rivières. Faites l'histoire de Paul.

Distinguez la probité du courage et du dévouement.

Notre intérêt et notre devoir sont-ils toujours d'accord ? Citez des exemples où ils sont opposés l'un à l'autre. Doit-on sacrifier l'intérêt au devoir ou le devoir à l'intérêt ? Pourquoi ?

Marcel a obtenu la place de premier en copiant sa composition dans un livre. Deux de ses camarades, Henri et Louis, l'ont vu. Henri l'a dénoncé. Le maître a dit à Marcel et à Henri ce qu'il pensait de leur conduite. Qu'a-t-il dit ?

La morale immédiate

Parfois, les morales recopiées par les élèves sont d'un usage fort immédiat, comme le montre cette surprenante série, donnée à recopier à des enfants de CE1 (7 ans) de Marcilly-sur-Vienne :

Vendredi 6 décembre 1940 : Morale : Ma maîtresse se donne beaucoup de mal pour m'instruire. Elle s'intéresse à tous les élèves et, comme une mère, elle est prête à donner sa vie pour eux.

Lundi 9 décembre : Morale : Je montrerai toujours à ma maîtresse que je l'aime.

Vendredi 13 décembre 1940 : J'obéirai toujours à ma maîtresse.

Lundi 16 décembre 1940 : Je serai toujours poli et respectueux envers ma maîtresse.

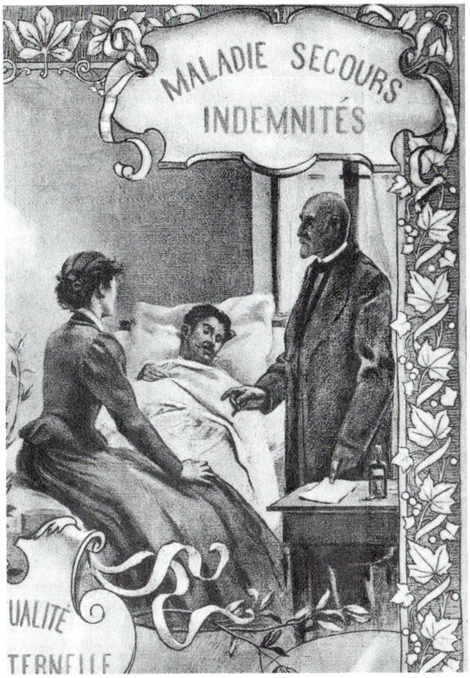

Mardi 17 décembre 1940 : Je me souviendrai toujours de tout ce que ma maîtresse a fait pour moi.

Mercredi 18 décembre 1940 : Je serai toujours un bon élève. Etc.

... Et comme l'idée a fini par passer, voici les phrases construites par un des élèves en janvier pour un exercice de grammaire :

Contruisez cinq phrases avec le mot «malgré» : «Malgré la neige, je vais à l'école. Malgré la chaleur, je travaille avec ardeur...»

Contruisez cinq phrases avec le mot «quand» : «Quand je travaille bien, la maîtresse est contente. Quand mes devoirs sont faits, je vais jouer. Quand mon goûter est fini, j'apprends mes leçons...

Quelques maximes...

Si le plaisir est la fleur de la jeunesse, le bonheur, à tout âge, est celui de la vertu.

On ne fait son bonheur qu'en s'occupant de celui des autres.

Le désir de paraître habile empêche souvent de le devenir.

L'homme le plus parfait est celui qui est le plus utile à ses frères.

Celui qui fait toujours ce qu'il veut, fait rarement ce qu'il doit.

(Maximes inscrites sur des billets de satisfaction, bons points de la fin du XIXème siècle)

Le calomniateur est comme la chenille qui, en se promenant sur les fleurs, y laisse sa bave et les ternit. (morale 10 ans 1922)

L'ÉDUCATION CIVIQUE

On confond souvent aujourd'hui morale et éducation civique. Or, les élèves de Jules Ferry ont bien deux cours séparés, morale d'un côté, instruction civique de l'autre, avec un programme ardu. Les notions abordées sont déjà celles qu'un instituteur actuel continue à enseigner à ses élèves.

Un cours distinct

Il existe bien deux cours séparés, morale d'un côté, instruction civique de l'autre, avec un programme bien ardu : pour les enfants du cours élémentaire, de sept à neuf ans, les droits et devoirs du citoyen, la notion d'Etat et de République, les rouages de la commune, ceux du canton, du département, de la région, l'élection des députés et sénateurs, la distinction entre les pouvoirs exécutif, législatif et judiciaire, la constitution, l'armée (hiérarchie et service militaire), les ministères...

> ! *Au cours du XXème siècle, le cours de morale disparaît peu à peu au profit du cours d'instruction civique : on préfère s'adresser au citoyen plutôt qu'à l'individu.*

Apprendre les rouages de la République

Dès les instructions officielles de 1923, le cours touche surtout à la notion des droits des citoyens ; en 1938, il aborde la solidarité et les devoirs internationaux. Au fil du siècle, le cours d'éducation civique sert surtout à faire bien connaître les lois et les institutions de la nation, avec les droits et devoirs qu'elles entraînent pour chacun.

C'est au début des années 1980 que l'éducation civique cesse d'être une matière à proprement parler : on envisage quelques heures réparties dans l'année, aux bons soins du professeur d'histoire-géographie, uniquement au collège. L'éducation civique disparaît de l'enseignement primaire, même si l'on voit parfois brièvement, en cours supérieur, l'organisation de la société. Les lois de 1984 la rétablissent en partie, mais ce n'est plus une matière majeure.

Quelques exemples des années 1938-1939

L'instituteur cherche à inculquer le goût du travail en même temps que les valeurs républicaines. En témoignent ces extraits de cahiers d'écolier...

«L'intolérance est un crime contre la conscience humaine, la tolérance le mutuel respect des consciences.

Le travail est la loi suprême de la cité démocratique. Pour juger un homme, rien ne vaut la réponse qu'il mérite à cette question : fait-il bien son métier ? Le fait-il de toutes ses forces, de toute sa conscience ? Dans le grand travail de la cité, fait-il sa part ?

Sachez donner une partie de vous-même à votre famille, à votre cité, à votre société tout entière. Soyez utiles. Le moindre des actes de justice et de bonté ajoute quelque chose au mouvement du progrès humain.

Chaque électeur est lui-même au moment du vote le représentant de la nation entière qui, confiant une charge, impose un devoir. Il doit voter non seulement pour lui mais aussi pour la nation. Le vote est comparable au verdict du juré.

Dans une république démocratique, point de maîtres et points de sujets ; il n'y a que des citoyens, c'est-à-dire des hommes libres, ayant tous les mêmes droits et soumis à toutes les mêmes lois.

La République est la forme de gouvernement la plus belle, la plus juste et la meilleure. C'est le gouvernement des hommes libres, de ceux qui veulent et savent se gouverner par eux-mêmes.»

L'éducation civique en temps de guerre

En 1942, même les cahiers de coloriage portent sur le maréchal Pétain, en noir et à colorier !

Pendant la Première Guerre mondiale...

L'école ne se tient pas hors du monde. Aussi, au cours de la Première Guerre mondiale, les exercices quotidiens sont l'occasion de faire comprendre aux enfants (et à travers eux à leurs parents) l'effort de guerre nécessaire. Ainsi, c'est un discours du ministre des Finances qui sert de dictée en 1916 à l'école de Naintré dans la Vienne :

«Souscrivons. Il est un fait qui peut à la troisième année de la guerre donner au pays une confiance entière ; c'est la victoire de nos armes au Chemin-des-Dames ! C'est sous les auspices de cette victoire que le ministre des Finances met aujourd'hui son emprunt. La victoire d'hier lui portera bonheur. Je suis convaincu que tous les citoyens répondront à notre appel. Hésiter à souscrire ce serait retarder la fin de la guerre, en ne donnant pas sur le champ au pays tous les moyens de vaincre. Mais j'ai confiance. Je compte sur tous ici comme je compte sur tous au-dehors et j'émets en terminant un dernier espoir : que cet emprunt soit l'occasion d'un renouveau d'union sacrée ; il aura été doublement bienfaisant. L. Klotz, ministre des Finances.»

Et une semaine plus tard, sans doute sur directive ministérielle, l'instituteur remet sur le tapis la question de l'emprunt d'État auquel tout patriote doit souscrire, dans le cours d'instruction civique:

«Toujours l'emprunt ! Quand la Patrie est en danger tous ses enfants se lèvent pour la défendre mais tous ne peuvent prendre les armes, tous du moins peuvent donner des armes à ceux qui se battent ; ils n'ont pour cela qu'à fournir à l'État l'argent nécessaire pour en fabriquer. Dans l'espoir de nous écraser nos ennemis ont souscrit sept emprunts en trois ans. Nous leur avons résisté en apportant 27 milliards au trésor public. Cette fois-ci nous ferons mieux encore et de toute notre ardeur confiante nous soutiendrons l'effort de nos soldats en couvrant largement l'emprunt qui leur assurera vivres et munitions.

Sur le travail en 1938

Il faut respecter le travailleur parce que tous les métiers ont leur utilité et qu'un homme qui travaille avec conscience fait son devoir. En ne respectant pas le travail, on outrage le travailleur. Un âne qui travaille est une majesté à côté de l'homme fainéant. Il n'y a pas de travail bas, il n'y a pas de travail méprisable. Toute profession honnête est honorable. (cahiers d'écoliers)

Pendant la Seconde Guerre mondiale...

Les instituteurs qui ont exercé sous le gouvernement de Vichy se souviennent tous, quelles que soient leurs convictions politiques, avoir hissé les couleurs le matin et fait chanter aux élèves «Maréchal, nous voilà !»... L'inspecteur vérifie ! Et comme il fallait bien embrigader la jeunesse, même les cahiers de coloriages portent sur Pétain !

L'HISTOIRE

L'arrêté du 18 janvier 1887 précise que l'on doit consacrer une heure par jour, soit cinq par semaine, à un ensemble composé de l'histoire, de la géographie et de l'instruction civique. Mais l'histoire en reste le morceau de choix, avec plus de la moitié du temps pour elle seule...

Des héros guerriers

Jusque dans l'Entre-Deux-Guerres, les textes présentés aux enfants pour apprendre l'histoire de France sont souvent très chauvins. La défaite de 1870, avec son désir de revanche, pousse les auteurs de livres scolaires à glorifier les grands actes guerriers. De là sont nés les héros d'un panthéon français, qui jalonnent l'histoire comme repères de base, bien plus que les mouvements sociaux ou économiques qui ont remué la société. Les instructions officielles de 1887 mettent en avant ces personnages, «dont la vertu simple peut être décrite sans altération devant ces esprits candides» : Charlemagne, Vercingétorix, Jeanne d'Arc, Bonaparte mais aussi Colbert ou Gambetta, nouveaux dieux laïques. Ferry dit aux instituteurs de «faire de l'histoire de France comme une histoire sainte».

! Les sujets d'histoire ne sont pas qu'une question de mémoire. Ils sont aussi d'intérêt personnel : "Quels sont les grands hommes du XVIIème siècle qui vous ont marqué ? Quel est celui que vous préférez, et pourquoi ?"

Le meilleur...

On croit souvent que l'école, avant 1914, ne s'intéresse qu'au passé lointain et que le parti d'expliquer l'histoire très récente est contemporain. Bien sûr, dans les collèges, l'enseignement des humanités est tourné vers l'histoire grecque et romaine. Bien sûr aussi les leçons sur les Gaulois, sur Clovis et le vase de Soissons ou sur saint Louis sous son chêne ont marqué les esprits. Néanmoins, dès le départ, le programme d'histoire explique aux enfants les événements récents, jusqu'à dix ou vingt ans avant. L'enseignement est, là encore, comme pour les leçons de choses ou la géographie, ancrée dans la réalité concrète et moderne de l'enfant : l'école veut lui ouvrir la compréhension du monde dans lequel il vit.

L'histoire n'est pas non plus qu'une suite de dates apprises par cœur : les directives de 1875, en plus de faire la place à l'histoire très récente du pays, insistent sur le fait de faire passer des idées plutôt que des dates par cœur. On cherche aussi à mettre en valeur l'histoire locale quand c'est possible, toujours avec cette idée de faire comprendre à l'enfant son environnement.

... et le pire

Le cours d'histoire, qui se veut un vrai éveil du citoyen, exige normalement que l'instituteur prenne le temps de bien expliquer la leçon, de mettre en rapport des événements avec les précédents, d'expliquer, même sommairement, les rouages de la politique. L'enfant doit comprendre ce qui s'est passé et se passe dans le monde de façon logique. Or, les rapports d'inspecteurs de la fin du XIXème siècle sont très pessimistes, décrivant des leçons dont on exige l'apprentissage par cœur et la récitation mot à mot, sans rien expliquer et sans tenir compte de la compréhension du récitant. «L'histoire est très peu sue ; on en est à 1870 ; or les élèves ignorent toujours qui étaient Napoléon Ier et Napoléon III... Cahiers malpropres, déchirés, mal écrits», écrit un inspecteur de Tours en 1899.

De la Gaule à la France...

École de patriotisme

"Ernest Lavisse, professeur à la Sorbonne (1888), directeur de l'Ecole Normale supérieur (1904-1919) et auteur de nombreux manuels d'histoire, souligne que la leçon d'histoire doit être "une école de patriotisme". Il faut que l'enfant apprenne le plus tôt possible "quels sont les intérêts de la France, quels dangers la menacent, quelles espérances lui restent ouvertes". Les instructions officielles indiquent que l'enseignement de l'histoire "contribue à l'éducation morale, parce qu'elle est une recherche de la vérité". Le maître doit être "un juge impartial des faits et des doctrines ; son équité doit être absolue", rappellent les autorités pédagogiques les plus officielles." (J. Combes)

Programme chargé !

"Toute leçon d'histoire doit comporter un résumé aussi complet et aussi bref que possible qui devra être appris par cœur. Les programmes prévoient dès la classe enfantine (cinq à sept ans) la présentation à partir d'anecdotes de biographies ou de récits "des mœurs gauloises" au mois d'octobre, puis des temps mérovingiens et carolingiens en novembre, du Moyen Age en décembre, janvier et février. Le mois de février est consacré à la découverte de l'Amérique, le mois de mars à l'imprimerie. Les temps modernes sont abordés en avril et en mai, la Révolution de 1789 en juin et enfin, au mois de juillet, le maître présente aux enfants le XIXème siècle, l'empire napoléonien et la troisième République. Ce programme ambitieux était, à l'évidence, peu adapté à l'âge de jeunes enfants qui ne maîtrisaient pas encore la lecture." (J. Combes) Au cours élémentaire, même programme, mais en insistant plus sur de grandes figures. Le cours moyen lui ne recommence qu'à partir de la guerre de Cent Ans. "Au cours supérieur, le programme est plus ambitieux. L'on rajoute en effet à l'histoire de France, l'histoire de l'Antiquité (peuple de l'Orient, Athènes et Sparte, Rome)". Avant-goût du secondaire pour une infime minorité...

En haut : les Gaulois.
À gauche : Charlemagne...
L'histoire déroule sa chronologie pour les enfants.

La géographie

«La France et ses colonies», tel fut longtemps le programme d'étude, aujourd'hui politiquement incorrect, de la géographie à l'école primaire du temps de Jules Ferry. Une géographie des cinq parties du monde, avec un apprentissage précis des cartes, des villes, des fleuves et des montagnes...

Matière aride ou fascinante ?

«Accuser la géographie d'aridité, ce serait accuser l'océan de sécheresse !», affirme Ferdinand Buisson, insistant sur le fait que cette discipline doit être vivante, concrète... et passionnante. Voilà pourquoi les instructions officielles affirment que son enseignement "ne doit pas attacher une importance trop considérable à l'étude de la configuration physique du sol. Ce dont l'enfant destiné au travail professionnel a besoin, c'est de connaître la vie agricole, industrielle et commerciale des différentes régions de la France et du monde entier, leurs richesses naturelles, les voies de communication qui permettent les échanges."

Les éducateurs conseillent la pédagogie et la méthode intuitive et concrète plutôt que l'abstraction : "employer au début la méthode intuitive, celle qui consiste à montrer aux enfants les accidents qu'ils ont sous les yeux et recourir sans cesse à la carte murale pendant la leçon... Exercer les enfants à tracer des cartes sur le tableau noir ou le papier."

Le seuil de Naurouze, aujourd'hui un peu oublié, était un phare de la géographie scolaire... C'est le point le plus bas sur la ligne de partage des eaux entre Atlantique et Méditerranée !

Et pourtant, que de souvenirs arides liés à la géographie, pour beaucoup ! Ah, les fameuses cartes muettes sur lesquelles il faut savoir placer villes et fleuves, les interminables listes de chefs-lieux qui donnent des maux de tête... Mais les manuels scolaires tentent de rendre la matière attrayante, voire même pittoresque : que de regards brillants parmi ces enfants qui ne voyagent pas, quand une petite gravure ou une description très lyrique leur fait découvrir des contrées propices au rêve...

Aléas législatifs

Apparue au certif comme épreuve orale, où il suffisait de répondre à une ou deux questions quand on avait réussi l'écrit, la géographie prend, avec l'histoire, de plus en plus de place dans l'examen. Avec cependant des variantes importantes au gré des différents décrets...

"A partir de 1918, histoire-géographie et sciences bénéficient de leur propre épreuve : l'inspecteur d'académie, après consultation des inspecteurs primaires, choisit l'une d'entre elles pour l'écrit, la discipline non retenue faisant l'objet d'une interrogation orale. En 1925, l'oral disparaît, mais le choix demeure. A partir de 1938, l'épreuve optionnelle regroupe les deux disciplines, le candidat devant répondre, en trente minutes, à trois questions pour chacune d'elles. Les choix effectués dans la Somme ont pu être reconstitués : sur 49 centres d'examen, près de la moitié a choisi l'histoire-géographie. Dans les huit circonscriptions, une a choisi majoritairement les sciences, trois l'histoire-géographie, les quatre autres équilibrant les épreuves. Entre histoire et géographie, la préférence va à la première, qui dans 90 % des cas, s'arroge plus de 5 points sur 10.

Florilège géographique

Comme l'histoire a ses quelques grandes dates et ses héros d'Epinal, la géographie a ses points phares, sorte de petit bréviaire de la France, ou de quintessence républicaine, que tout écolier d'avant 1950 a appris par cœur.

"L'étude de huit manuels de lecture en forme de Tour de la France, publiés entre 1877 et 1939, révèle une sorte de circuit idéal des merveilles naturelles ou humaines du pays : mont Ventoux, Mont-Blanc, Mont-Saint-Michel, alignements de Carnac, cirque de Gavarnie, seuil de Naurouze, mont Gerbier-de-Jonc. Que trois de ces sites soient aujourd'hui inscrits au patrimoine mondial de l'Unesco est peut-être, pour une part même infime, l'effet d'une gloire d'abord scolaire. L'école et le certificat ont tantôt renforcé des réputations naissantes, tantôt proprement fabriqué ces réputations, comme pour Naurouze ou la source de la Loire." (P. Cabanel)

De point en point

Des programmes... chargés, évidemment

"Les programmes de géographie sont aussi ambitieux que ceux d'histoire. En classe enfantine, on aborde, dès le mois d'octobre, la présentation du soleil et des étoiles, la révolution de la terre autour du soleil et celle de la lune. Ces notions complexes sont présentées à partir de causeries ou d'entretiens familiers. Dès le mois de novembre, le programme prévoit l'étude "des montagnes, des volcans, des mers, des îles, des fleuves et des rivières". Les enfants étudient ensuite la ville et le village (mois de décembre), le littoral de la France, les départements, les principales villes de France, les colonies de la France, les principaux pays d'Europe, les peuples d'Asie et d'Amérique.

Les programmes du cours élémentaire et du cours moyen sont encore plus ambitieux. Ils prévoient l'étude de l'univers, des points cardinaux et de la boussole, de la terre et des eaux, de la géographie locale, de la géographie physique de la France, de la France politique (départements et provinces), des colonies françaises, de l'Europe, de l'Afrique, de l'Amérique et de l'Asie. Le programme des deux cours est approfondi au cours supérieur avec des enfants de onze à treize ans." (J. Combes)

On voit que les choses se gâtent avec ces histoires de départements et d'hydrographie de la France à partir de la deuxième année... mais que finalement elles ne constituent pas la majeure part d'un enseignement beaucoup plus tourné vers le monde et les peuples d'ailleurs qu'on ne s'en souvient.

La construction de mythes géographiques

"Soit le mont Gerbier-de-Jonc, où, chaque Français le sait, la Loire prend sa source. Ce n'est là qu'une modeste éminence de l'Ardèche, à 1551 mètres d'altitude, une montagne à vaches, et pas même le point culminant du Massif central, à l'époque où le Mont-Blanc commençait à fasciner. [Mais] le fleuve aux mille kilomètres y prend sa source, qui baigne le visage par excellence de la France classique et scolaire, les châteaux de la Loire, et renvoie à l'un de ses grands rois, François Ier. Et l'école républicaine, obsédée par tout ce qui touche aux fleuves,

sources, affluents, bassins, confluents, estuaires, canaux latéraux ou de liaison, et permet le tour liquide du pays bien-aimé, en a fait précocement un haut lieu. A preuve ce sujet donné dans les années 1890 à Matha (Charente-Inférieure) : "Si vous pouviez partir du mont Gerbier des Joncs [sic], où la Loire prend sa source, et si vous suiviez le cours de ce fleuve, quels pays, quelles villes verriez-vous ? Donnez des détails sur les localités les plus importantes. Où arriveriez-vous ?" Aujourd'hui, source et sommet sont assaillis chaque été par des dizaines de milliers de touristes, à tel point que des travaux de consolidation des sols et des éboulis granitiques ont dû être engagés : on peut penser que ces touristes, qu'ils en soient conscients ou non, sont fils ou petit-fils de la géographie du certificat d'études." (P. Cabanel)

Sexisme

«La géographie est une chose fort intéressante, mais au moment de dîner, on ne rassasie pas son mari et ses enfants en énumérant les cinq parties du monde ou les principales lignes de chemin de fer de la France.» (*La première année d'économie domestique, 1900*)

Sous-entendu : un vernis culturel pour la femme, soit, mais qu'elle ne perde pas de vue les choses essentielles, faire à manger, coudre et lessiver !

La leçon de choses

Au début étaient la lecture et l'écriture. S'y ajoutent peu à peu du calcul, de la morale, de l'histoire, de la géographie ; et enfin, dans une volonté encyclopédique, des sciences. De l'hygiène à la physique, de la géologie à l'agriculture, l'élève doit savoir "de tout un peu"...

Vastes visées

Bien que l'enseignement des sciences à l'école primaire existe depuis les années 1870, c'est par un arrêté de 1891 que sont fixées les épreuves du certificat d'études qui incluent les sciences de toutes natures : à huit ans déjà, l'enfant doit connaître un peu de géologie, de cosmographie, de botanique... L'ensemble est en général regroupé sous le nom de leçons de choses.

Un autre arrêté de 1890 définit ce cours «ayant pour objet de développer l'esprit d'observation de l'enfant et de l'exercer à exprimer le résultat de ses observations. Le professeur fera, pour trouver la matière de ses leçons, un choix judicieux et restreint parmi les choses usuelles, les animaux et les plantes les plus familières à ses élèves.»

! *L'armoire aux expériences, avec sa chaîne d'arpenteur, sa balance Roberval, son thermomètre à mercure, son baromètre et ses produits chimiques, est une vraie malle aux trésors... et aux rêves !*

Bien que ses visées ne manquent pas d'ambition, l'instituteur - soumis du même coup à l'obligation d'être spécialiste en tout - ne dispose que de moyens très maigres. Les sorties scolaires dans la nature, où l'on herborise et ramène de nombreux spécimens, ne se développent que dans les années 1930 ; jusque-là, c'est entre les murs de la classe que l'on explore le vaste monde. Hors le tableau noir où l'instituteur peut dessiner exemples et schémas, il existe un matériel pédagogique spécifique aux leçons de chose, qui se développe au tournant du XXème siècle. Situé en général dans le fond de la classe, un tableau mural regroupe affichettes et spécimens, sous une forme qu'on peine à imaginer aujourd'hui : sur un panneau de carton ou de bois sont fixés de petits récipients en verre contenant des plantes séchées ou des animaux naturalisés, des éléments de mécanique... Beaucoup sont fournis gracieusement, à titre publicitaire bien sûr, par des entreprises. Ainsi le chocolat Menier fournit des spécimens de graines de cacao, de cacao moulu, de carrés de chocolat finis... Certains de ces spécimens disparaissent très rapidement !

L'hygiène, salut national

Les leçons d'hygiène sont une partie importante des leçons de chose. On enseigne les vaccins découverts par Pasteur, les dangers de la tuberculose et de l'alcoolisme, deux fléaux nationaux particulièrement fort vers 1900. Affiches pédagogiques effrayantes et textes parfois caricaturaux dans les livres sont les deux moyens de les éradiquer.

Les leçons sur l'alcool cherchent à faire prendre conscience à l'enfant du danger de se laisser entraîner à boire, sur un ton souvent grandiloquent et excessif : toute personne qui franchit le seuil d'un cabaret s'y habituera jusqu'à battre femmes et enfants sans cesse pleurant et mourant de faim, et finira dans le caniveau... On redoute surtout la perte du goût du labeur chez l'ouvrier, ce qui le placerait en dessous de son voisin allemand et le rendrait peu ou pas productif.

Quant à la tuberculose, on rivalise d'imagination pour l'éradiquer : affiches, livres, vignettes, mais aussi jouets. On encourage les enfants au grand nettoyage matinal à l'eau froide, tonifiante, et aux frictions vigoureuses...

Idéologies de la science

Culte de la science et... de l'agriculture

La fin du XIXème siècle baigne dans le culte de la science. Les grands hommes sont les médecins, les inventeurs ; érigés en saints du panthéon de l'école laïque, ils sont les porte-drapeaux d'une science dont on croit encore qu'elle conduit au bonheur. Les manuels voudraient faire connaître à chaque élève aussi bien les arcanes du monde naturel qui l'entoure que du monde nouveau qui est en train de naître, un monde de machines et de techniques, d'électricité et de téléphone.

Le discours concernant l'agriculture, domaine particulier de la science et de la nature à la fois, qu'on cherche à rationaliser, est très orienté : il s'agit de convaincre les petits paysans, à une époque où l'on craint l'exode rural de rester à travailler la terre. On cherche à faire faire aux enfants le métier que l'on juge utile à la nation. Il existe une petite série d'ouvrages intitulés "Tu seras...", où l'on trouve les titres *Tu seras soldat, Tu seras ouvrière, Tu seras agriculteur.* Ce dernier s'ouvre sur ces mots : "Ce que nous avons cherché à démontrer, c'est que l'on peut vivre heureux à la campagne ; que si la profession agricole exige un pénible labeur, elle conserve la santé, procure l'indépendance, amène quelquefois l'aisance et que toujours elle donne des satisfactions et des jouissances qu'on ne rencontre nulle part ailleurs. Si, parmi les enfants qui liront cet ouvrage, nous pouvons en détourner quelques-uns des fallacieux visages que leur présente l'existence des villes ; si les exemples, mis sous leurs yeux, parviennent à en retenir aux champs un certain nombre et les décident à cultiver cette terre que leur père et leurs aïeuls ont arrosée de leurs sueurs, nous nous déclarerons satisfaits, car nous estimerons avoir fait œuvre utile."

Discours contradictoires...

Les leçons de choses ont pour but, dans sa visée la plus noble, de déraciner des habitudes absurdes voire dangereuses, et d'amener l'enfant à analyser par lui-même, en homme de raison. "C'est à établir cette rectitude de jugement chez les enfants que j'ai voulu contribuer par le présent livre" (Paul Bert, 1889, en préface de *La Deuxième Année d'enseignement scientifique*).

Louables intentions, mais que penser des invraisemblables clichés véhiculés par le livre *Zigzags à travers les choses usuelles*, de 1882 : «Voici deux couleurs distinctes, jaune et rouge. Impossible de les confondre. Nous les mettons aux deux extrémités d'une barre. Mais regardez entre elles ces différentes nuances. Celles de droite se rattachent au jaune, celles de gauche au rouge. Pas de difficultés pour celles qui sont voisines des deux bouts de la barre. Mais où classerez-vous la nuance que vous voyez au milieu et qui s'appelle l'orangé ? On pourra presque indifféremment la ranger d'un côté ou de l'autre, car elle tient également et du jaune et du rouge. Eh bien ! Il en est de même entre deux groupes voisins. Par exemple l'homme et le singe sont aisés à distinguer l'un de l'autre ; et pourtant parmi les hommes prenez les plus dégradés, les idiots, les crétins, qu'on trouve en certains pays de montagne ; parmi les singes, choisissez les plus intelligents, ceux qu'on appelle les gorilles ; il est certains que la différence n'est pas grande."

Louis Pasteur : un savant donné en modèle à des générations d'écoliers.

Problème de logique !

Au certif, les questions orales sur les leçons de choses sont parfois déroutantes : "Pourquoi une corde diminue-t-elle de longueur si on la mouille ?", "Expliquer la formation des bulles de savon", "Quel est le poids d'une pièce de 20 francs ?"

LE DESSIN

S'il est aujourd'hui avant tout un moyen d'expression personnelle et d'épanouissement de l'enfant, le dessin est conçu, dans les écoles de 1900, comme l'enseignement d'une technique parfois austère... Il est pourtant perçu par les élèves comme un moment de bonheur.

Rude technique

Les lois Ferry précisent que le dessin, "commencé par des leçons très courtes dans le cours élémentaire, occupera dans les deux autres cours deux ou trois leçons chaque semaine". Loin d'être une discipline optionnelle laissée au bon vouloir de chaque instituteur, il est donc une discipline à part entière, et relativement présente dans l'emploi du temps de la classe.

Les panoplies complètes de dessin en couleur, des feutres aux crayons en passant par la peinture, ne sont pas très répandues avant la Seconde Guerre mondiale. Pour les écoliers de 1900, apprendre le dessin, c'est surtout travailler au crayon à papier, parfois à l'encre, des lignes et des contours géométriques...

Ce que l'on cherche alors à enseigner, c'est la maîtrise technique et non l'expression personnelle... même si certains instituteurs laissent malgré tout la possibilité à la fantaisie de s'exprimer ! Tout est, dans cette matière plus encore que dans d'autres, question de personnalité de l'enseignant.

Les sujets de dessin

La plupart du temps, les élèves doivent recopier un objet de formes classiques posé sur une table ou une sellette : un vase, un bouquet... Ses lignes devront être claires et nettes, bien mises en valeur par un ombrage au crayon pour faire ressortir les volumes. Mais certains instituteurs sortent des sentiers battus et proposent à leurs élèves autre chose que ces sujets académiques, les entraînant dehors pour dessiner des paysages dans la nature. Avant le XXème siècle, c'est cependant une chose presque inconcevable...

> ! *L'enseignement du dessin change radicalement de perspective au fil des décennies : de la "domestication" de l'enfant, dressé à la maîtrise, il devient peu à peu plus libre.*

Les leçons de choses offrent à certains de bons motifs de dessin : soit les élèves tirent le portrait d'un objet ou d'un animal naturalisé étudié précédemment, soit, plus rarement, ils vont lors d'une sortie d'exploration d'un milieu naturel dessiner les petits animaux ou plantes qu'ils aperçoivent.

Le programme scolaire, précisé dans les directives ministérielles, prévoit aussi le "dessin d'ornement" : dessiner de belles figures géométriques décoratives, comme le polygone, la rosace étoilée, des courbes régulières autres que la circonférence, des courbes elliptiques et spirales, des courbes empruntées au règne végétal (tiges, fleurs, feuilles... on sent la proximité de l'Art Nouveau !). En fait, programmes et instituteurs ressentent une dualité aiguë, pas toujours comprise aujourd'hui, entre "dessin d'art" et "dessin linéaire", supposés refléter deux voies différentes : l'un fait appel à la créativité de l'enfant, lui suppose une certaine capacité pour l'art et pour le beau ; l'autre vise avant tout la maîtrise technique la plus raide. Après de grandes querelles pédagogiques qu'on ne soupçonne plus, le dessin linéaire ou géométrique triomphe dans les années 1880-90 ; mais en 1909 une méthode de dessin officielle est créée, dite "intuitive", qui mélange les deux voies et fait plus de place à la créativité de l'enfant.

Le dessin au certif

Les textes du certificat d'études distinguent le dessin "fini" de l'inachevé, préférant, contrairement à ce qu'on pourrait attendre, le second type. On considère comme fini un dessin où non seulement la ligne est impeccable et tous les volumes et détails retranscrits sans omission, mais aussi où le crayon à papier à été utilisé pour bien marquer les ombres.

Or les examinateurs disent préférer un dessin où l'on retrouverait bien le "sentiment" de l'objet, avec une certaine expressivité quitte à ce que ce soit une esquisse, plutôt qu'un dessin bien léché et froid. Mais ce sont étonnamment les enfants qui semblent s'acharner à vouloir à tout prix rendre des dessins finis et ombrés, parfois lourdement, pensant qu'ils seront toujours mieux notés qu'un croquis mal achevé !

Dessins et frises d'enfants

Les frises

À partir de l'Entre-Deux-Guerres, les instituteurs demandent souvent à leurs élèves des petites classes de décorer leurs cahiers avec des frises. Souvent composées de motifs géométriques coloriés, elles sont parfois de création libre, comme les chevaux et la fillette dessinés ci-dessus, où la créativité de l'écolier peut s'exprimer.

L'observation de la nature

Les trois dessins de fleurs ci-contre ont été réalisés, avec d'autres sur les fougères ou les pissenlits et à la façon d'un petit herbier, par une fillette de dix ans, dans son cahier de dessin de 1921. L'exactitude de la reproduction de la nature et des plantes cueillies constitue l'essentiel de la note attribuée par la maîtresse. Les objets de la vie quotidienne sont dessinés plutôt en hiver.

La musique

Le chant était déjà prévu comme enseignement facultatif par les lois de 1850 ; en 1882, il devient une matière obligatoire, avec une leçon une ou deux fois par semaine... et un exercice quotidien. En théorie du moins, car les instituteurs peu mélomanes n'étaient pas toujours aussi réguliers...

Nobles visées

Voici les instructions donnés aux instituteurs en 1887 :

– On s'attachera à former l'oreille de l'enfant et à lui inspirer le sentiment et le goût de l'art.

– On accordera à cet enseignement autant de soin qu'aux autres.

– Dès le début, on s'efforcera d'obtenir une bonne émission de la voix, une articulation irréprochable, une respiration correcte, une intelligence exacte de la phrase musicale. Ici, plus encore qu'ailleurs, les principes doivent être fermement assurés ; il serait difficile, presque impossible, de corriger de mauvaises habitudes.

– On fera chanter avec douceur pour ne pas fatiguer la voix.

– On songera plus à enseigner la pratique que la théorie de la musique.

Le diapason devient un des instruments de l'instituteur, dont il marque le *la* avant chaque morceau chanté ; les élèves doivent battre la mesure en tapant dans les mains... mais il est formellement interdit sous peine de punition de la frapper du pied ! Jusqu'où va se nicher une certaine idée des convenances...

L'école républicaine veut que, malgré les chants patois locaux, «les hommes puissent chanter en commun quand ils se trouvent réunis, même s'ils ne sont pas tous originaires de la même région de France».

L'accession au certif

Le chant n'est pas d'emblée une matière notée au certificat d'étude ; s'il a été intégré à l'école par les programmes de 1882, au même titre que la couture, le dessin, le travail manuel, il n'a pas encore ses lettres de noblesse. Mais les matières "secondaires" ont leurs fervents partisans, qui cherchent, et réussissent peu à peu, à les transformer en matière d'examen. Cela ne pouvait advenir qu'après la Belle Epoque, lorsqu'on commence alors à faire plus de place d'une part aux arts et d'autre part au développement de la sensibilité de l'enfant.

"En 1895, le congrès de l'enseignement technique, réuni à Bordeaux, demande que le dessin et le travail manuel aient une sanction au certificat. Michèle Alten a montré pour sa part, en dépouillant la revue des professeurs de musique, La Musique à l'Ecole, comment le chant est devenu matière d'examen, en 1924, au terme d'une longue campagne. C'est au moment de leur premier congrès, en avril 1912, que les professeurs de musique émettent le vœu qu'une épreuve de musique soit inscrite au certificat d'études." (P. Cabanel)

Avant que le chant ne soit adopté comme matière officielle, les propositions vont bon train, cherchant à définir la forme de l'examen de musique ; certains demandent qu'on fasse une dictée musicale à l'écrit ! On entre là dans les arcanes du solfège... Pourquoi pas demander aux enfants d'écrire une symphonie ! Plus modestement, c'est l'exercice du chant qui est adopté.

Morceaux choisis

Au certificat d'études, le candidat se voit soumettre une liste de trois morceaux, parmi lesquels il choisit celui qu'il préfère chanter. La liste est parfois imposée par l'inspecteur d'académie, parfois laissée au libre choix du maître ; dans ce cas l'élève arrive avec la liste de ce qu'il sait chanter. Mais dans un cas comme dans l'autre, on ne coupe pas aux grands classiques, passages obligés du républicanisme ardent qui caractérise l'époque : *La Marseillaise* (au moins trois couplets) et *Le Chant du départ* en sont les grands phares. C'est en grande partie grâce à cela que *La Marseillaise* est connue par tous les petits Français et Françaises dès l'âge le plus tendre...

S'y ajoutent, suivant les sympathies et goûts du maître, *La Marche Lorraine, Le Chant des Partisans,* ou, plus légers, des chants populaires comme *En passant par la Lorraine, Sur le pont de Nantes* ou *C'est le vent frivolant.*

Mieux vaut en rire...

Le chant au certificat d'études

On imagine sans peine que l'épreuve de chant au certificat ne donnait pas lieu qu'à des merveilles cristallines, et que les talents de solistes limités de la plupart des enfants rendaient ces épreuves aussi rudes pour l'examinateur que pour le candidat :

«Souvenir de certificat en 1948, rapporté par un instituteur ariégeois :
- On t'a fait chanter ? demande-t-il à son unique candidat.
- Oui, lui répond-il, *La Marseillaise.*
- Toute entière ?
- Non, le monsieur m'a arrêté à la Patrie ; il m'a dit que c'était bien, mais qu'il ne fallait pas mettre la Patrie en danger...» (P. Cabanel)

Un cours de musique dans les années 1940. Mais toutes les écoles n'ont pas la chance d'avoir un piano comme celle-ci.

Le chant devant l'inspecteur

Et voici une mémorable visite de l'inspecteur : «Une fois chaque semaine, nous apprenons à chanter. Le chant se situe toujours en fin de journée. Le maître a copié au tableau les paroles, couplets et refrains. Il chante seul à plusieurs reprises, afin que nos oreilles se pénètrent bien de la mélodie. Puis, phrase après phrases, nous sommes invités à l'imitation. Deux fois, dix fois, nous reprenons en chœur chaque ligne, ne passant à la suivante que quand la cacophonie paraît domestiquée. [...] Le chant fait partie de notre travail. Le chant, oui. Pas la musique, dont la plupart ignorent totalement l'existence. [Un inspecteur arrive, en pleine classe de chant, et décide de faire la leçon lui-même] Nous nous appliquons. Soudain, le diable d'inspecteur impose le silence. "Ce qu'il faut leur apprendre, c'est la musique !" Et de se lever, de se placer bien en évidence devant nous tous, debout, regard sévère. Je l'observe. Soudain, l'étrange machine se met en marche : "Je vais monter la gamme." Qu'est-ce à dire ? Les deux mains de l'interprète entament une gymnastique ascendante alors que les lèvres, prisonnières des poils raides, lancent un son profond. "Do !", la main droite touche la hanche droite. "Ré !", la main gauche atteint la base des côtes. "Mi !", changement de cap, c'est la dextre qui frappe au niveau de l'aisselle.» (H. Gancel) L'élève en sera quitte pour une expulsion suite à une crise de fou rire devant les gesticulations de l'inspecteur...

Et les instituteurs peu mélomanes ?...

«Il se pourra que l'instituteur vous dise : mais je ne suis pas musicien, comment faire pour enseigner la musique ? Ne craignez rien de cette hésitation du premier instant qui n'est au fond que modestie de sa part. Ayez foi en lui ; car s'il n'est pas suffisamment musicien, il s'appliquera à le devenir... pour faire des Certificats. Il se fera musicien comme il se fait présentement dessinateur.»
Congrès de l'association «L'Art à l'école», 1912.

La couture

Aux garçons la menuiserie, aux filles la couture : voilà une répartition classique du XIXème siècle jusqu'à la Seconde Guerre mondiale. Pas question pour autant de brandir un drapeau féministe : c'est alors souvent la meilleure façon de leur procurer un métier si elles ses retrouvent seules.

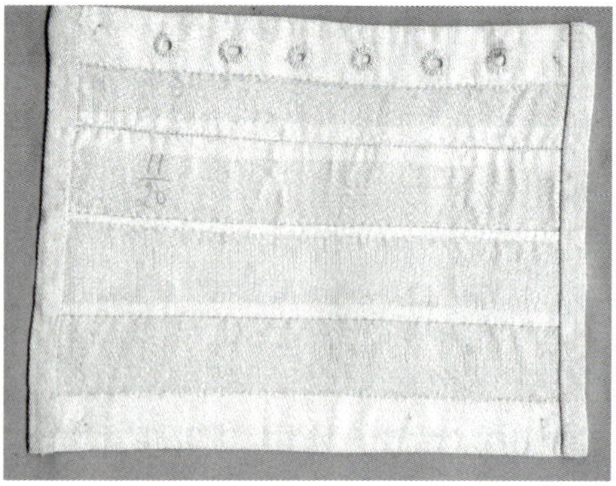

Une différence filles-garçons

L'enseignement de la couture est mentionné officiellement pour la première fois dans l'ordonnance du roi sur l'enseignement primaire féminin en 1836 ; il est confirmé par la loi Falloux de 1850 : «L'enseignement primaire dans les écoles de filles comprend les travaux à l'aiguille». La couture devient un sujet officiel du certificat d'études, à égalité avec la dictée ou les mathématiques, plus importante que l'histoire ou les sciences qui ne viennent qu'en deuxième lieu, à l'oral !

Les garçons ont des activités manuelles plus variées (créations en osier, gravure, menuiserie voire travail des métaux) en théorie du moins car, mis à part l'osier, elles demandent un matériel que les écoles ont très rarement la possibilité de s'offrir.

> ! *"La meilleure amie des jeunes filles, qui est-ce ? Voulez-vous que je vous le dise ? Eh bien... c'est l'aiguille. L'aiguille à coudre, à broder, même à tricoter." (Livre de lecture, C.M., 1920)*

Pas de féminisme déplacé !

Mais il serait aussi déplacé historiquement de critiquer cette répartition que d'accuser des ONG enseignant l'hygiène alimentaire à des fillettes du Burkina Faso de ne pas chercher à «libérer leur créativité» ou à «changer leur horizon».

Jusqu'en 1914, l'essentiel de la population vit à la campagne, chichement, sans grande circulation de numéraire, dans une sorte d'économie de pénurie. Les magasins de vêtements n'existent pas, sinon dans les très grandes villes. On fait donc tailler et coudre ceux de toute la famille chez la couturière (il y en a une par village) si on ne les fait pas soi-même. Et les vêtements coûtent fort cher. On n'hésite pas à se passer les plus beaux de générations en générations et à retailler les chemises du père pour réaliser celles des enfants. D'ailleurs, jusqu'à la Première Guerre mondiale, les inventaires des vieux garçons et des veufs montrent une absence presque totale de chemises et de draps, car c'était souvent encore la femme qui filait pour obtenir de la toile.

Enseigner la couture, c'est donc permettre aux petites filles du primaire (qui ne continuent donc pas d'études longues) d'avoir un métier qui leur permettra de vivre si elles se retrouvent seules : il n'y a pas encore beaucoup de professions ouvertes aux femmes, la couture est donc une sorte d'assurance chômage. Même si elles se marient, savoir coudre permet de nombreuses économies quand le foyer n'est pas bien riche : il permet de faire durer les vêtements plus longtemps et d'échapper au coût d'une couturière.

Les travaux et les jours

En quoi consistent donc les travaux d'aiguille des filles ? D'abord, en l'apprentissage des points simples, permettant l'assemblage de deux pièces de tissus ou la réalisation d'une broderie en ligne, avec le point de tige par exemple. Quand elles ont acquis un peu de maîtrise, on leur fait écrire leur nom en couture, ou broder des maximes morales ou des motifs simples. Elles apprennent également le tricot et le raccommodage, inévitable activité de la vie familiale ultérieure.

Les plus grandes apprennent ensuite le point de croix avec lequel on fait de beaux abécédaires, voire un début de vraie broderie élégante (les jeunes filles des campagnes et des petites villes brodent toujours leur trousseau à la main dans l'Entre-Deux-Guerres). Elles reçoivent aussi des cours de coupe pour apprendre à réaliser de véritables vêtements.

De fil en aiguille...

Les institutrices doivent être capables d'enseigner la couture aux fillettes. Aussi cet exercice est-il aussi au programme de l'école normale, comme le montre cette photo de 1926 d'une classe de normaliennes de Poitiers. Ci-contre : quelques travaux réalisés par l'une d'entre elles, Laure Pauvrasseau, et notés... sévèrement !

Du quotidien...

Évidemment, même en couture, il est question de pédagogie ! «Que remarquons-nous dans la plupart des cours de couture ?, questionne ainsi un *Traité complet de l'éducation des filles* de 1895. C'est que chaque fille confectionne un peu ce qui lui plaît ou ce qui plaît aux parents. L'une apporte aujourd'hui à l'école un bas à tricoter, une autre un mouchoir à ourler, une troisième un vêtement à raccommoder. Chacune

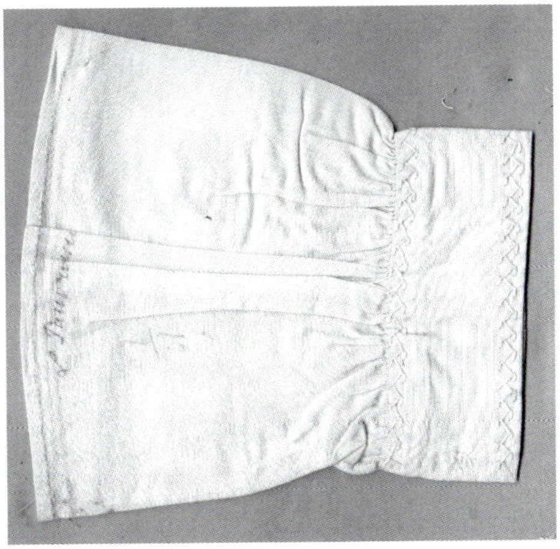

travaille séparément, presque sans direction, sans suite, sous la surveillance de la maîtresse qui, de son côté, s'occupe aussi d'un ouvrage spécial. [...] Le peu de connaissances acquises sont la conséquence funeste d'une pratique aussi routinière.»

... à la pédagogie de l'aiguille

Quelle anarchie aux yeux d'un pédagogue ! Au «plaisir» de choisir au moins la nature de ses travaux, on suggère de substituer un programme strict et évolutif, bien dans l'esprit du reste des matières, centré sur le tricot et où les coutures sont faites au fil de couleur sur tissu blanc pour bien faire ressortir l'irrégularité des points. Ce sera désormais la règle... Bien utile pendant la Seconde Guerre mondiale quand, faute de tissu, il faut savoir transformer d'anciens rideaux en robes, détricoter de vieux pulls troués pour en faire des neufs avec la laine récupérée, remettre au goût du jour la robe de l'arrière-grand-mère pour pouvoir la porter, etc., la couture se maintiendra à l'école jusqu'au milieu des années 1970. Elle s'effacera ensuite, devant les modifications de la société et des typologies d'emploi : l'Éducation nationale va définir d'autres priorités, électricité et informatique par exemple.

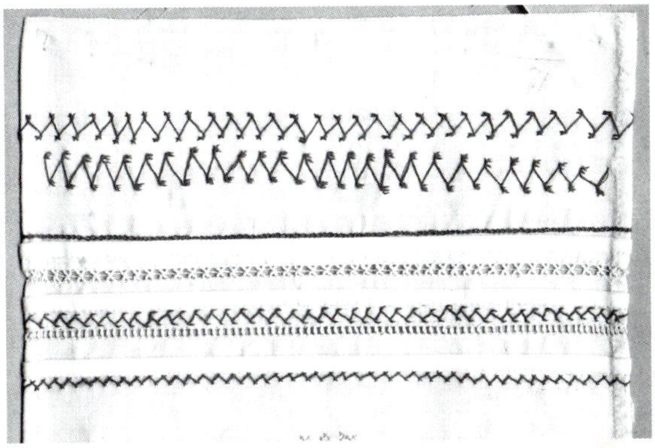

Le sport

L'hygiénisme de la fin du XIXème siècle cherche à fortifier le peuple entier, en passant avant tout par l'école. Pendant logique aux nécessaires recommandations d'hygiène alimentaire et corporelle, l'enseignement du sport ne peut que se développer. Il reste pourtant mal servi jusque dans les années 1970.

Mens sana in corpore sano

«Un esprit sain dans un corps sain», voilà la devise qui se fait jour dans l'esprit des instituteurs de la Troisième République. Dans la nouvelle optique de former une nation saine, décidée et vigoureuse, mentalement comme physiquement, se dessine parfois une volonté de revanche sur l'Allemagne.

La gymnastique est mentionnée comme pouvant faire partie des programmes scolaires à partir de la loi Falloux de 1850 ; elle est officialisée par les lois Ferry. Ensuite, au XXème siècle, grâce notamment aux découvertes de Pasteur, les préceptes médicaux et hygiéniques se multiplient dans les écoles. La gymnastique devient une façon d'améliorer l'état physique des gens modestes et de les fortifier contre la maladie.

Exercices militaires

En 1880, la gymnastique est déclarée obligatoire dans les écoles de garçons ; en 1882, l'obligation est étendue aux écoles de filles. L'arrêté de 1887 précise que la gymnastique doit occuper une séance quotidienne, d'une demi-heure pour les enfants de moins de dix ans, de trois quarts d'heure au-delà. Mais si garçons et filles partagent cette obligation, les filles se contentent de mouvements simples tandis que les garçons font de vrais exercices de force et de vitesse, et se voient même dotés en sus d'exercices... militaires. Les bataillons scolaires utilisent des fusils de bois, entraînent les élèves à défiler au pas dans le village, à se mettre en carré, et encouragent un esprit pro-guerrier. Un militarisme qui n'est pas suivi par toutes les communes : une bonne partie n'ont jamais eu leur bataillon scolaire... Ceux-ci tombent en désuétude à la Belle Époque.

"Ma Grande Sœur Peut Contenter Tous Ses Amoureux" ; voilà la formule par laquelle les instituteurs, à l'Ecole normale, retenaient tous les fondamentaux de la gymnastique : marcher, grimper, sauter, porter, courir, tirer (sur une corde), soulever, attraper !

Gymnastique à la Belle Époque

«L'école disposait d'un matériel de gymnastique que nous utilisions quelquefois. Les leçons se donnaient dans la cour ou le préau. Elles consistaient surtout en mouvements d'ensemble. Notre professeur, ancien moniteur de l'Ecole de Joinville, nous faisait manœuvrer au sifflet un peu militairement. Nous exécutions aussi des exercices de canne qui rappelaient fort ceux des bataillons scolaires. Lorsqu'on allait chercher la longue corde à traction, notre excitation et notre satisfaction étaient grandes. Le professeur nous répartissait en deux camps, en ayant soin d'égaliser les forces. Les plus grands, les plus robustes se tenaient aux extrémités. Tous disposés en épis, s'agrippaient, tendaient leurs muscles, s'arc-boutaient, résolus à entraîner leurs adversaires dans leur camp. Chacun y mettait un amour-propre extraordinaire. La lutte était rude, la victoire difficile, ce qui lui donnait du prix. Tout se terminait par des cris de triomphe ou de dépit.» Édouard Bled (Adamville, en banlieue parisienne, vers 1905).

Une différence garçons-filles

Pendant longtemps, même après la disparition des bataillons scolaires, les règles de gymnastique ne sont pas les mêmes pour les filles et les garçons. En effet, l'État entend avant tout former des soldats vaillants et costauds. «La gymnastique donne de la force et de la souplesse à nos organes. Elle favorise les actes de courage et prépare au service militaire», affirme *L'Education morale et civique à l'école*, en 1908. Même la natation semble devoir être enseignée prioritairement aux garçons : «Occupons nous d'abord d'enseigner la natation aux garçons, car le vêtement des femmes ne leur permet guère de se sauver ou de secourir les autres dans l'eau. Raison de plus pour que les hommes soient toujours capables de le faire», précise le *Manuel général de l'instruction primaire* en 1879. Une remarque de bon sens mais que l'évolution vestimentaire va faire tomber.

De la gymnastique à l'éducation physique

Quand la terminologie change...

La Belle Époque voit fleurir une nouvelle pédagogie de l'enfant, tournée vers son développement : c'est l'époque où dessin et chant prennent de l'importance. En 1911, la «gymnastique» devient «éducation physique». Comme en dessin, l'enfant est moins soumis à un cadre strict et répétitif, il est plus incité à la liberté.

Le programme en 1911

Le programme d'éducation physique au fil de l'école primaire est défini ainsi pour les garçons :

«Cours élémentaire : évolutions ; premiers mouvements rythmés ; jeux variés (corde ; balle ; cerceau et jeux impliquant l'action de courir) ; premiers exercices d'ordre (formation des rangs, marches, ruptures, rassemblements) ; sauts divers à l'exception du saut en profondeur.

Cours moyen : jeux ; mouvements élémentaires sans appareils ; continuation des exercices d'ordre ; marches rythmées, doublement et dédoublement ; mouvement élémentaires de la boxe française ; planche inclinée ; natation.

Cours supérieur : jeux ; promenades scolaires ; évolution à la course cadencée ; mouvements d'ensemble avec instruments appropriés à l'âge des enfants ; suite des exercices de boxe ; exercice deux à deux avec cordes ou barres ; exercices aux échelles.»

Ces programmes prévoient pour les écoles de filles la même chose que pour les garçons, à l'exception de la boxe, du bâton et de la corde, remplacés par la danse et d'autres jeux.

La gymnastique se résume souvent à quelques exercices d'assouplissement... quand il fait beau !

Un développement bien lent

Ces belles instructions n'ont pas toujours été appliquées avec rigueur, et bien souvent simplifiées, tant pour les garçons que pour les filles : dans les années 1940 ou même 1960, les élèves ne se souviennent pas tous d'avoir vraiment pratiqué du sport à l'école. Souvent faute de salle spécifique. Comment faire du sport quand la cour est trop petite, qu'il pleut ou qu'il fait froid. Dans les années 1960, le cours de sport ne démarre souvent qu'à la belle saison, quand on peut sortir en plein air et courir sans inconvénient. Peu formés, les maîtres et maîtresses se contentent bien souvent de mouvements simples, pour assouplir le corps. C'est la construction de salles municipales de sport, dans les années 1970, qui va progressivement changer la donne.

Les lendits sont pendant longtemps pour l'Éducation nationale le moyen de promouvoir le sport : en juin de chaque année, les grandes classes des primaires de chaque canton se rencontrent, défilent et rivalisent à la course devant les parents et officiels rassemblés dans les tribunes. Ici : un lendit en 1968 à Sainte-Maure-de-Touraine (Indre-et-Loire).

Les manuels scolaires

Si les livres d'école du début du XIXème siècle sont particulièrement austères et indigestes, ceux des décennies suivantes, avant les lois de Jules Ferry, racontent des histoires plus prenantes, allègent les chapitres et intègrent des illustrations. En 1877 enfin, paraît le fameux «Tour de la France de deux enfants».

Les premiers best-sellers

Jusqu'au début du XIXème siècle, il n'existe aucun livre de lecture officiel et largement répandu. Chacun apprend au petit bonheur la chance. Les premières décennies du siècle voient naître toutes sortes de manuels, religieux la plupart du temps, aux chapitres interminables, aux caractères minuscules, sans la moindre gravure, mais qui ont au moins le mérite d'exister.

Le premier best-seller scolaire, *Francinet,* date de 1868 et sera réédité plusieurs fois avant d'être supplanté par *Le Tour de la France de deux enfants* (voir page de droite) publié de 1877 à 1960 (411 éditions au total !). Il a même été réédité en 1977 puis à la fin des années 1990, cette fois pour tous les nostalgiques de leur petite enfance.

Quant à *Francinet,* rappelons pour mémoire qu'il avait été écrit par... le même auteur dix ans plus tôt ! Premier grand succès d'édition scolaire, c'est l'histoire d'un petit garçon pauvre qui, en travaillant dur dans une usine, se lie d'amitié avec la petite fille des patrons et se fait prendre sous l'aile du grand-père de celle-ci. Au nombre des bonnes leçons : chacun doit rester à sa place... Au garçon pauvre le devoir de labeur, mais aussi cette éducation qui est une chance pour lui, à la fille riche le devoir de se cultiver intellectuellement mais aussi moralement, car elle doit être absolument irréprochable. Elle a d'ailleurs choisi de toujours porter une robe blanche qui l'empêche de jouer à sa guise, lui rappelant que garder la pureté de son âme est aussi difficile que de ne jamais salir sa robe.

! *Le fameux manuel de grammaire et d'orthographe d'Édouard Bled a été tiré à 18 millions d'exemplaires entre 1946 et 1982 !*

Qu'importe la morale...

Ces manuels scolaires, dont l'esprit reste presque inchangé des années 1870 au milieu du XXème siècle, captivent la plupart des enfants. Autant les témoignages contre la dureté de certains maîtres et les exercices rébarbatifs sont nombreux, autant ceux qui concernent les livres de lecture sont heureux et positifs.

«L'heure de la lecture était très attendue. Que devenaient André et Julien Volden, les deux orphelins partis de Phalsbourg, de l'Alsace arrachée à la mère patrie ? Parviendront-ils à trouver un nouveau foyer ? De tout cœur, Jean-Marie les suivait, dans leur voyage aussi émouvant que merveilleux., à travers la France. Et que de découvertes glanées en cours de route qui émerveillaient la curiosité de donnaient envie d'en savoir davantage ! N'en déplaise à certains pédagogues, ce souci de didactisme n'altérait en rien le plaisir de lire. Bien au contraire. Trop rares étaient les ouvrages de la bibliothèque patiemment constituée, avec de pauvres moyens, par l'instituteur.» (J. Dache)

Qui finance les manuels ?

Depuis les grandes lois républicaines des années 1880, le choix des manuels est laissé aux enseignants, sous l'autorité et le contrôle des inspecteurs. Le financement des achats est à la charge des communes pour l'enseignement primaire, de l'État pour les collèges et des familles pour les lycées. Le manuel est censé, en un nombre de pages relativement court, résumer les connaissances à acquérir dans chaque matière du programme, pour chacune des classes. Pendant longtemps, il n'existe rien d'autre. Dictionnaires, fiches, résumés : tout cela n'apparaît qu'après la Seconde Guerre mondiale.

Le Tour de la France de deux enfants

Un succès séculaire !

Plus de 410 éditions entre 1877 et 1960 ! Un record ! L'histoire du *Tour de la France*, écrit par une femme intelligente et libre, Mme Augustine Fouillée, sous le pseudonyme de G. Bruno, est bien connue : deux petits Lorrains, André (quatorze ans) et Julien (sept ans) quittent la ville de Phalsbourg et leur région après son annexion par les Allemands, et recherchent leur oncle à travers la France. Leur voyage est prétexte à toutes sortes de leçons sur la géographie, l'histoire, les sciences, l'hygiène, les arts... (ce qui permet astucieusement de réunir plusieurs matières en un seul manuel, un point bien important pour les petits budgets). Des gravures toutes les quatre ou cinq pages illustrent une scène du récit, avec une légende qui explique un terme complexe, un point d'histoire ou de géographie. Mais l'ouvrage enseigne aussi une morale de devoir, de labeur, d'économie et de respect de la nation. C'est un roman initiatique à part entière, d'où son succès.

LE

TOUR DE LA FRANCE

PAR DEUX ENFANTS

I. — Le départ d'André et de Julien.

Rien ne soutient mieux notre courage que la pensée d'un devoir à remplir.

Par un épais brouillard du mois de septembre deux enfants, deux frères, sortaient de la ville de Phalsbourg en Lorraine. Ils venaient de franchir la grande porte fortifiée qu'on appelle *porte de France*.

Chacun d'eux était chargé d'un petit paquet de voyageur, soigneusement attaché et retenu sur l'épaule par un bâton. Tous les deux marchaient rapidement, sans bruit; ils avaient l'air inquiet. Malgré l'obscurité déjà grande, ils cherchèrent plus d'obscurité encore et s'en allèrent cheminant à l'écart le long des fossés.

Porte fortifiée. — Les portes des villes fortifiées sont munies de *ponts-levis* jetés sur les fossés qui entourent les remparts; quand on lève les ponts et qu'on ferme les portes, nul ennemi ne peut entrer dans la ville. — Phalsbourg a été fortifiée par Vauban et démantelée par les Allemands. Traversée par la route de Paris à Strasbourg, elle n'a que deux portes : la *porte de France* à l'ouest et la *porte d'Allemagne* au sud-est, qui sont des modèles d'architecture militaire.

L'aîné des deux frères, André, âgé de quatorze ans, était un robuste garçon, si grand et si fort pour son âge qu'il paraissait avoir au moins deux années de plus. Il tenait par la main son frère Julien, un joli enfant de sept ans, frêle et délicat comme une fille, malgré cela courageux et intelligent plus que ne le sont d'ordinaire les jeunes garçons de cet âge. A leurs vêtements de deuil, à l'air de tristesse répandu sur

Profession de foi de l'auteur

En page d'ouverture du livre, dans sa préface, l'auteur indique bien son but encyclopédique : «La connaissance de la patrie est le fondement de toute véritable instruction civique. On se plaint continuellement que nos enfants ne connaissent pas assez leur pays : s'ils le connaissaient mieux, dit-on avec raison, ils l'aimeraient encore davantage et pourraient mieux le servir. Mais nos maîtres savent combien il est difficile de donner à l'enfant l'idée nette de la patrie, ou même simplement de son territoire et de ses ressources. La patrie ne représente pour l'écolier qu'une chose abstraite à laquelle, plus souvent qu'on ne croit, il peut rester étranger pendant une assez longue période de la vie. Pour frapper son esprit, il faut lui rendre la patrie visible et vivante. Dans ce but, nous avons essayé de mettre à profit l'intérêt que les enfants portent aux récits de voyages. En leur racontant le voyage courageux de deux jeunes Lorrains à travers la France entière, nous avons voulu la leur faire pour ainsi dire voir et toucher ; nous avons voulu leur montrer comment chacun des fils de la mère commune arrive à tirer profit des richesses de sa contrée et comment il sait, aux endroits même où le sol est pauvre, le forcer par son industrie à produire le plus possible.

En même temps, ce récit place sous les yeux de l'enfant tous les devoirs en exemples, car les jeunes héros que nous y avons mis en scène ne parcourent pas la France en simples promeneurs désintéressés : ils ont des devoirs sérieux à remplir et des risques à courir. En les suivant le long de leur chemin, les écoliers sont initiés peu à peu à la vie pratique et à l'instruction civique en même temps qu'à la morale ; ils acquièrent des notions usuelles sur l'économie industrielle et commerciale, sur l'agriculture, sur les principales sciences et leurs applications. Ils apprennent aussi, à propos des diverses provinces, les vies les plus intéressantes des grands hommes qu'elles ont vus naître : chaque invention est faite par les hommes illustres, chaque progrès accompli grâce à eux devient pour l'enfant un exemple, une sorte de morale en action d'un nouveau genre, qui prend plus d'intérêt en se mêlant à la description des lieux mêmes où les grands hommes sont nés.

En groupant ainsi toutes les connaissances morales et civiques autour de l'idée de la France, nous avons voulu présenter aux enfants la patrie sous ses traits les plus nobles et la leur montrer grande par l'honneur, par le travail, par le respect profond et par la justice.»

Liste des manuels de l'écolier en 1887

- un livre de lecture courante
- une grammaire avec exercices
- une arithmétique
- un livre d'instruction morale et civique
- un livre d'histoire
- un atlas de géographie

permet un entretien plus simple.

Les affiches éducatives

Dès la fin du XIXème siècle, les murs du fond de la classe se couvrent d'affiches : souvent éducatives et morales, elles sont vite rattrapées par les affiches publicitaires de la Belle Époque, qui ont saisi le filon...

De curieuses publicités scolaires

Les murs de la classe ne sont pas couverts que de cartes géographiques géantes portant le sceau Vidal-Lablache, de tableaux d'écriture et d'instruments de poids et mesure dans leur petite armoire. Tout comme elles ont vite compris l'intérêt publicitaire énorme que représente le don d'échantillons de produits pour les leçons de choses, les entreprises et les manufactures ont tôt fait de publier des affiches à caractère scolaire, prenant un prétexte vaguement éducatif pour faire la promotion de leur produit. Le chocolat Menier en est un excellent exemple bien connu... mais d'autres l'ont vite compris, et ont reçu un très bon accueil de la part des instituteurs : chemins de fer, agences de voyages... A fortiori les publicités liées au domaine scolaire étaient-elles sûres d'être affichées : affiches montrant les divers stades de découpage industriel d'une plume en acier (surtout les plumes Baignol & Farjon qui, contrairement à ce qu'on pense parfois, étaient bien plus usitées que les Sergent-Major, réservées au maître).

! *Avertissement salutaire en 1925 : «Si nous avons des camarades qui ont des ophtalmies, des coryzas, de la tuberculose, gardons-nous de porter à la bouche leur porte-plume !»*

Voyager en rêve...

Bien souvent, les instituteurs ont également la démarche de décorer leur classe, de l'animer de belles affiches vives, sans but éducatif, simplement décoratif. C'est alors en pleine conscience qu'ils choisissent des publicités colorées et qui donnent aux gamins une part de rêve dans un cadre par ailleurs très austère : «Des affiches de compagnies de chemins de fer décoraient les murs de notre classe. L'une d'elles représentait Nice, sa baie, son ciel lumineux, son arrière-pays avec ses montagnes enneigées. Une grande et belle Niçoise en costume régional, un bouquet d'œillets sous le bras, tenait tout un côté de l'affiche. De mes camarades ou de leurs parents, qui était allés à Nice ? Personne. Pas même notre maître. [...] Longtemps, nous n'avons connu d'autres voyages. Ils nous invitaient à la rêverie et laissaient vagabonder notre jeune imagination.» (E. Bled)

De la tour Eiffel aux hippopotames

Autre témoignage concordant, celui d'Hippolyte Gancel : «Les hauts murs blanchis à la chaux sembleraient tristes si le maître n'avait eu l'idée de les décorer de nombreuses gravures. Ce sont des vues représentant des monuments célèbres ou des paysages suggestifs ou encore des scènes de notre histoire. La tour Eiffel, le pont du Gard, le massif du Mont-Blanc voisinent avec la séance du Jeu de Paume, le Bonaparte au pont d'Arcole et le défilé de la victoire à Paris en novembre 1918. On y voit aussi des animaux exotiques comme des zèbres, des girafes, des hippopotames, des éléphants. Un impressionnant rhinocéros à deux cornes, l'air effronté et stupide, se trouve isolé près d'un angle. Il y a même, en couleurs s'il vous plaît, un champ de tulipes en Hollande. Décidément, l'école sait se faire accueillante, et elle instruit jusque dans sa décoration.»

L'alcool, voilà l'ennemi !

La morale en images

Les murs sont aussi couverts d'affiches éducatives, à visée essentiellement morale. Les imprimeurs comme les instituteurs semblent avoir mis un enthousiasme particulier à porter continuellement sous les yeux des enfants des images abominables de foies cirrhosés et de visages ravagés par l'alcool, assortis de maximes alarmistes : «L'alcool, voilà l'ennemi !», «L'alcool empoisonne lentement», «L'absinthe est un poison plus redoutable que la morphine ou la belladone», «L'alcoolique boit le sang, les larmes et la vie de sa femme et de ses enfants", «La plupart des crimes sont commis par des alcooliques», «À quarante ans, l'alcoolique est usé comme un homme de soixante ans». On notera l'absence totale de mention de l'alcoolisme féminin. La femme, c'est le pilier de la famille, qui souffre, un point c'est tout.

La lutte contre l'alcool est l'un des principaux thèmes moraux abordés par les instituteurs.

Des instituteurs plus qu'engagés !

Pourquoi cette insistance à montrer de façon aussi crue, voire traumatisante, les ravages de l'alcool ? Sans doute la volonté de choquer au plus profond pour être bien sûr de faire passer le message... Mais surtout parce que l'alcoolisme est effectivement un fléau de l'époque, comme la drogue l'est devenue pour la nôtre. Enfin, il est aussi possible que les instituteurs gardent des traces traumatiques de leur propre passage à l'École normale, où ce genre d'affiche les a suivis constamment pendant des années ! Marcel Pagnol en fait un témoignage cruel et terriblement drôle dans *La gloire de mon père* : «Les études des normaliens ne se bornaient pas à l'anticléricalisme et à l'histoire laïcisée. Il y avait un troisième ennemi du peuple, et qui n'était point dans le passé : c'était l'Alcool.

De cette époque datent notamment *L'Assommoir* et autres tableaux effrayants qui tapissaient les murs des classes. On y voyait des foies rougeâtres et si parfaitement méconnaissables à cause de leurs boursouflures vertes et de leurs étranglements violacés qui leur donnaient la forme d'un topinambour : mais pour éclairer ce désastre, l'artiste avait peint, au beau milieu du tableau, le foie appétissant d'un bon citoyen, dont la masse harmonieuse et le rouge triomphal permettaient de mesurer la gravité des catastrophes circonscrites.

Les normaliens, poursuivis jusque dans les dortoirs par cet horrible viscère (sans parler d'un pancréas en forme de vis d'Archimède, et d'une aorte égayée de hernies), étaient peu à peu frappés de terreur, et la seule vue d'un verre de vin leur donnait des frissons de dégoût.

La terrasse des cafés, à l'heure de l'apéritif, leur paraissait une assemblée de candidats au suicide. Un ami de mon père, ivre d'eau filtrée, en renversa un jour les tables, comme un Polyeucte laïque qu'il était. Il pensait que ces malheureux verraient bientôt des rats grimper aux murs, ou qu'ils rencontreraient des girafes sur le cours Mirabeau, et l'on citait le cas d'un violoniste de grand talent, réduit à jouer de la mandoline à cause d'un tremblement spasmodique dû au fait que sa moelle épinière trempait dans un bain de vermouth-cassis.»

Boutade sur l'alcoolisme

Petite plaisanterie dont on peut penser qu'elle avait cours entre instituteurs désabusés quant à l'efficacité de leur croisade antialcoolique :

– 5 litres de vin à 1,40 francs le litre, ça fait combien ?

– Ca fait deux jours, M'sieur !

Petits et grands moments de la vie scolaire

ÉCOLES DE GARÇONS, ÉCOLES DE FILLES

La première mention des écoles de filles comme une obligation dans les communes de plus de 500 habitants date de 1867. Assez vite, les filles sont autant scolarisées que les garçons, avec des programmes semblables. Mais la mixité se fait longtemps attendre !

À égalité

Jusqu'au milieu du XIXème siècle, éduquées par la famille ou par les sœurs de quelque congrégation religieuse, les filles apprennent un peu la lecture, l'histoire et les travaux d'aiguilles. La loi Duruy de 1867 crée la notion de primaire féminin, mais comme la création d'écoles primaires de filles n'est pas obligatoire, il y en a en presque trois fois moins que d'écoles de garçons... Avec Ferry qui fait de l'éducation des futures mères de famille un cheval de bataille de son combat politique, les filles doivent obligatoirement recevoir la même éducation que les garçons. Les chiffres de la scolarisation prouvent que les parents les mettent à l'école assez vite, même si elles sont retenues plus facilement à la ferme si la famille a besoin d'aide : en 1885, il y a autant de filles que de garçons dans les écoles françaises.

En 1885, on compte dans l'enseignement primaire 2 727 000 garçons et 2 724 000 filles. L'égalité semble enfin acquise, ainsi que la scolarisation générale.

Des écoles distinctes

Cependant, même si les programmes sont les mêmes, les écoles de garçons et de filles sont encore séparées, car la société n'est pas prête à accepter la mixité de préadolescents. Les fillettes ont leur institutrice, les garçons leur instituteur. Cela pose des difficultés dans les communes trop pauvres ou trop petites pour construire et entretenir deux bâtiments et deux maîtres. Un problème souvent résolu par le cloisonnement de la cour en deux parties : une seule salle de classe et un seul enseignant, les garçons à droite, les filles à gauche mais deux cours de récréation. Ah, ce fameux mur au-dessus duquel on essaie de grimper pour apercevoir le sexe opposé, ou bien pour lancer des petits mots !

La mixité est malgré tout une réalité dès l'Ancien Régime dans les villages les plus minuscules. Ainsi, en Auvergne, «les fillettes qui allaient à l'école mixte de Gabrières n'avaient pas peur de fréquenter les garçons. Elles prenaient part aux jeux, surtout à colin-maillard, avec un plaisir non dissimulé». (A. Sylvère)

Quand la construction des fameux «palais scolaires» dus à Jules Ferry est entreprise, à partir de la fin du XIXème siècle, on trouve d'un côté de la mairie l'école de filles, de l'autre l'école de garçons. Les bâtiments, encore aujourd'hui, ont gardé leurs frontispices chargés de souvenirs d'un temps révolu, la mixité étant devenue la règle dans les années 1970.

Éloge de la mixité

De la méfiance et de l'incompréhension...

Selon Zola, la principale cause de l'incompréhension entre les sexes à l'âge adulte vient avant tout du «fossé profond que l'éducation et l'instruction creusent chez nous, dès l'enfance, entre les garçons et les filles. Je prends la petite Marie et le petit Pierre. Jusqu'à six ou sept ans, on les laisse jouer ensemble. Leurs mères sont amies ; ils se tutoient, s'allongent fraternellement des claques, se roulent dans les coins, sans honte. Mais, à sept ans, la société les sépare et s'empare d'eux. Pierre est enfermé dans un collège où l'on s'évertue à lui emplir le crâne du résumé de toutes les connaissances humaines ; plus tard, il entre dans les écoles spéciales, choisit une carrière, devient un homme. [...] Marie, au contraire, a passé tout ce temps cloîtrée dans l'appartement de sa mère ; on lui a enseigné tout ce qu'une jeune fille bien élevée doit savoir : la littérature et l'histoire, la géographie, l'arithmétique, le catéchisme. Et maintenant, j'imagine que, dix à douze ans plus tard, Pierre et Marie se retrouvent en présence. Ils sont devenus étrangers, la rencontre est fatalement pleine de gêne. Ils ont une langue différente, ce ne sont plus des créatures semblables. Ils en restent réduits à la banalité des conversations courantes, se tenant chacun sur la défensive, presque ennemis, se mentant déjà l'un à l'autre.» (Zola, *Comment on se marie*).

... à des vues plus saines

La plus belle qualité de la mixité, c'est de permettre aux enfants d'envisager très tôt que les relations avec l'autre sexe puissent être de nature plus riche et plus variée qu'un pur intérêt sexuel, et de ne pas diviniser ni diaboliser l'autre.

À partir de 1962, l'exode rural ayant dépeuplé les campagnes, on doit fusionner les classes de garçons et de filles pour conserver des effectifs suffisants. La société a évolué, cela ne choque plus. Une évolution considérable est en marche. Au fil des années, les classes mixtes se généralisenten primaire. Elles deviennent en 1969 la règle partout.

Mais aujourd'hui où des livres sont publiés sur le fait que l'homme et la femme «pensent» différemment, où l'on recommence à souligner leurs différences plutôt que leur fondamentale égalité, on voit curieusement des débats remettre sur le tapis la question de la mixité. Il faut protéger les filles de la violence de certains établissements implantés en «zone sensible», disent certains. Mais le problème vaut moins pour le primaire que pour le collège. Il faut tenir compte, disent d'autres, de la culture des populations musulmanes fraîchement arrivées, culture dans laquelle la femme a toujours occupé une position subalterne et cloîtrée inconnue en Europe.

Verrons-nous dans quelques années s'accomplir ce grand bond en arrière de la non-mixité ?...

Le premier jour d'école

Quand le temps des vacances touche à sa fin, l'école ouvre sa porte avec ses odeurs de craie, d'encre et de papier. Le premier jour contribue à construire le sens du passage de la famille à l'école. Lorsqu'il rentre en classe, l'écolier ne sait pas qu'il ne sait rien.

Quid des vêtements ?

La rentrée des classes marque le début de l'année scolaire. Au matin de la rentrée, un certain nombre d'élèves arborent des vêtements neufs. Le soin du corps et les choix des vêtements de l'enfant font partie du rituel. Mais, dans bien des familles de campagnes d'autrefois «pas de chichis, ce n'est pas parce que c'est la rentrée qu'on en fait un jour plus que les autres !». Les familles modestes minimisent sa préparation matérielle. Le manque d'argent est caractéristique des familles paysannes vivant toutes en autarcie. Plus que de les nourrir, il est encore plus difficile de les vêtir dans les campagnes. «Fout l'usa jusqu'au bout», disait la mère.

Carte postale 1910 montrant un départ pour l'école : le trajet s'effectue ici en charrette (Bazoches-les-Gallerandes).

Les enfants des villes se mettent en frais de toilettes pour se rendre en classe. Certains même s'habillent au-dessus de leur condition. Les foyers de bourgeoisie appliquent le dispositif à la lettre, marquant leur attachement au traditionnel premier jour, au souci des conventions et du bon goût. L'effort devient d'autant plus important que le vêtement de l'écolier tend à se spécialiser au XIXème siècle. Le port de la blouse pour les garçons et les filles entraîne une dépense pas toujours appréciée des familles mais présente l'avantage de masquer les différences sociales : tous les enfants sont égaux.

> ! *Avant la Première Guerre mondiale, les petits garçons portaient les cheveux longs. On les coupait à deux ou trois ans ou bien au moment de leur entrée à l'école, vers six ans.*

Premiers pas vers l'autonomie

Autrefois, les parents sont exclus du cérémonial de la rentrée pour que se manifeste le fruit de la bonne éducation, c'est-à-dire un enfant autonome. L'école éduque et prend en charge globalement l'enfant, comme instance nettement distincte, parallèle à l'univers familial.

Après 1950, les parents sont invités à s'associer au redoutable premier jour lors de l'entrée à la maternelle et au cours préparatoire.

Le trajet de l'école

L'école commence avec le chemin qui conduit à la porte. Des petits groupes d'âges divers déboulent dans la cour, se tenant la main ou se chamaillant. Ce trajet se fait à pied ou quelquefois en charrette lorsque le temps était mauvais : «Les enfants arrivent par groupes, deux ou trois à la fois. Ils viennent, lents et lourds, le visage morose, comme des gros bébés mal articulés.» (Jules Jolly). Les cars de ramassage scolaire n'apparaissent qu'après la Seconde Guerre mondiale et, dans les campagnes, les enfants des hameaux ont parfois un long trajet à accomplir avant de gagner le bourg où se trouve toujours l'école. Certains ont parcouru trois ou quatre kilomètres pour rejoindre l'école.

Premières impressions

La première sonnerie

Le premier jour est un événement porteur d'espoir mais aussi de beaucoup d'angoisses. L'écolier est sensible aux émotions simples. Son âme vibre aux premiers sons de la rentrée : «L'instituteur est déjà là. Il tire une grosse montre de son gousset et quelques instants plus tard un coup de sifflet strident retentit et tout le monde se fige. Un deuxième coup de sifflet, plus impératif encore, et les rangs se forment, face à la porte de la classe.» (Jules Jolly). Dans le vacarme des galoches ferrées sur le parquet, les écoliers en rang gagnent leur place. Ils se tiennent droit attendant le signal pour s'asseoir et démarrer la première classe.

Le premier lundi

«C'est lundi, jour de rentrée ; je me lève et me prépare pour la classe, puis je pars, sac au dos et un paquet de livres à la main. Arivé (*sic*) dans la cour de l'école, je m'amuse avec mes camarades et je fais connaissance avec de nouveaux élèves, puis le maître siffle et nous entrons dans la classe. Toute la matinée,

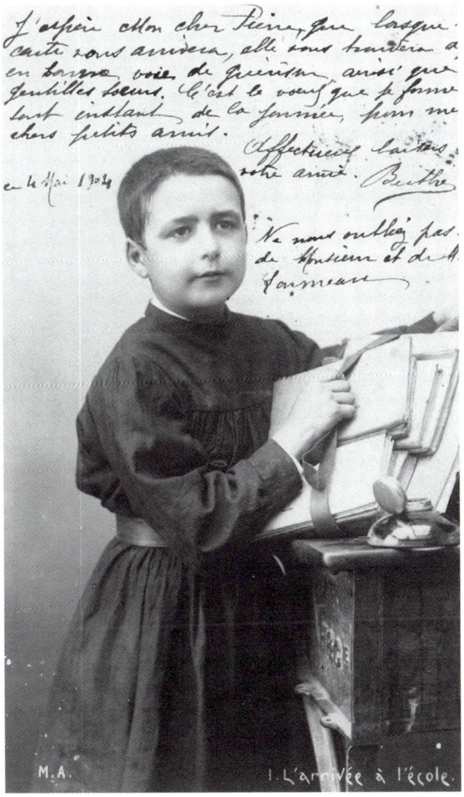

Dans les années 1900, l'entrée à l'école est un évènement si important dans la vie de l'enfant que les cartes postales s'en font l'écho : on en envoie à cette occasion au nouvel écolier.

nous n'avons fait que nous préparer et distribuer les cahiers. Au soir, le maître à expliqué (*sic*) une leçon d'arithmétique, et nous a donné deux problèmes pour le lendemain.» Extrait d'une rédaction à l'école de Chevreux, 1935.

Le premier copain

L'école est le témoin des amitiés enfantines nouées sur les bancs de l'école. La classe est un lieu de socialisation, hors de la famille et du milieu de vie habituel. Riche en échanges, elle participe à l'épanouissement de l'élève. S'il est question d'y bien travailler, il s'agit aussi de vivre heureux avec ses copains.

Amitié ou solidarité ?

Le modèle de l'amitié à l'école met l'accent sur la convivialité et la solidarité. En effet, l'école identifie l'élève davantage à ses résultats scolaires qu'aux particularités de sa personnalité. Ses préoccupations sont centrées sur l'éducation. L'amitié contractée à l'école n'est pas toujours tenace, l'enfance étant l'âge des engagements fugaces et nomades. L'aspect sentimental est bien souvent occulté. L'exercice de la véritable amitié demeure propre à la maturité.

Des amitiés plus ou moins durables

Toutefois, la vie à la campagne permet de tisser des liens solides et durables. La longévité et la stabilité de la scolarité dans une classe unique le permettent. L'école rurale bénéfice d'un environnement relationnel favorable. Les familles restant sur place, parfois de génération en génération, constituent un ancrage affectif favorable pour ne pas perdre de vue son premier copain. Filles et garçons conservent généralement des liens très forts avec leur premier camarade qui sera choisi comme témoin de leur mariage.

A l'inverse, les écoliers des villes sont loin d'être sédentaires. Les cités se caractérisent par la fluidité des réseaux d'affinité, les aléas des rencontres dans des sociétés massifiées.

Les associations d'anciens élèves procèdent de cette nostalgie de l'enfance. À la trentaine passée, souvent sur l'initiative d'un petit groupe d'amis, les anciens de l'école ou d'une classe d'âge aiment à se retrouver autour d'un banquet convivial pour évoquer les bons moments passés ensemble sur les bancs de la classe et renouer avec des copains perdus de vue.

Les codes de l'amitié

L'amitié ne revêt pas la même signification selon les élèves, les sexes et le niveau de scolarisation. Elle se conjugue souvent au pluriel. La «bande» exprime un sentiment collectif partagé. Les souvenirs sont teintés d'affection, de protection et d'admiration. Avec le premier copain priment le jeu, le rire et les bêtises.

La complicité gaillarde se caractérise par l'échange de tactiques et de services. L'amitié entre copains se défie de l'excès d'intimité. Les images de virilité, de contrôle de soi éloignent les garçons de l'effusion. L'amitié des filles est marquée par davantage de tendresse et de confidences. Chaque sexe a son rôle. Sa place est déterminée jusque dans les moindres détails. Avec la loi des genres, l'école affirme déjà des formes de fraternité masculine ou féminine.

Les amis de guerre

En période de guerre, les écoliers tissent des liens très intenses aux frontières étanches avec des camarades réfugiés. Le patriotisme de la population pendant la Seconde Guerre mondiale conduit des familles à accueillir des enfants juifs menacés de déportation, scolarisés sur place.. Des noms apparaissent ça et là sur les registres des écoles publiques pour assurer leur instruction. «L'école en guerre» conduit des expérimentations amicales hors pair. Unies dans la guerre, ces amitiés sauvent ces enfants des préoccupations et d'une mort possible.

Portrait d'un camarade de la communale

L'amitié à l'école est évoquée succinctement dans les sources. Pour établir une correspondance avec un copain, la maîtrise des rudiments de l'écriture reste en effet indispensable. Néanmoins, dans les textes contemporains, les souvenirs d'amitié circulent car la mémoire de l'enfance est ancrée à vie.

L'extrait de cet écrit intime donne le portrait d'un copain aux traits bien singuliers. Il mêle sans complexe fascination, envie et jalousie. Avec beaucoup de tendresse, Hippolyte met en scène son camarade de la communale. L'auteur ne montre ni la relation individualisée et partagée, ni la complicité entre les deux garçons. La description personnalise la toupie, faisant l'objet d'une admiration comparable à celle du gamin. Lequel des deux suscite le plus de fascination ? A vous de deviner :

«Pour ma part, j'ai connu un camarade de la communale qui n'était fils de rien et presque de personne aux yeux du monde puisqu'il faisait partie des quelques-uns que nous appelions " ceux de l'Assistance ". C'était un garçon d'un immense courage, d'une intelligente dominante, doté d'une volonté de fer qui lui permettait de triompher des événements. Lui, grand amateur du jeu de toupie, les sculptait au couteau, exclusivement dans le talon de sabots usés au dernier degré, laissés à l'abandon, comme s'il avait voulu ennoblir l'objet en l'élevant de vulgaire sabot à clou unique, la toupie. Je me rappelle. Il s'en était confectionné une, en particulier, qu'il avait baptisée " reinette " (...). Sa toupie vivait comme un être de chair (...). Durant la classe, il mettait souvent la main sur sa cuisse pour la sentir près de sa peau. Pour la caresser d'affection (...). Sa toupie, jamais il ne l'utilisait dans la cour de récréation. Mais, à peine avait-il franchi la grille qu'il la sortait de sa poche, en embrassait le bois culotté par l'usage, luisant de fines zébrures.» (Hippolyte Gancel)

La salle de classe

La salle de classe , c'est avant tout le tableau noir sur lequel l'écolier a appris à tracer d'un doigt hésitant les lettres de son prénom, l'estrade, prés du bureau du maître où il a récité d'une voix tremblante ses premiers poèmes... C'est aussi un cadre qui a évolué pour répondre à l'évolution de l'école et de ses missions.

Tables raboteuses et bancs boiteux

Outil au service de la transmission du savoir, le mobilier scolaire varie, dans sa nature et sa disposition, dans la classe et en fonction du mode d'enseignement utilisé. La salle de classe du XIXème siècle possède un mobilier rudimentaire malgré la lutte acharnée des autorités pédagogiques pour obtenir des biens appropriés aux besoins de l'instruction.

L'école de la fin du XIXème siècle possède plusieurs grandes tables munies de bancs sans dossiers. Elles servent à plusieurs générations d'écoliers. L'inconfort y est causé par le manque de dossier. Les tables ne sont jamais en nombre suffisant. Dans certaines écoles, les enfants sont réduits à s'asseoir par terre dans des positions gênantes ou à apporter leurs propres chaises. Les écoliers disposent progressivement de tables-bancs de plus en plus sophistiquées, conçues par des spécialistes en vue de faciliter leur travail et de préserver leur santé. Plusieurs modèles de pupitres font leur apparition au cours des années. Les plus anciens sont sans conteste les bancs à cinq places et d'un confort peu fonctionnel. Les pupitres en bois à deux places sont, soit peints en noir, soit entièrement cirés.

La corvée du cirage est souvent réservée aux élèves les moins méritants ou reléguée en tâche de fin d'année. Au moment de la sortie, les élèves font le grand ménage. Ils grattent les tables au papier de verre et passent la cire délicatement. La salle de classe comporte longtemps des tables réservées aux riches, d'autres pour les indigents ou pour les nouveaux venus.

Le matériel des écoles des filles est souvent plus pauvre, héritant du vieux matériel de la classe des garçons.

! *Une énorme pendule est fixée au mur, bien visible par le maître et les écoliers. Près d'elle, une cloche avertit les élèves du changement d'exercice et de l'heure de la sortie.*

L'intimidant tableau noir...

De bois de sapin ou de chêne, le tableau noir est un outil emblématique de l'instruction. Tout écaillé et disposé sur un simple chevalet, il ne fait pas toujours son effet. Dans certaines écoles rurales, le couvercle d'une grosse marmite est utilisé en guise de tableau. Traditionnellement, il est muni de clous auxquels sont accrochés une foule de petites planchettes modèles et des tableaux arithmétiques nécessaires à l'enseignement.

... et l'impressionnant bureau du maître

Derrière un bureau monumental, le maître occupe une place privilégiée dans la salle de classe. Il trône haut perché sur une estrade à laquelle il faut plusieurs marches pour y accéder. Symbole du pouvoir magistral, le bureau du maître est à sa mesure, volumineux, massif et inexpugnable. Il est flanqué de petites armoires dans lesquelles le maître range les fournitures scolaires.

Les spécialistes se chargent progressivement de le réduire à des dimensions plus raisonnables afin d'établir une proximité entre le maître et ses élèves.

Sur les murs

Les murs des salles de classe ont toujours été densément couverts, fonctionnant comme des outils didactiques : «Aux murs sont accrochées des cartes, neufs tableaux de sciences, une collection de tableaux d'histoire de France, des tableaux de lecture et des sentences morales... sans oublier la déclaration des Droits de l'homme.»

L'imagerie scolaire ancre l'esprit des enfants dans le respect du pouvoir établi. Emblèmes religieux, symboles à caractère politique ou civique ornent les murs. La loi du 28 mars 1882 donne une nouvelle allure aux murs de la classe en supprimant les symboles religieux des classes. La laïcisation des murs s'opère en douceur.

Les murs du savoir se plaisent à exalter les faits glorieux pour la défense, l'action des grands hommes. Elles suscitent la curiosité des enfants avec des images instructives sur leur santé (voir *Les affiches éducatives*).

De classe en classe...

Ci-dessus : une classe encore tenue par une religieuse en 1902. Ci-dessous, une classe des années 1950, avec un grand tableau noir et des affiches pédagogiques sur les murs comme sur la porte.

LE CARTABLE DE L'ÉCOLIER

Le cartable représente l'un des accessoires de la panoplie de l'écolier. De plus en plus attrayant et fonctionnel, l'objet opère pour l'élève le lien entre la famille et l'école. Du matériel s'entasse petit à petit dans le cartable de chaque écolier lui facilitant ainsi son travail au quotidien.

Gibecière ou panier ?

À l'origine simple carton destiné à protéger les livres, le cartable revêt les formes les plus diverses, au gré des besoins de l'écolier, des conditions sociales et des modes. De cuir ou de toile, la gibecière est souvent de fabrication artisanale. Elle protège des intempéries les livres et les cahiers. Elle ne pèse pas bien lourd début XIXème siècle.

Cartable de carton bouilli de 1938, qu'on entretient avec du cirage. À l'intérieur : des ardoises pour les petits, des cahiers pour les plus grands.

Une musette, cousue main, porte tout et permet de transporter le livre, le cahier, l'ardoise, le crayon d'ardoise lorsque l'enfant en possède. En bandoulière, elle laisse les mains libres. Elle dissimule aussi de véritables trésors de guerre : balles élastiques, sac de billes, marrons d'Inde, lance-pierres.

Dans un sac en carton bouilli noir avec des liserés marron, le porte-plume avec la plume major côtoie le manger et le boire. Ce qui occasionne bon nombre de déboires ! De 1940 à 1946, Robert Philippaud, écolier à Béthines, entre Vienne et Gartempe, témoigne ainsi pour sa génération : «Nous portions notre repas de midi dans un porte-dîner, dans notre sac, avec les livres, l'ardoise, les cahiers et le plumier renfermant les crayons, le porte-plume, le porte-crayon et les crayons d'ardoise ainsi que la gomme ; lorsqu'on courait avec le sac sur le dos, on entendait à chaque pas comme une espèce de grelot, c'étaient les crayons dans le plumier ...».

> **!** *En montagne, il existe des modèles particuliers de cartables. Ainsi, une mallette de bois confectionnée à la ferme peut servir de luge l'hiver pour se rendre à l'école dans la vallée !*

Le portrait serait incomplet sans le panier en osier des filles, appelé parfois «boution». La maman y glisse le casse croûte pour le trajet et souvent le déjeuner pour la cantine. Accessoire utilitaire, il devient aussitôt un support publicitaire idéal pour les grandes marques de chocolat et de biscuits, tels les Petit Lu. Nul n'aurait songé à confier un panier aux garçons, il n'aurait pas résisté à leur intrépidité et à leur brusquerie. Souvent maltraité par l'écolier, autant par les négligences de leur propriétaire que par les intempéries, le cartable d'école est le camarade des premières années.

Cartable en cuir, en tissu ou en carton ?

En 1807, le cartable est en tissu renforcé par du carton ou en cuir avec des courroies pour le fixer au dos. En tissu, il est parfois confectionné à la maison, brodé au point de croix par la mère de l'écolier. En carton, il est le préféré de l'Entre-Deux-Guerres. Mais le cartable ne compte guère aux yeux de l'écolier, l'objet restant sensiblement le même rafistolé ou rapiécé. Seuls les élèves sérieux et délicats respectent leur valeureux cartable.

Le cartable en cuir, plus commode avec des poches doubles se rabattant l'une sur l'autre comme un portefeuille, sert bien souvent à plusieurs enfants de la famille. Le cuir s'assouplit à l'usage. Les écoliers des quartiers populaires ne sont pas mieux lotis que ceux des campagnes. La plupart des familles rurales et des familles citadines, en dépit de réels efforts pour équiper leurs enfants, vivent dans la pauvreté et l'économie. Misant sur la résistance, la commodité et la longévité, le cartable doit avant tout faire son temps. Les petits bourgeois ou nantis arborent souvent un cartable neuf assorti à leurs vêtements ou chapeaux fantaisie, acheté chez un maroquinier de renom. Dans les années 1940, il est souvent en carton bouilli résistant.

... et autres matériels

La difficile prise en charge des fournitures

Au fil des années, les sacs et les paniers se remplissent d'ardoises, de cahiers et d'objets inhabituels. Mais les fournitures scolaires restent à la charge des parents et ni les parents ni les élèves ne se montrent généreux à l'égard de l'école. Les communes peuvent accorder de menus budgets aux plus indigents. Pour pallier les carences municipales et parentales, de pieuses fondations prennent en charge les fournitures scolaires. Il est fréquent que les instituteurs, par commodité, en mettent à la disposition de leurs élèves. Quand le matériel de l'écolier est restreint, le rendement pédagogique s'en trouve freiné.

L'ardoise

Jusqu'au milieu du XIXème siècle, l'ardoise, à défaut de papier, reste l'unique instrument de travail de l'écolier. D'abord naturelles puis factices, les ardoises sont souvent insérées dans la table de l'écolier ou serties d'un cadre de bois pour accroître leur solidité et faciliter leur transport. L'élève efface son ardoise en crachant ou en essuyant avec son coude s'il ne possède pas de chiffon ou d'éponge. Le Second Empire introduit dans les écoles le chiffon, plus hygiénique et plus efficace.

Les cahiers

Les livres et les cahiers sont peu nombreux. Les écoliers sont contraints à user jusqu'à la corde de vieux manuels dénichés dans les greniers familiaux. A la fin du XIXème siècle, la situation s'améliore. Les cahiers deviennent l'indispensable outil de l'enseignement. Cahiers de verbes, de dictées, de style ou d'écriture ; cahiers de brouillon et cahiers propres ou «au net» s'entassent dans les cartables. Il existe autant de cahiers que d'exercices scolaires.

Autrefois épais et taillés par les élèves eux-mêmes, d'une longévité de six mois et plus, les cahiers subissent, dans les années 1950, une transformation radicale. Leur volume est ramené de douze à quinze feuillets. Ils sont de plus en plus fréquemment achetés. Le produit est plus coûteux et de meilleure qualité. Les couvertures des cahiers sont utilitaires et mobilisées au service de la morale et de l'enseignement. Cartonnées, elles sont illustrées de portraits de grands hommes ou de

paysages célèbres, de fables ou de tableaux historiques. Dans certaines écoles, les couvertures sont personnalisées avec le nom de l'enseignant et celui de l'élève. Le protège-cahier vient à point pour protéger le savoir du maître et le labeur de l'élève. Petit à petit, l'écolier, placé au cœur des stratégies d'influences, devient le vecteur populaire des objets publicitaires. Se montrant de plus en plus attrayants, les protège-cahiers, comme les buvards, font ainsi la réclame de la moutarde ou des cafés. Outre une fonction protectrice, ils vantent les qualités des produits utiles à toute ménagère avisée. Ils reproduisent parfois la table de multiplication dont la connaissance est exigée des élèves. Auxiliaire précieux et aide-mémoire, l'écolier oublieux y trouve les bases du système métrique ou les grandes dates de France. Dans les années 1960, des éléments du code de la route ou de la sécurité routière y sont imprimés.

Matériel en temps de guerre

En 1942, un instituteur qui arrive à l'École des Mourges raconte : «Je dois ajouter qu'en fait de matériel scolaire, il n'y avait qu'un méchant tableau tout écaillé. Pas le moindre bout de craie, pas une goutte d'encre, pas un cahier, pas un porte-plume, pas un crayon, pas une ardoise, pas un livre ! Absolument rien !...J'écrivis tout de suite à ma fiancée, qui avait été nommée, elle, à Rochefort du Gard, afin qu'elle m'envoie un tube d'encre, quelques ardoises, des cahiers et quelques livres...»

Porte-plumes et encriers

Classique s'il en est cette image des enfants d'hier, courbés sur de vieux pupitres en bois noircis par la fumée du poêle, s'appliquant à rédiger une page d'écriture à l'encre violette en tirant la langue ou pinçant les lèvres, trempant régulièrement d'un geste naturel leur plume sergent-major dans les petits encriers de porcelaine blanche.

De la plume d'oie...

La plume, outil de l'écrivain, permet à l'écolier d'écrire des lignes interminables chatouillant la feuille de papier d'une encre violette. Celui-ci met tous ses soins à cette tâche délicate. Lettres en cavale, beaux pleins et déliés sont les attributs de la calligraphie. Une graphie parfaite doit se mériter...

La plume d'oie est d'une utilisation délicate. Elle exige une préparation longue et minutieuse car il faut d'abord la débarrasser de «l'humeur grasse» qui l'enduit. Toutes les plumes sont ensuite taillées par le maître selon un savoir-faire respecté scrupuleusement. Après dégraissage à la cendre chaude, les plumes d'oie, les plumes de canard ou bien les plumes de corbeau sont taillées puis fendues par le bec, ni trop, ni trop peu. Il fallait souvent recommencer ce travail délicat pour pouvoir fournir des effets de plume mœlleux : «Les vieilles plumes sont souvent les meilleures, il les faut choisir nettes, les plus rondes, et les plus seiches (*sic*) que l'on puisse trouver, avec ces qualités, elles se taillent nettement»

La plume de métal a bien du mal à conquérir les maîtres d'école qui restent encore longtemps attachés à la traditionnelle plume d'oie, bien que cette nouveauté puisse pourtant leur faciliter leur exercice. Jusqu'au milieu du XIXème siècle, l'école primaire vit donc sous le signe de la plume d'oie.

«Au clair de la lune, mon ami Pierrot, prête moi ta plume pour écrire un mot...» La plume reste longtemps le seul outil de l'écriture.

... à la plume en métal

Quatre ou cinq générations de petits Français ont appris à écrire avec la plume Sergent-Major. La plume métallique est une invention des Anglais de 1776. Elle commence à se répandre dans la première moitié du XIXème siècle. La première fabrique industrielle de plumes est ouverte à Boulogne-sur-Mer en 1846 par la Maison Blanzy et Poure. Son introduction dans les écoles de campagne ne date que du milieu du siècle. Ernest Lavisse fournit un témoignage remarquable sur le sujet : «Nous ne nous servions pas de plumes de fer, qui nous semblaient des objets de grand luxe, et, si nous en trouvions une devant la mairie, où le greffier jetait les siennes après les avoir usées, nous la serrions précieusement dans la poche de notre gilet et elle y faisait des trous». En 1851, la France consomme déjà environ 1 200 000 plumes en métal. Mais, il existe de nombreux autres modèles rangés dans un plumier ou dans la trousse. En 1842, un Angoumoisin, Jean-Benoît Mallat (1805-1877) invente la plume d'or et la fait breveter. En 1850, il s'attache aux plumes d'acier qui font fureur en Angleterre depuis dix ans. Il constate qu'elles ne conservent pas bien l'encre, en raison de leur forme lisse, dépourvue de nervures ou de fuselages. Mallat fait breveter, de 1850 à 1853, les célèbres plumes, faisant la renommée de la firme française. Il crée aussi les plumes à réservoir, puis, en 1864, le premier «porte-plume syphoide» à remplissage automatique. Le porte-plume le plus répandu dans la panoplie du parfait écolier est souvent en bois car peu fantaisiste. Il devient comme la trousse beaucoup plus tard le fourre-tout intime.

Les encriers, l'encre et les horribles pâtés

Encriers comme-ci, comme-ça

A l'origine, les «petits écrivains en herbe» disposent d'encriers portatifs. En cornets de plomb ou de corne, munis d'un couvercle vissé, il existe un modèle spécial écolier au XIXème siècle, composé d'un tube de verre et d'un cube de liège. Afin d'éviter les inconvenances de ces encriers «voyageurs», pas faciles à fermer et renversables, un inspecteur lorrain suggère de les fixer aux tables d'écoliers. Cette idée simple se généralise progressivement. Les encriers fixes ne sont tout d'abord que de petits gobelets de plomb encastrés dans les tables. L'écolier peut ainsi retremper régulièrement la plume dans l'encrier placé sur le pupitre, sans oublier de souvent l'essuyer sur le rebord.

Les encriers se multiplient à l'envi : en porcelaine, en faïence, en verre, en bakélite, en terre cuite ou même pour les plus anciens en étain. " En classe, un encrier qu'on peut tirer de sa poche était une supériorité. Mes camarades ne pouvaient en faire autant. Ils n'avaient eux, pour écritoires que ces cubes de lièges, solides sur leur base et incassables, que dans toutes les écoles de France on donne aux jeunes écrivains, parce qu'elles résistent à toutes les maladresses et bravent toutes les chutes." (Gaston Bouchard)

Un encrier pour deux élèves est jugé suffisant dans les débuts. Mais, finalement, comme celui qui en dispose sur sa gauche ne peut l'atteindre facilement, un encrier est attribué à chaque élève.

Des innovations en tout genre sont imaginées à la satisfaction des maîtres et au grand dam des enfants. Des encriers permettent de régler à volonté le niveau de l'encre. D'autres possèdent un disque, qui poussé par un ressort, s'applique contre l'ouverture et s'abaisse sous la pression de la plume. D'autres encore peuvent, dit-on, fournir de l'encre pendant plus de cent ans !

Histoire d'encre...

Le maître, circulant dans les rangs avec une bouteille à entonnoir à la main, les remplit régulièrement d'encre violette. L'encre employée pour écrire ne doit être ni trop épaisse, ni trop liquide au risque de produire d'horribles pâtés. Au début du XIXème siècle, le maître prépare lui-même l'encre de sa classe. Sa fabrication est une alchimie savante et précieuse. Mille et une recettes sont

établies pour obtenir un liquide noir superbe, à séchage rapide. «Pour faire l'encre noire ordinaire, prenez 4 parties en poids de noix de galle, une de bois de campêche, deux de sulfate de fer, deux de gomme arabique. Broyer le tout dans un mortier et jetez dans 64 à 70 parties d'eau ; faites bouillir et tirez au clair. Beaucoup d'encres contiennent aussi du sulfate de cuivre.» (*Choix gradué de 50 sortes d'écriture*, Hachette). Conscients que l'encre noire corrode le bec des plumes de fer et s'altère très rapidement, les experts recherchent des encres plus perfectionnées de couleur bleue ou violette réputées pour leur qualité.

... et problème de pâtés

Parfois, la plume ne vaut rien. Ses becs, trop écartés, font d'horribles pâtés. Le papier poreux absorbe l'encre avec une rapidité déconcertante, pouvant traverser plusieurs pages d'un cahier cousu main. Dans ce cas, il faut faire preuve de patience et attendre qu'elle sèche. Pour accélérer le processus, l'écolier agite la feuille ou l'approche du feu. Il est possible d'utiliser de la poudre, de la sciure pour les plus pauvres, de la poudre d'or pour les plus riches. Celle-ci procurait à l'encre un bel éclat et des reflets. Les poudres disparaissent avant la guerre de 1870 avec l'apparition du brouillard, nouveau papier qui provoquait la brume de l'écriture, bientôt remplacé par les buvards.

Encriers malins!

Parmi les techniques ingénieuses, des encriers d'une même table s'ouvrent et se ferment d'un coup d'un seul, grâce à une bande de tôle coulissante percée de trous pour le passage des plumes. Les encriers ont parfois une profondeur très faible afin que l'élève ne puisse y tremper complètement sa plume aboutissant à la production d'horribles pâtés

La récréation

Moment attendu de tous les écoliers : la récréation ! L'occasion de courir, sauter, crier, manier un morceau de bois, organiser des petits jeux... et s'évader des apprentissages. C'est parfois aussi le froid, l'attente, les rivalités et un monde où fusent beignes, tartes, ramponneaux, torgnoles ou raclées...

Une pratique préconisée par le système

Les écoliers profitent d'une récréation au milieu de chaque demi-journée. Si dès le haut Moyen Âge les moments de détente sont préconisés, les pédagogues du XIXème siècle s'avisent à nouveau de la nécessité d'insérer dans l'organisation scolaire une double pause destinée à procurer aux élèves quelques instants de détente.

En 1866, Victor Duruy prescrit de couper chaque demi-journée de classe par un repos de dix minutes à un quart d'heure. L'objectif est de lutter contre «l'immobilité du corps et la fatigue de l'esprit imposée pendant trois heures consécutives à des enfants de sept à treize ans».

Jules Ferry prend à son compte cette recommandation, en inscrivant dans la législation scolaire le vocable de «récréation». Un auteur du XIXème siècle assure que les enfants, doivent s'amuser «d'une manière décente et gaie» afin d'être calmes et concentrés en classe. «Il va s'en dire qu'à ce train j'aime de plus en plus l'école. Tout m'y est source de plaisir, parce que de découverte. Même les récréations m'instruisent merveilleusement. Mon espièglerie et ma curiosité y trouvent leur compte», confie Hippolyte Gange.

«J'ai dix ans, ça fait bientôt vingt ans que j'ai dix ans... Si tu m'crois pas, gare ta gueule à la récré !» La bagarre fait bien toujours partie de la récréation...

Deux cours séparées

Toutes les écoles ne disposent pas encore d'une cour de récréation pour les ébats des écoliers au XIXème siècle. Lorsqu'elle existe, elle est sablée et munie d'une fontaine et d'une pompe. Les écoliers peuvent s'y désaltérer après s'être intensément dépensés en récréation.

Les plans et les dimensions des cours de récréation sont ensuite codifiés. Dans les écoles recevant les enfants des deux sexes, les garçons et les filles ne peuvent jamais être réunis pour les mêmes exercices. Lieu accessible à la surveillance du maître, la cour est partagée en deux au moyen d'une épaisse clôture ou d'une grande muraille imperméable au regard ; les filles d'un côté et garçons de l'autre : pas question de développer chez eux une curiosité coupable ! L'espace le plus vaste est réservé aux garçons afin d'exercer leur adresse et leur force. Des bagarres y ont parfois lieu, même si elles sont théoriquement interdites. Le maître, même absent de la classe, doit être en mesure d'observer leurs comportements. Tout maître, digne de ce nom, interdit par ailleurs rigoureusement aux garçons de se mêler aux jeux des filles.

Souvenirs, souvenirs...

«Je garde une tendresse particulière pour ma cour d'école. Elle avait un figuier, près de la pompe ; une tonnelle de jasmin et de chèvrefeuille abritait les bancs où nous déjeunions l'été en écoutant quelques chansons chantées par les grandes», se souvient Mme Proust de Charente-Maritime.

Une petite fille tourangelle de dix ans, Régina Millet, décrit la sienne dans une rédaction en 1922 : «Dans notre école [Marcilly-sur-Vienne], il a y deux cours, l'une des garçons, l'autre des filles. La nôtre est située au sud. Elle est rectangulaire. Elle n'a pas de grandes dimensions et elle est trop étroite. Dans un coin, on aperçoit le préau muni de crochets pour pouvoir suspendre les paniers, les bonnets et les sacs. Il n'y a pas d'arbres pour donner de l'ombre mais il y a un banc. Près de la porte sont deux parterres. La récréation commence. On organise des jeux. Petites et grandes courent. Quelquefois, on se dispute, alors les plus sages font ce qu'elles peuvent pour ramener la paix. Il y en a qui ne veulent pas jouer et, l'air triste, elles boudent contre un mur. Mais la fin de la récréation arrive, la maîtresse vient dire de nous mettre en rang. Nous cessons les jeux pour rentrer en classe. Quand nous serons rentrées, les petits oiseaux viendront voltiger dans la cour.»

Préau, jardin et facilités

Le préau

Le préau ne constitue pas à l'origine un espace scolaire. Le mot s'applique autant aux cours des couvents que des hôpitaux. Dans les années 1880, il possède de multiples fonctionnalités. Il s'utilise à la fois comme vestibule, vestiaire, salle de toilette, cour de récréation, voire même comme salle de classe. Le préau sert tour à tour de hhangar aux élèves pour la récréation par mauvais temps et de lieu de restauration. Sous le préau, les écoliers déposent casquettes et manteaux, les accrochant à des chevilles de bois. De rustiques bancs sont disposés le long du mur. Sa fonction se diversifie peu à peu. Des paniers à deux couvercles contenant les repas des écoliers y sont entreposés. Toutes les salles annexées aux écoles d'autrefois trouvent donc leur genèse dans le préau.

Le jardin scolaire

L'école se veut séduisante et agréable. À travers le jardin, lorsqu'il y en a un, les cours se font en plein air dans un cadre naturel. Le jardin remplit des fonctions multiples. Il participe à la formation morale des élèves en leur donnant le goût des distractions saines. Le jardin scolaire diffuse encore des modèles aux agriculteurs du village comme aux élèves en servant de terrain d'application. Ils apprennent à fumer la terre, à tailler ou à greffer les arbres. L'enseignement devient ainsi pragmatique. Dans les campagnes, le jardin scolaire contribue à fixer les ruraux en leur donnant le goût de la terre et en propageant les bonnes méthodes de culture.

Les commodités de l'école

Un tonneau muni de deux anses ou un simple baquet enterré dans une fosse cimentée et vidée périodiquement se substituent souvent aux lieux d'aisance. Le tout à moindre prix. Dans l'intérêt des bonnes mœurs, les commodités sont placées sous le préau, dans un recoin du jardin ou entre deux bâtiments, hors de vue des passants susceptibles de profiter du réjouissant spectacle.

Pour des raisons d'hygiène et de moralité, l'école d'autrefois se soucie assez vite de la nature et de l'emplacement de ces lieux. Ils doivent être fermés, en état de propreté exemplaire dans la mesure où l'école est responsable de «l'apprentissage de la défécation» et des règles d'hygiène.

Ainsi, l'amélioration des lieux d'aisance est parfois effectuée avant 1870. Mais la plupart du temps, cela ne se fait qu'au moment de la rénovation ou la construction d'une école neuve par la Troisième République.

Les jeux côté garçons

«Jeux et exercices de force et d'adresse sont pour le jeune âge des conditions absolues de santé morale et de vigueur physique», affirme une circulaire de 1890. Liés aux saisons, à la disposition de la cour, à l'âge et au sexe des écoliers, les jeux scolaires ont leurs rites et traditions et leurs spécificités locales.

Les billes n° 1

Pour les garçons, les meilleurs jeux sont des jeux ouverts qui font la part belle tant aux gestes et à la ruse tactique, qu'aux attentes et aux surprises.

Les billes sont, par excellence, le jeu des garçons à l'école primaire, dans la cour d'école pendant les récréations. Elles sortent des besaces. Chaque écolier possède un sac à billes, rangé dans une des poches de sa culotte, dans un angle de son sac ou au fond de sa musette. Jadis, ces billes étaient le plus souvent en terre cuite pour les moins fortunés ; la belle agathe, en verre transparent et avec de curieuses formes colorées, étant l'apanage des plus riches.

La véritable se fabrique avec des doigts souples à partir d'argile. En général, les billes sont achetées chez l'épicier du coin. Neuves, elles brillent, honorant ainsi son propriétaire. La bonne bille est usée et porte les stigmates des compétitions : «Ce qui me tente prématurément, ce sont les jeux de billes dont me parle mon frère. Il possède un long sac spécial pour contenir son trésor de terre cuite vernissée. Il me conte ses gains, ses pertes, ses prudences. Il m'a promis de m'initier dans la cour. Je vais apprendre à me mesurer à lui. Plus tard, je me frotterai aux autres».

! *Confisquer une toupie, un sac de billes ou un jeu d'osselets est perçu comme un crime par les gosses. Seul le maître en a le droit, et uniquement quand le propriétaire s'est montré mauvais joueur ou indigne à son égard.*

Les tactiques

Les règles du jeu de bille n'ont guère varié. Les deux jeux les plus courants étant, l'un d'amener sa bille dans un trou en tirant le mois de coups possibles tout en chassant la bille de l'adversaire, l'autre étant de placer des billes dans un triangle et d'en chasser le plus grand nombre possible en les tirant avec sa propre bille. Les techniques se modifient à l'infini. Les circuits sont plus ou moins mouvementés sur le sol avec des virages, des montées, des descentes et des obstacles. Selon l'adresse du tireur ou ses tactiques, la bille va droit au but ou s'immobilise. Au moyen du pouce-propulseur, les plus habiles possèdent l'art de récupérer le plus de billes dans un pot ou dans leur besace. Tout se passe sous les vivats de curieux agglutinés autour des champions. Il ne s'agit pas de tricher d'un pouce. Selon les conventions ou les régions, les gagnants empochent les billes des perdants ou bien chacun récupère son bien en fin de jeu. Les enfants chipotent et se battent pour une bille. Les discussions sont animées. Les règles du jeu sont souvent détournées. Et à la récréation finie, ils les comptent comme les pièces d'un trésor. Les plus malheureux sont contraints de renouveler leur magot.

Des jeux par centaines

D'autres jeux attirent l'attention des garnements. Madeleine Doyon, dans *Jeux, Jouets et Divertissements de la Beauce,* décrit plus de deux cents jeux pratiqués dans la cour de récréation : les quatre coins, le saute-mouton, la tournette, la tague malade, la course à cloche pieds, la cachette, l'avion de papier, la main gauche, etc.

Le jeu des osselets, encore en vogue de nos jours, est autrefois beaucoup plus répandu dans les campagnes que dans les villes parce que les osselets proviennent du pied du mouton.

La toupie, jeu d'adresse, qui consiste à chasser la toupie de son adversaire du territoire de jeu a, par contre disparu des cours de récréation. Pour tout écolier, deux toupies véritables sont à l'honneur : les toupies à main et les toupies à fouet. Elles sont fabriquées à la main de A à Z, pointe comprise. La toupie de fabrique toute lisse, achetée en boutique, cerclée de deux filets de couleur vive, tournant sur une usinée en atelier n'a pas le vent en poupe auprès des écoliers. Elle doit être authentique et «bichonnée».

De siècle en siècle, les jeux sont les mêmes : sur cette gravure du XVIIIème siècle, des enfants jouent à saute-mouton (alors appelé coupe-tête).

Colin-maillard est, avec billes et toupies, l'un des jeux favoris de la cour de récréation, pour les garçons comme pour les filles.

Les jeux côté filles

Dans la cour des filles, la marelle a la part belle. La corde à sauter est aussi de toutes les récréations. La toupie est utilisée aussi bien par les filles que par les garçons. Bien sûr, jeux d'imagination, bavardages et confidences font partie intégrante des jeux et de la construction de toutes les camaraderies.

La marelle

Les filles préfèrent les marelles, les jeux à corde, de palais, les cerceaux ou simplement les gentils bavardages. Très prisée par les filles, la marelle (marelle à six cases ou marelles à huit cases) est un jeu d'adresse par l'envoi du caillou plat ou d'un morceau de tuile, de vitesse par l'exécution des sauts et des voltiges.

Le jeu consiste à pousser à cloche pied l'instrument dans des cases numérotées d'une figure tracée à la craie sur le sol. Ni le palet ni le pied ne doivent s'arrêter sur les traits. Le nombre de joueurs n'est pas limité. Quatre à cinq suffisent pour que tous jouent assez souvent. Tout écolier qui manque laisse le tour à un autre. On saute par-dessus l'Enfer. Arrivé au Paradis, on a fini la partie. Les marelles ne sont nullement délaissées par les garçons dans les cours d'école. Naturellement, les garçons ont la prétention de surpasser les filles dans ce domaine comme dans les autres. Mais les parties mixtes du jeudi ou des vacances ramènent souvent les mâles prétentions à leurs réalités.

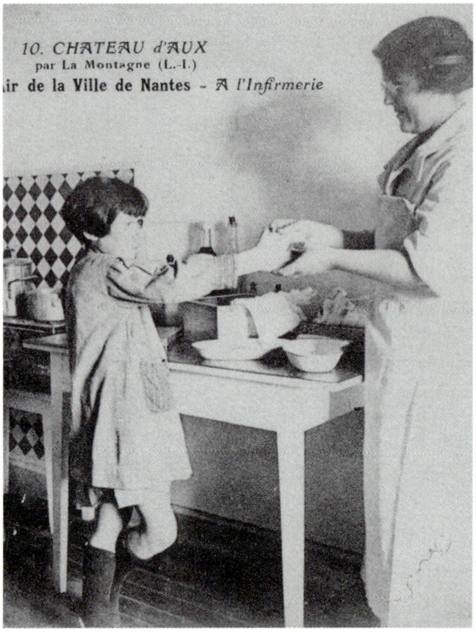

Une chute dans la cour de récréation ? Il n'y a que les écoles les plus grandes, en ville, qui ont une infirmerie. S'il n'y en a pas, c'est la maîtresse qui soigne.

Avec moults modèles, c'est l'imaginaire ludique de l'enfant qui se développe au ras du sol ! D'une structure particulièrement facile, la marelle a donné lieu à une multitude de variantes. Les filles tracent sur le sol des figures géométriques plus ou moins compliquées (carré, rectangle, cercle...) selon la fantaisie et la mode du moment. Sous forme de spirale, la marelle s'enroule sur elle-même vers l'intérieur, tel un escargot avec sa coquille composée de plusieurs cases. En fonction du modèle, la case porte soit un numéro, soit un lieu imaginaire ou soit un jour de la semaine. Les règles du jeu changent peu selon les figures. Les écolières doivent faire preuve de beaucoup de prestance en sautant de cases en cases. Les mouvements sont aériens et gracieux ou au contraire lourds et alanguis. Telles des danseuses, jambes écartées, elles changent régulièrement de posture. Elles tournent en sautant et se baissent pour attraper le palet afin de le faire circuler.

> **!** *On joue aussi au facteur qui passe, tournant autour d'une ronde dans le dos des enfants, et qui dépose un mouchoir. S'il a le temps de terminer son tour avant que le destinataire ne comprenne que le mouchoir est dans son dos, il reprend sa place dans le cercle.*

Cerceaux et jeux de mains

Les fillettes comme les garçons jouent au cerceau au début du XXème siècle, une activité qui s'étiole ensuite alors que les jeux de mains restent l'une des activités favorites. Elle nécessite aussi peu de place. Par deux, on tape en rythme dans les mains de la camarade : les deux mains, une par une, en croisant les bras, en haut, en bas... au rythme d'une chansonnette parfois sans signification mais riche de ses rimes. Autre incontournable de la récréation : chat perché, avec ses variantes récentes comme chat glacé...

La corde à sauter

La corde à sauter n'est point délaissée...

Dès l'Antiquité, les cordes à sauter attirent les enfants. Les cordes sont conçues pour supporter une multitude de sauts : cordes lisses, cordes à nœud ou cordes munies de poignées pour les plus fortunées. Un entraînement prolongé permet aux écolières de développer considérablement leurs capacités physiques.

Jeu d'élégance, la corde se pratique en individuel comme en collectif. En individuel, la hauteur et les figures sont de rigueur. Les sauteuses effectuent des acrobaties, des sauts avant et arrière en tout genre. La corde se modulant à souhait, permet de faire des vagues pour donner plus d'effet. En pratique collective, les fillettes se regroupent par affinités pour former des équipes. Prêtes pour la performance ! De part et d'autre de la corde, deux écolières la font tourner au-dessus de la tête d'une fillette puis près du sol à chacun de ses passages.

On chante en sautant

Très imaginatives, les écolières accompagnent les mouvements de la corde par des ritournelles, rendant ainsi le jeu plus attrayant :

Le sabot, toupie qu'on fait tourner au fouet, est utilisé aussi bien par les filles que par les garçons. Cette image, extraite d'un document publicitaire, montrer les deux enfants prêts à jouer avec leur toupie.

«*L'autre jour dans ma chambrette Un, deux, trois,*
(la corde tourne au-dessus de la tête de la fille)
Ma chambrette était là-haut Un, deux, trois
J'y faisais mon petit ménage Un, deux, trois
En jouant du petit piano Un, deux, trois.»

En criant «vinaigre», les filles accélèrent le mouvement au risque de trébucher ou de s'emmêler les pieds dans la corde. Des astuces permettent d'éviter ces désagréments et les ruses des petites chipies désireuses de gagner la partie pour leur camp.

«Un, deux, trois, vallée dans bois !» Et la corde tourne. Avec des difficultés qui vont croissantes : dans certains jeux, on doit sauter d'abord pieds joints puis à cloche-pied puis pieds croisés ; la corde est tournée normalement ou serpente au sol... Bien difficile de se maintenir longtemps !

Comptines et rondes

Rondes sur fond de chansons joyeuses et comptines à n'en plus finir égrennent la journée des écoliers, sous la houlette du maître ou des élèves eux-mêmes. Véritable patrimoine qui se perpétue de génération en génération par voie orale, chacun les accommode à sa façon, y allant de sa petite touche locale.

Une tradition populaire

Les comptines se transmettent dans les cours des écoles et chaque fois que les enfants se retrouvent entre eux. Souvent, elles ouvrent ou inaugurent un jeu. Un cercle d'enfants est formé. L'un d'entre eux doit compter ses camarades, les désignant successivement du doigt, syllabe après syllabe, d'une façon rythmée, jusqu'à la fin de la comptine. A l'instar des chansons populaires, certaines d'entre elles doivent leur attrait à leur mélodie et à leurs mots.

A mi-chemin entre réel et imaginaire

Les comptines sont très anciennes, remontant à l'Antiquité. Depuis le début du siècle, ces formulettes ont pris le nom de comptines. Ce mot est signalé dans le Petit Robert sans que celui-ci puisse en donner la genèse. Les auteurs sont souvent des anonymes. Les textes mettent en scène des personnages fabuleux, des événements bizarres, des situations absurdes, des histoires où se mêlent le réel et le merveilleux. Anciennes formules magiques d'incantations, extraits de chansons ou de fables, sentences déjà connues et amalgamées, mots sauvages retenus pour leurs sonorités sont autant de sources d'inspiration.

Passe, passe, passera,
La dernière la dernière
Passe, passe, passera,
La dernière y restera.
Qu'est-ce qu'elle a donc fait,
La p'tite hirondelle
Elle nous a volé
Trois p'tits sacs de blé.

Par leurs jeux de mots et leurs métaphores alambiquées, les comptines éveillent la curiosité des écoliers, les sensibilisent au charme de textes poétiques, futiles et naïfs ou de vérités anciennes :

" (...) J'ai composé cette histoire simple, simple, simple
Pour mettre en fureur les gens graves, graves, graves
Et amuser les enfants, petits, petits, petits.»

Différents types de comptines

Des thématiques récurrentes associant l'humour, le réel à l'imaginaire enfantin donnent naissance à différents genres :
– les comptines numériques ;
– les comptines à éliminer et injonctions de sorties ;
– les allitérations, jeux phonétiques, mots sauvages ;
– les comptines sur les animaux ;
– les comptines se rapportant aux êtres humains ;
– les comptines sur les objets ;
– les comptines magiques ;
– les comptines politiques ;
– les comptines renfermant des allusions religieuses ou historiques.

À la fin du XIXème siècle, les comptines deviennent la distraction privilégiée des éditeurs et les placent au même rang que la musique ou les chansons. Des livres cartonnés, personnalisés et illustrées de gravures en acier permettent aux comptines de gagner en fantaisie. Les maîtres possèdent un talent de conteur au grand plaisir des enfants. Bras croisés, les écoliers ne le quittent pas du regard. Il lit d'une voix si intensément appliquée qu'aucun ne bouge. La répétition faite par les écoliers se manifeste avec un souffle prophétique extraordinaire. La mémoire étant très sollicitée, beaucoup d'entre nous se souviennent encore des comptines d'autrefois :

«Petit enfant déjà la brune
Autour de la maison s'étend
On doit dormir quand vient la lune
Petit enfant... petit enfant... "

Rondes de toujours...

Un fleuron du patrimoine scolaire

La ronde est la plus ancienne de toutes les formes de danse. Jusqu'au XIXème siècle, elle est la danse la plus populaire. Spontanées ou chorégraphiées, les rondes enfantines font partie intégrante du patrimoine scolaire. Beaucoup sont pourvues d'un accompagnement musical afin d'agrémenter les paroles, permettant ainsi une meilleure mémorisation. La musique est plus ou moins compliquée mais toujours extrêmement rythmée. Chantées et mimées, les rondes mettent en scène plusieurs personnages et se composent de véritables saynètes.

Moultes variantes

La forme la plus simple est celle où les écoliers sont placés côte à côte sur un cercle. Les écoliers se donnent la main ou non, dansant sur place ou se déplaçant ; toujours dans le même sens, avançant ou reculant, vers le centre ou tour à tour.

La ronde peut être à renversement, c'est-à-dire avec un changement de sens pendant le déroulement de la danse. Les cercles peuvent être doubles, triples, mais rarement quadruples. Dans les cercles concentriques, les filles sont souvent à l'intérieur, les garçons à l'extérieur ou inversement. Chaque forme possède sa signification. La ronde se sépare parfois en groupes de danseurs pour créer des lignes face à face, l'une avançant, l'autre reculant en même temps ou de manière simultanée. Rondes à chaînes, à arceaux, ou à passerelles permettent à un groupe d'enfants de passer sous les arcades ainsi formées.

De multiples variations permettent de s'évader du cadre rigide de la classe. Les plus anciennes se perpétuent d'année en année. D'autres sont renouvelées ou inventées. Cet aimable divertissement, bien enchaîné et chorégraphié, sert régulièrement de spectacle de fin d'année. Le maître puise son inspiration dans des recueils spécialisés. A l'aide de son livre intitulé *Chantons, dansons-Rondes et chansons avec accompagnements faciles* d'Ernest Van de Velde, il prépare sa classe tout au long de l'année pour la représentation.

Aujourd'hui, dans les cours d'école des villes, les rondes tendent à disparaître. Mais, elles sont encore pratiquées dans les campagnes reculées.

Les enfants, en petit nombre, éprouvent encore le besoin de se regrouper.

Au nombre des classiques

Au répertoire des rondes enfantines, on peut citer *Derrière chez mon père, Mon beau château, Il était un petit navire, Malbrough s'en va en guerre, Cadet Rousselle a trois maisons.*

La transmission orale et les interférences entre les régions amènent des modifications propres à chacune. Quatre versions de *La marchande d'oranges* ont été recueillies en Bas-Poitou, Angoumois, Aunis et Vendée. Certaines rondes, composées de vieilles chansons de France, jamais oubliées par les anciens, mettent à l'honneur de célèbres localités, comme *Les filles de la Rochelle* ou *Sur le pont d'Avignon* pour notre plus grand plaisir.

Les nouvelles méthodes

Certaines rondes sont fréquemment reprises par les groupes folkloriques régionaux, telles «La ronde des gorets» ou «Le fermier dans son pré», montrant ainsi la continuité de la création de génération en génération.

LA CANTINE

Le mode de vie des écoliers, autant que l'éloignement de leur domicile pèsent sur l'institution scolaire. Aussi la nécessité de construire des cantines s'impose-t-elle peu à peu. Aménagée tardivement et longtemps de façon précaire, la cantine s'installe dans un lieu qui lui est propre et devient un lieu de sociabilité.

Déjeuner sur le pouce

Autrefois, le repas des écoliers n'est pas toujours bien organisé. Le repas de midi est bien souvent avalé sous le préau, sous le porche de l'église, dans une grange, parfois dans la classe près du poêle, si le maître le permet. Ils consomment un repas froid contenu dans une gamelle. Les cantines sont rares dans les communes rurales avant 1945.

Dans son sac, le casse-croûte composé de tartines de pâté, d'un quignon de pain avec un œuf ou un morceau de fromage mou ou de *gressaies* de chocolat, se confond avec livres et cahiers, sans oublier un flacon de vin *ouillé* ou de piquette coupé à l'eau. Jamais d'eau pure, signe de pauvreté inavouable ! Le repas est d'une composition quasi-immuable. Les écoliers mangent vite pour avoir encore le temps de s'amuser, la figure encore barbouillée.

> *Le déjeuner pris en classe, comme ci-dessus en 1906 en Bretagne, est l'un des éléments essentiels d'une véritable culture populaire.*

Tambouilles collectives

En hiver, quelques parents s'arrangent avec des familles du bourg pour que leurs enfants mangent un repas chaud, à l'abri des courants d'air. Une soupe est préparée chaque matin avec des légumes apportés tour à tour par les parents. Toute la matinée, la soupe mijote sur le poêle de l'école, en répondant une bonne odeur. Ainsi, à midi, les enfants des fermes éloignées ont une soupe chaude avant d'attaquer leurs tartines. Il s'agit d'un moyen d'apprendre à manger de tout sans rechigner.

«Les deux pensionnaires, aux meilleures places, sur leurs escabeaux, nous autres assis sur les talons, nous formions demi-cercle autour de grandes marmites, pleines jusqu'à bord et lançant de petits jets de vapeur, avec des bruits de pouf, pouf, pouf. Les plus hardis, quand les regards du maître étaient tournés ailleurs, piquaient de la pointe du couteau une pomme de terre cuite à point et l'adjoignaient à leur morceau de pain ; car il faut dire que si dans mon école on travaillait peu, du moins on y mangeait beaucoup. C'était l'usage courant que de casser quelques noix et de grignoter son croûton en écrivant sa page ou en alignant ses chiffres.»

Commentaires d'inspecteurs

L'école de la République est soucieuse de transformer les écoliers en citoyens robustes, aptes en cas de nécessité, à défendre virilement la patrie. De façon inégale et à des vitesses variables, les communes tentent d'améliorer les conditions d'accueil et de restauration des enfants. Dans le baraquement de deux pièces, l'école de la Mondie, dans la Vienne, ne possède ni eau ni cantine avant-guerre. Dès 1937, l'inspecteur d'académie incite pourtant à la création des cantines et le sous-préfet de Montmorillon sert de relais auprès des communes : «Il n'est pas rare que nos enfants parcourent, par tous les temps, plusieurs kilomètres. Pendant la mauvaise saison, un repas chaud s'impose à midi et une tasse de lait chaud avant le retour du soir. En effet, de précédents conseils de révision m'ont permis de constater l'état physique défectueux de nombreux jeunes de la campagne...»

Une pratique qui se généralise

Améliorer la restauration s'impose !

L'école de la République est soucieuse de transformer les écoliers en citoyens robustes, aptes en cas de nécessité, à défendre virilement la patrie. Elle se préoccupe de fortifier leur santé en leur inculquant une bonne hygiène alimentaire.

La mise en place des cantines

Peu à peu après la guerre, les communes aménagent des cantines, tant les pressions des familles et des institutrices sont prégnantes. Dans une atmosphère conviviale, des repas chauds sont préparés et servis par une cantinière. Souvent originaire du village, elle est employée à cet effet. Le maître et la cantinière veillent à ce que les enfants mangent proprement et à désamorcer les conflits.

Les cantines sont régies par une civilité alimentaire et des exigences de politesse. La conversation s'y veut toujours légère afin de ne pas se distraire du centre essentiel, la nourriture. La distribution de «rab» vient parfois conforter une part ou une place d'honneur.

Développer sociabilité et diététique

Le repas pris à la cantine devient l'expression d'une sociabilité à table cimentant le groupe scolaire. Ce geste si naturel de boire et de manger ensemble permet à l'école de mettre en place des temps d'échanges. L'école cherche aussi à approfondir les modes d'apprentissages culinaires et des manières de table. Les cantines popularisent une cuisine uniformisée et des préoccupations diététiques. Elles diffusent de nouvelles denrées, introduisant ainsi une culture des saveurs à l'école.

Ci-dessus : la cantine d'une école privée de Berck-Plage (Pas-de-Calais) en 1910.
Ci-contre : le réfectoire des fillettes à Pont-de-Ruan (Indre-et-Loire) en 1912.

Les absences

La scolarité des élèves d'autrefois est particulièrement irrégulière. Le temps de la classe est loin d'être délimité et l'absentéisme constitue un véritable fléau. La fréquentation scolaire reste longtemps saisonnière et conjoncturelle. Des élèves n'hésitent par ailleurs pas à déserter l'école et font l'école buissonnière...

Une fréquentation scolaire décousue

À la fin du XIXème siècle, les garçons des familles consacrent quatre mois par an en hiver pour l'école. Dès le printemps, les écoles voient fondre leurs effectifs.

Les garçons sont loués pour garder les troupeaux parce que les travaux agricoles nécessitent une main d'œuvre abondante. Avant 1882, les enfants des familles pauvres gagnent leur vie dès l'âge de 7 ou 8 ans comme bergers. La loi de 1882 institue une commission chargée de surveiller et d'encourager la fréquentation scolaire.

Au milieu du XIXème siècle, le taux de fréquentation scolaire est seulement de 54% pour les garçons et de 48% pour les filles.

Les principaux motifs d'absence

La déplorable indifférence des communes et le manque de motivation des familles en sont les principales causes. L'examen des registres d'appel journalier révèle les motifs des absences. À l'automne et au printemps, les mentions «Va au champ» ou «Garde du bétail» sont fréquentes sur les cahiers de présence. Il est fréquent de voir arriver à l'école des enfants fatigués. Les familles exigent une collaboration aux travaux de la ferme ou de l'atelier. Les filles doivent aider leur mère ou s'occuper des frères et sœurs les plus jeunes. Dans les régions où les prairies font la richesse de la commune, l'école tout entière, le râteau à la main, prépare le fourrage des bestiaux. La faucille remplace alors le râteau pour les récoltes de céréales. Par ailleurs, l'industrie du XIXème siècle prive également de l'école d'une multitude d'enfants. En toute saison, les maladies, les accidents, les épidémies se succèdent. L'hiver de nombreux élèves sont empêchés par les neiges. Il s'agit d'une conséquence de la dispersion de l'habitat, mais aussi du port des sabots ou des galoches ferrées. Dans les années 1930, quelques élèves de milieux peu favorisés sont encore loués à Pâques malgré les doléances des instituteurs.

> **!** *Autrefois, l'école commençait le 1er octobre, après trois mois de vacances, pour permettre aux enfants d'aider leurs parents non seulement pour les moissons mais aussi pour les vendanges.*

Certains parents dénués d'instruction ignorent l'école. Ils ne voient pas ce que leurs enfants peuvent gagner dans l'instruction : le savoir dispensé leur semble décalé par rapport aux besoins de leur vie quotidienne. Cette réticence est d'autant plus vive qu'ils ont besoin pour vivre du travail de leurs enfants. Ceux-ci représentent un capital et une main supplémentaire dont ils ne peuvent se passer. L'école représente donc un manque à gagner. La valeur du travail manuel dépasse celle de l'école. La rétribution scolaire constitue aussi un obstacle de taille à l'instruction. La misère des familles paysannes est souvent la source de l'absentéisme. Leur ignorance ou leur réticence rend donc particulièrement difficile l'application de la loi de 1882 sur l'obligation de scolarisation.

Les maîtres ne sont pas toujours innocents en matière de fréquentation scolaire. Leur assiduité et leur ponctualité laissent parfois à désirer. Les multitudes fonctions du maître nuisent à l'exactitude des écoles et à la conquête des écoliers. Placé sous la surveillance du maire et du curé, il est parfois l'homme à tout faire. Par ses connaissances, l'instituteur joue souvent le rôle d'employé communal, de secrétaire, voire de garde champêtre. Les services rendus hors de la classe sont des plus variés. Par exemple, l'instituteur de Mansle en Charente cumule ses fonctions éducatives avec celles de secrétaire de mairie, de concierge de l'hôtel de ville et de directeur du télégraphe ! Ce qui lui permet d'arrondir ses revenus de 200 à 400 francs en 1875.

Ces pratiques s'estompent lorsque le versement des allocations familiales, apparu entre 1932 et 1939 selon les catégories professionnelles, est lié au respect de la fréquentation scolaire.

... et l'école buissonnière

Les tentations buissonnières

De tout temps, des élèves n'hésitent pas à faire l'école buissonnière, généralement à plusieurs. Les enfants récalcitrants pour aller à l'école partent se cacher dans les buissons. Les incorrigibles jouent et se promènent au lieu d'aller étudier. Ce plaisir clandestin s'avère très vif.

Programmé avec les copains souvent à la belle saison, cette sortie champêtre permet de découvrir le milieu naturel et paysager. Entre les buissons épineux et les ronces, les petits déserteurs partent à la recherche des refuges de passereaux. Les découvrir au hasard de la haie relève d'une chance exceptionnelle. «J'aime les nids habités. Je ne me lasse pas d'observer les becs ouverts découvrant un fond de gorge coloré de jaune et de brun. Je me demande toujours si les membranes vont résister à la brusquerie des affamés. Ces petits me fascinent, me transportent d'allégresse», raconte Hippolyte Gancel. La leçon du maître fait quand même son effet. Il leur a appris que «les oiseaux ne reviennent jamais sur leur nid quand il a été visité».

Les jeux de la liberté

Agissant en catimini, les garçons insouciants se fabriquent des sifflets dans les branches. Tous les moyens sont bons pour profiter de ce temps perdu. Les petits malins confectionnent des «tire-chailles» ou des «tire-pluns» (frondes) pour tirer avec des cailloux sur les oiseaux ou sur les vitres des fenêtres. Ce qui n'est guère apprécié. Ils en profitent pour mettre au point des *subblèts* avec des pousses de châtaigner. Ils construisent des cabanes sauvages, s'inventent des lieux imaginaires et des paysages inconnus. Ils récoltent des hannetons. Les chênes en sont couverts quand vient le temps de mai. Certains conservent dans une boîte à allumettes ou dans un bocal à confiture les spécimens dociles et vigoureux. Ils ne sont pas à court d'idées et dénichent des choses insensées. Que de bonheurs autour de ces simples babioles !

Retour dans le droit chemin

À la fin de la journée vagabonde, ils rentrent tout penauds à la maison, couverts de la tête aux pieds de mousse ou d'herbes de talus, mais le cœur rempli de rêves. Les trésors sont camouflés çà et là au fond des poches. Les parents possédant un flair de fin limier ne sont pas dupes à la vue des culottes toutes déchirées et des genoux tout écorchés. À la porte de la maison, ils attendent, l'œil allumé, les poings fermés calés sur les hanches. Aucune leçon de morale, mais des raclées, des fessées et autres tendresses du genre sans invitation à souper.

Sans aucune honte, les chenapans retournent le lendemain en classe, vantant leurs exploits devant une ruée d'admirateurs. Tant d'audace et d'adresse subjuguent les camarades. Certains élèves sont des spécialistes et récidivent. Ils sont prêts à recommencer l'aventure buissonnière malgré le souvenir des coups. Les orages, même les plus violents, passent...

La chasse aux doryphores

Ceux qui ont été écoliers pendant la Seconde Guerre mondiale se souviennent d'avoir chassé les doryphores dans les champs de pommes de terre... sous la houlette de l'instituteur. Faute d'insecticide et devant l'invasion des coléoptères, les enfants de primaire sont réquisitionnés pour les détruire.

Un insecticide fait main !

Pendant les années de guerre, les doryphores envahissent les champs de pommes de terre et détruisent les pousses. Pas d'insecticide. En zone occupée, les Allemands donnent l'ordre à l'Éducation nationale de contribuer à la lutte contre le parasite : les enfants doivent aller dans les champs les détruire à la main, de la même façon qu'ils s'amusaient à capturer des hannetons à l'automne ! La mission est ordonnée trois ans de suite à toutes les classes d'école primaire : en 1942, 1943 et 1944.

Un ordre qui vient d'en haut

C'est l'inspection académique qui donne l'ordre aux instituteurs de réquisitionner les enfants. Nous donnons à titre d'exemple la note intitulée «Lutte contre le doryphore» rédigée le 9 mai 1944 par l'inspection académique de la Vienne :

«Note à communiquer au personnel enseignant du canton y compris le personnel de l'enseignement libre. Comme en 1942 et en 1943, le ramassage des doryphores par tous les enfants d'âge scolaire est organisé dans la Vienne sur ordre de la Feldkommandantur et de la Préfecture. Ce travail sera exécuté trois jours par semaine : le mardi, le jeudi et le samedi de 9 heures à 12 heures par les enfants de toutes les écoles, âgés de huit à quatorze ans. Ces enfants, sous la conduite de leurs maîtres ou maîtresses seront rassemblés par équipes et conduits successivement dans les champs de pomme de terre des cultivateurs de la commune pour y ramasser méticuleusement les insectes adultes, les larves et pour y écraser les pontes. Une boîte en fer, avec couvercle percé d'un trou suffisant pour le passage d'un insecte sera donnée à chaque ramasseur. Si la chose est possible, un peu d'eau crésylée sera déposée dans chaque boîte afin d'en assurer immédiatement la destruction ; sinon les insectes seront brûlés dans un feu vif ou jetés dans un lait de chaux concentré. Le premier ramassage sera effectué le mardi 9 mai.

Des sanctions seraient prises contre ceux qui négligeraient de se conformer aux ordres reçus ; la nécessité de combattre le doryphore étant plus impérieuse que jamais.

En outre, les instituteurs sont expressément invités à prendre note de la quantité, évaluée en litres, d'insectes récoltés à chaque sortie. Ces précisions seront envoyées chaque mois à l'Inspection Académique. Ces renseignements devront parvenir pour le 25 de chaque mois. Enfin, dans toutes les écoles, des devoirs seront proposés aux élèves sur les doryphores et les moyens de les combattre.

De plus amples renseignements vous seront fournis par M. le Maire à qui M. le Préfet a fait parvenir des instructions concernant le ramassage du doryphore.»

> **!** *Par analogie, les Allemands sont surnommés des doryphores pendant la Seconde Guerre mondiale : ce sont tous des nuisibles envahissants !*

Attention aux sanctions !

Les modalités pratiques sont précisées, toujours par l'académie :

«Dès que la campagne sera commencée, les après-midi de plein air seront supprimées afin de ne pas augmenter le nombre de demi-journées qui ne seront pas consacrées à l'enseignement proprement dit. Dès maintenant, les inspecteurs primaires voudront bien organiser dans leur circonscription un concours de devoirs ou de compositions sur des sujets relatifs au doryphore et sur l'intérêt que présente la destruction de cet insecte. Les sujets seront traités par tous les élèves des cours moyens et supérieurs. La meilleure composition sera envoyée à l'inspecteur primaire par les soins de l'instituteur ou du directeur d'école. [...] Le contrôle du ramassage sera effectué de très près par la gendarmerie française et par la gendarmerie allemande. Je veux espérer qu'aucune défaillance ne sera constatée. Mais s'il en était autrement et si des sanctions étaient prises, les intéressés devraient être prévenus qu'aucune intervention quelle qu'elle soit ne pourra les y soustraire.»

Les insectes au quotidien

En rang par deux dans les champs !

De mai à juillet, tous les instituteurs et institutrices des écoles publiques et privées doivent constituer des équipes d'enfants de plus de huit ans et signaler au maire de leur commune que ces groupes, sous leur surveillance, sont désormais à la disposition des autorités. C'est le maire qui indique, le matin même de l'intervention ou la veille, les champs à nettoyer. Dans le Poitou, le travail se fait en général le matin, de neuf heures à midi, trois jours par semaine (mardi, jeudi, samedi). Les insectes et leurs larves sont ramassés à la main dans des boîtes en métal avant d'être noyés ou écrasés sur la route à coup de galoches.

Un contrôle sévère des enfants

L'instituteur tient deux cahiers. D'abord un cahier de présence spécifique pour la chasse au doryphore. Les parents sont-ils réticents ? Hésitent-ils à envoyer leur enfant faire une œuvre peut-être utile mais ordonnées par les autorités d'occupation ? Toujours est-il que l'absentéisme est considérable, comme le montre ci-contre un extrait du «Cahier de doryphores» de Vouneuil-sur-Vienne. Pour éviter les sanctions, les familles des absents fournissent en général un certificat médical attestant que «l'état de l'enfant ne permet pas les promenades (sic) aux doryphores».

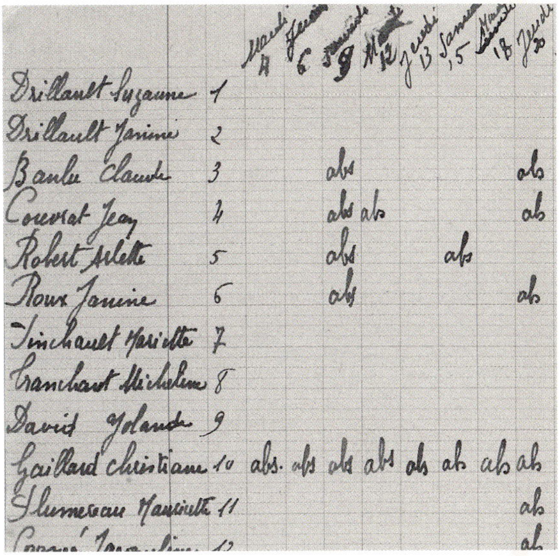
Drillault Suzanne 1
Drillault Janine 2
Baulu Claude 3 abs ab
Couvrat Jean 4 abs abs ab
Robert Arlette 5 abs abs
Roux Janine 6 abs ab
Tinchault Mariette 7
Tranchant Micheline 8
David Yolande 9
Gaillard Christiane 10 abs. abs abs abs ab ab abs ab
Mauricette 11 ab

Ci-dessus : cahier d'absence des enfants lors des chasses aux doryphores en 1944 dans le Poitou.
Ci-dessous : l'attestation quotidienne fournie par le maire pour la destruction des insectes.

Un second cahier, rempli tous les jours par l'instituteur, récapitule les champs visités et le nombre de bestioles récoltées :

«Mardi 4 mai, ramassage des doryphores de 13 h 30 à 16 h 30. Champs visités : ceux de MM. Gaudin, Dalloux, Douédic, Jacquet + deux champs inconnus. Poids des insectes ramassés : 110 g.

Vendredi 7 mai, ramassage prévu de 9 h à 12 h, interrompu par le mauvais temps. Champ visité : celui de M. Boisson. Insectes récoltés : 2. [...]

Jeudi 13 mai, ramassage de 9 h à 12 h. Champs visités : ceux de MM. Gaudin, Guillon, Douédic, Jacquet, Bozier, Laverré, Plourde. Poids des insectes : 585 g.»

À l'issue de chaque journée, le maire délivre un certificat (voir photo ci-dessous) attestant que la classe a bien rempli son devoir civique. Certains paysans restent parfois réticents devant l'effort, estimant que les groupes d'enfants dans les champs font largement autant de dégâts que les insectes...

Sujet de rédaction de 1943

«Le doryphore : 1) décrivez-le et dites ses ravages et les dangers de son rapide pullulement, surtout dans les circonstances actuelles ; 2) expliquez les deux moyens essentiels de le détruire et dites comment vous coopérez personnellement à cette destruction.

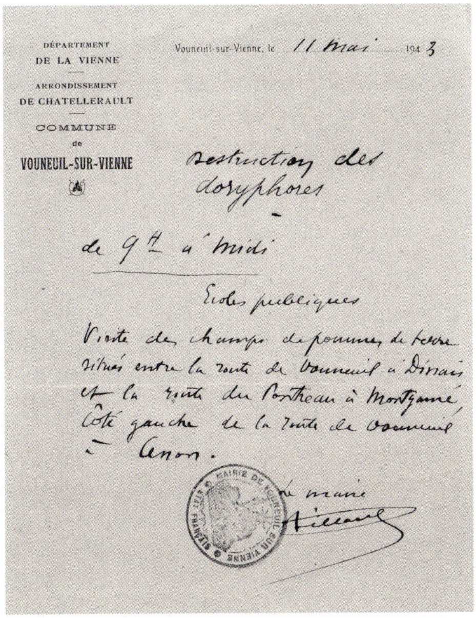
Département de la Vienne
Arrondissement de Chatellerault
Commune de Vouneuil-sur-Vienne

Vouneuil-sur-Vienne, le 11 mai 1943

destruction des doryphores

de 9h à midi

Écoles publiques

Visite des champs de pommes de terre situés entre la route de Vouneuil à Dissais et la route du Pontreau à Montgamé, côté gauche de la route de Vouneuil

Le maire

Le patois à l'école

On dit aujourd'hui que certaines classes de primaire sont multilingues et que cela pose problème. Les instituteurs de la IIIème République ont pourtant eux aussi été confrontés au même souci : enseigner le français à des petits qui parlaient chez eux le breton, le basque, le catalan, l'occitan...

Un pays, plusieurs langues

Avant 1914, dans la plupart des campagnes françaises, les enfants ne parlent pas chez eux le français mais leur langue locale. Aussi l'instituteur est-il toujours investi de la mission d'apprendre le français (voire le latin dans les siècles plus anciens) à sa classe.

Avant Jules Ferry, une enquête de 1863 rapporte que 8 381 communes (sur 37 510) ne parlent pas français, ce qui représente un quart de la population ! Le ministère de l'Instruction publique constate que 448 238 élèves sur 4 019 427 écoliers de sept à treize ans ne parlent pas du tout français, et que 1 490 269 le parlent ou le comprennent mais ne savent pas l'écrire. Une enquête qui pourtant sous-estime plutôt les chiffres pour mettre en valeur l'efficacité de l'enseignement dans l'apprentissage du français, qui demeure en réalité une langue étrangère pour la moitié des citoyens !

«- Parlez français», dit le maître à l'élève.
«- Monsieur, je parle comme je save et comme je poude.»
Le villageois oublie un peu de sa langue maternelle à l'école et n'y apprend qu'une parodie de français.
(Abbé Gorse, 1895)

Un état de fait ancien

Le français est bien utilisé en Ile-de-France et dans toutes les régions proches. Ailleurs, c'est, depuis la nuit des temps, beaucoup plus aléatoire. La Fontaine observe ainsi que le français n'est pas parlé au-delà de Montmorillon en Poitou. De passage à Uzès, dans le Gard, Racine a «autant besoin d'un interprète qu'un Moscovite en aurait besoin à Paris».

En 1863, pour que les élèves puissent comprendre, les cours sont donnés en langue locale dans plusieurs départements : Alpes-Maritimes, Ardèche, Bas-Rhin, Basses-Pyrénées, Corse, Côtes-du-Nord, Finistère, Haut-Rhin, Meurthe, Morbihan, Moselle et Nord. En 1867, un sous-préfet qui vient d'être nommé à Saint-Flour se plaint de ne pouvoir parler en français qu'avec les maires des villages mais personne d'autre. Pourtant, ajoute-t-il, «à mon âge, je ne suis pas prêt à apprendre l'auvergnat». En 1875 encore, la situation n'a guère changé. «La langue catalane est le seul idiome en usage dans tout le Roussillon», signale par exemple un instituteur. En 1911 encore, le folkloriste Van Gennep écrit : «Pour les paysans et les ouvriers, la langue maternelle est toujours le patois, la langue étrangère le français». Même les instituteurs emploient le patois dans leurs activités extra-scolaires. Avec l'école de Jules Ferry cependant, le bilinguisme devient presque général. Mais, comme l'indique Eugen Weber dans *La fin des terroirs 1870-1914*, «il faudra une autre génération avant que le français ne devienne la langue maternelle de ces Français-là. Au moins une. La génération qui avait été à l'école à la fin des années 1880 et s'était mariée dans les années 1890. Celle qui combattit dans les tranchées en 1914».

Imposer le français

Milice d'un âge nouveau, les fameux hussards noirs de la IIIème République vont se battre pour que devienne vrai le slogan d'un manuel scolaire : «Notre langue maternelle est la langue française»... alors que la plupart des mères des écoliers ne la parlaient pas ! Un but aussi grand justifie bien sûr tous les moyens de coercition (voir page de droite).

Pourtant, la langue littéraire apprise dans les écoles est aussi étrangère à la langue parlée que le français parlé l'était à leur dialecte natal. La pratique du français progresse surtout grâce aux dictées. Les rédactions présentent davantage d'écueils : «Nos enfants ne peuvent trouver suffisamment de mots pour exprimer leurs pensées», indique un instituteur du Cantal.

Enfin, la scolarisation des filles, systématique dès que Jules Ferry rend l'école obligatoire, change aussi progressivement la langue parlée par ces futures mères à leurs enfants : elles apprennent elles aussi à parler français.

Imposer le français, par la force s'il le faut

Éliminer les «jargons de truandaille»

Pour que ses élèves parlent français envers et contre tous, l'instituteur de la IIIème République est prêt à infliger les pires châtiments. Dans son *Cheval d'orgueil,* Pierre-Jakez Hélias évoque avec humour le carré de bois, le galet de mer, le morceau d'ardoise ou le boulon «que le maître d'école remet au premier petit bretonnant qui lui offense ses oreilles de fonctionnaire avec son jargon de truandaille».

Effectivement, l'un des châtiments les plus fréquents consiste à «marquer» l'élève surpris à parler sa langue natale : il doit par exemple «porter autour du cou un bout de carton (Dorres, Pyrénées-Orientales), une planche en bois (Err et Palau, Pyrénées-Orientales), une barre ou un bâton (Angoustrine, Pyrénées-Orientales), une cheville (Cantal), un ruban de papier ou un objet métallique (Flandres), un sabot (Bretagne) ou bien tenir à bout de bras une brique (Corrèze). Un enfant affligé d'un tel symbole le gardait jusqu'à ce qu'il (ou le maître) surprenne un autre enfant à parler sa langue natale, le dénonce et lui transmette ainsi le symbole. L'élève qui avait la marque à la fin de la journée était puni» (E. Weber).

Ce petit enfant corrézien, né à Salon-la-Tour en 1908, fait sa première rentrée à l'école primaire. Il est pris en photo pour l'occasion, avec ses cheveux coupés courts (il portait jusqu'alors une chevelure longue et bouclée, intacte depuis sa naissance). C'est à l'école qu'il va apprendre le français car, chez lui, il parle jusqu'ici le limousin, une variante de l'occitan. Son père agriculteur sait lire, écrire et parler le français. Sa mère n'est jamais allée en classe, comprend le français quand elle l'entend mais est incapable de le parler.

Le français est-il su ?

À l'école, il fallait autrefois tout savoir par cœur. Or, ce type d'apprentissage permet bien sûr d'apprendre le français comme une langue étrangère mais pas d'acquérir les tournures idiomatiques, les expressions parlées, et de l'assimiler pleinement. Les mots français restent souvent, dans les régions où les langues locales sont bien implantées et très différentes, coupés de la réalité, du concret.

En revanche, les leçons créent un nouvel univers, le même pour toute une génération, des points de repère communs qui effacent les limites régionales et construisent une nation. En 1888, un instituteur de Lozère exagère à peine lorsqu'il prétend qu'«enfants et parents forment [désormais] deux mondes à part, tellement étrangers par la langue, qu'il n'y a plus aucune communauté d'idées et de sentiments, partant aucune intimité. Souvent même, toute relation devient impossible».

Dans *Le Tour de la France par deux enfants,* les deux enfants arrivés au sud de Valence dans une auberge ne réussissent à communiquer ni avec la tenancière ni avec les clients. André explique à son frère que c'est parce que tous n'ont pas pu aller à l'école. «Mais dans un certain nombre d'années, il n'en sera plus ainsi, ajoute-t-il, et par toute la France on saura parler la langue de la patrie.»

Symboliquement, les enfants de la tenancière arrivent à ce moment-là de l'école : ils savent parler français, le dialogue peut s'ouvrir, Julien et André ne sont plus isolés.

Les punitions

«Les élèves ne pourront jamais être frappés», indique le statut de l'instituteur de 1834. Claques, coups de règles et oreilles tirées font pourtant partie, jusque vers 1970, des moyens de rétorsion utilisés par le maître pour calmer les élèves dissipés ou faire rentrer de force un cours dans la tête d'un cancre.

Claques et bonnets d'âne

Même s'il est interdit de frapper un élève par décision administrative de 1834, les instituteurs vont mettre longtemps à passer de la théorie à la pratique ! Tous ceux qui sont allés à l'école primaire avant 1970 se souviennent d'oreilles ou de tignasses tirées (pas toujours les leurs, mais il y avait toujours un camarade agité ou paresseux qui n'y échappait pas).

Pas question pour le maître de le reconnaître pourtant : «Si vous reprochez [à l'instituteur] d'avoir tiré les cheveux, il prétend qu'il a posé la main sur la tête et que l'enfant s'est retiré méchamment, juste pour laisser une poignée de cheveux entre ses doigts.»

Dans certaines écoles, il existe même des «mauvais points» (l'inverse des bons) qui privent l'élève de récréation au bout de cinq, la mise au piquet ou à genoux pendant la durée de la classe, l'obligation de porter autour du cou un écriteau mentionnant la nature de la faute ou sur la tête le traditionnel bonnet d'âne.

! *Le traditionnel bonnet d'âne est appelé bonnet de vache en Bretagne, où le nom de cet animal est synonyme de benêt, bien plus localement que cette brave bête d'âne !*

Vous me ferez cent lignes !

«Je ne ferai plus le singe, je ne ferai plus le singe...». Si tous n'ont pas reçu de coups de règle ou fait le piquet dans un coin de la classe, qui en revanche n'a pas copié dix, cinquante ou cent lignes ? À la fois pour punir l'enfant et pour l'éduquer. «L'année des bourses, raconte Pierre-Jakez Hélias, je me vois infliger la conjugaison à tous les temps et à tous les modes du verbe dactylographier, cette horreur. Que je dactylographiasse, que nous dactylographiassions ! Tout premier de classe que je sois, j'ai mille misères à conjuguer par écrit le verbe dactylographier !»

Durs souvenirs...

Dans ses *Souvenirs*, parus chez Calmann-Levy, en 1912, Ernest Lavisse raconte la sévérité de son maître d'école des années 1860 : «La discipline de l'école était sévère ; pour les petites fautes, on était puni par l'agenouillement simple ; pour les grandes, par l'agenouillement avec une main levée portant une brique, ou bien par des coups de baguette, la peine la plus grave ; placé près du maître, je voyais la grimace du supplicié, qui tendait une main et cachait l'autre derrière son dos, afin d'être tranquille au moins pour celle-là». Pas d'apitoiement possible : l'agitation comme l'ignorance justifient pendant des décennies, aux yeux de tous, l'arsenal des punitions.

Dans les années 1960, les punitions se font cependant plus douces. Coups et bonnets d'âne sont remplacés assez souvent par des retenues : l'élève puni reste en classe après l'école, pour rédiger des lignes le plus souvent, tandis que le maître corrige les cahiers du jour ou prépare les leçons du lendemain à son bureau. À partir des années 1970 enfin, tout châtiment est définitivement discrédité et interdit sous peine de sanctions.

Le cancre

Les images du cancre

L'école d'autrefois dénonce les signes d'effronterie et la misère intellectuelle. Les maîtres désespèrent de l'éducation d'enfants rustres parlant à peine le français, absolument pas préparés au travail de l'intelligence, et presque toujours grossiers dans leur langage et leurs habitudes. L'école a pourtant pour mission de les policer. Pour Flaubert, les petits paysans sont ahuris par ce qu'ils voient et ne comprennent pas. Les enfants des villes, par contre, montrent plus d'aisance dans la vie intellectuelle.

L'humiliation organisée

L'imagerie populaire est foisonnante autour du cancre, de l'élève insolent, dissipé et inculte. Le cancre est jugé sur sa paresse et sa versatilité. Le sarcasme caricature l'erreur, ridiculise un élève ignorant. L'image d'Epinal reprend le bonnet d'âne aux oreilles monumentales dont on coiffe les enfants impétueux avec une feuille déchirée et accrochée dans le dos. La mise en scène peut être très dévalorisante. Le maître contraint l'élève puni à conserver son humiliant couvre-chef pour rentrer chez lieu, à moins qu'il ne l'expose à la fenêtre de l'école, un jour de marché de préférence. Ce supplice pédagogique devient public, diffusant ainsi la rumeur dans toute la cité. L'accoutrement du cancre peut être complété à l'envi par une règle placée au travers de sa bouche et une pancarte infamante autour du cou. Tous ses camarades se moquent de lui et se tordent de rire.

Comme le folklore scolaire tolère l'usage du bonnet d'âne pour corriger les plus paresseux ou les têtus, le maître n'encourt aucun risque en ayant recours à ce procédé. La technique est facile à appliquer et souvent préméditée. Le maître empoigne le cancre par le bras pour le faire lever de sa chaise ou le sortir de son banc. Il attrape son oreille entre le pouce et l'index en distillant quelques questions insidieuses auxquelles l'élève doit se soumettre. Dans l'incapacité de répondre, la sentence est exécutée sur le champ. Le bonnet est posé sur la tête de l'ignorant. Les préparatifs en font plus un rituel qu'un accident du fait de maîtrise et de la médiation de l'instrument. La participation nécessaire de la victime peut faire croire à l'absence de violence. Or, l'infériorisation de l'enfant est présente dans ce dispositif symbolique. Les maîtres ne sont absolument pas tendres avec leurs élèves. Ils ont souvent le verbe haut et la main leste.

Les récompenses

L'école d'autrefois affectionne particulièrement les marques de distinction remises aux meilleurs élèves. Elle stimule l'ardeur des écoliers en leur accordant des privilèges les incitant à travailler consciencieusement. Si les manuels de pédagogie et les règlements s'attardent avec complaisance sur la misère intellectuelle, ils restent fort discrets sur les récompenses du premier de classe.

L'élève méritant et persévérant

Au XIXème siècle, le règlement scolaire type n'évoque pas les récompenses. Un certain nombre d'entre elles sont consacrées par l'usage. Les qualités appréciées sont essentiellement la piété, la capacité et l'assiduité. La principale vertu d'une récompense tient plus au mérite qu'aux résultats, et en tout état de cause jamais à la faveur. La louange, l'éloge et les félicitations représentent les récompenses les plus courantes de l'école d'autrefois. Elles sont attribuées pour une leçon bien lue, pour un devoir bien fait, pour la bonne tenue et l'attention silencieuse en classe.

L'arsenal est réduit mais valorisant. Les compliments sont parfois décernés par des autorités supérieures, accroissant ainsi leur effet. Il est fréquent que le meilleur élève présente son cahier au curé, au juge de paix ou au maire afin d'être félicité et recevoir de menus cadeaux. Croix d'honneur, prix, médailles de distinction ou tâches de responsabilité sont de véritables honneurs. Le bon point restant la marque du premier, la plus importante auprès des écoliers. Dans ses *Écrits* édités en 1820, Nicolas Lachaux rapporte : «Nicolas est un bon élève. Il satisfait son maître et son curé : M. Le curé et le maître étaient contents de moi et en témoignaient leur satisfaction à mes parents. Mon père en triomphait et cherchait dans son esprit à quoi me destiner. Ses amis lui disaient :

– Vous en ferez un maître d'école de votre fils, ce serait dommage d'en faire un vigneron. Au plus, il n'est pas robuste.

– Nous verrons plus tard, disait mon père, travaillons toujours en attendant.

! Le 6 janvier 1969, le ministère de l'Éducation nationale supprime tout système de notation et de classement. Ce décret n'a pas été supprimé officiellement mais s'est vite avéré impraticable dans les faits.

Il avait en effet besoin de moi en été : j'étais l'aîné de ses enfants et trois ou quatre me poussaient par derrière. Il fallait les élever et pour toutes ressources nous n'avions que le travail. D'un autre côté je me sentais tout brut, timide et d'un caractère faible, ne sachant pas parler le français, en un mot n'aspirant qu'à continuer la profession de mon père. Cependant, je continuai d'aller à l'école en hiver jusqu'à dix-sept ans...»

Bons points, témoignages de satisfaction, billets d'honneur et belles images ponctuent la subtile liturgie de la récompense scolaire. L'école célèbre le devoir de persévérance et l'obligation de résultat.

«Je veux être le meilleur, c'est mon intérêt et mon devoir»

Le carnet de correspondance ou le livret scolaire à faire signer aux parents met en avant la place de l'élève dans la hiérarchie scolaire. Qu'il s'agisse du billet de satisfaction, des bons points, l'école informe les parents des résultats scolaires. Elle encourage les bons et incite les autres à mieux faire.

Certains règlements vantent les vertus d'un tableau d'honneur affiché dans l'école sur laquelle les noms des élèves distingués sont indiqués : les noms des laborieux y sont inscrits et un tableau de punition mentionne les noms des fainéants. Cette liste s'accompagne d'un changement de places après chaque classement. Le premier est au premier rang tout près de l'instituteur, ce qui provoque une certaine émulation dans la classe. Les meilleurs se voient attribuer la responsabilité des tâches nobles alors que sont réservées aux derniers les tâches les plus viles, comme d'allumer le poêle ou d'accomplir les corvées d'eau potable à la fontaine pour les besoins de l'école.

A l'élève méritant, le maître dispense des devoirs le soir après la classe, en vue du certificat. Il s'agit d'encourager le mérite et pas seulement la réussite afin que chaque élève trouve dans une société meilleure, la place qui convient à son talent.

Savoir pousser le bon élève

La carotte et le bâton

À côté du bâton, il y a la carotte. Les maîtres ont longtemps utilisé les bons points : au bout de cinq ou de dix selon les écoles, l'enfant gagne une image. Autre principe censé favoriser une saine émulation et le désir d'apprendre : la croix d'honneur, épinglée chaque semaine sur la blouse du meilleur élève de la classe. La croix sera abandonnée en même temps que les classements lorsque, le 6 janvier 1969, le ministère décide de supprimer tout système de notation et de comparaison entre les élèves.

Savoir pousser le bon élève

Médailles, tableaux d'honneur et distribution des prix sont pour les instituteurs un moyen de distinguer, parmi les écoliers, celui qui apprend plus vite, qui peut aller plus loin et apporter dans la classe une saine émulation.

L'institutionnalisation du bon élève, ses distinctions scolaires, l'appui de l'instituteur pour qu'il puisse poursuivre ses études et progresser dans l'échelle sociale, tout cela est devenu un point essentiel de la mythologie sociale de la première moitié du XXème siècle : la famille est fière de la reconnaissance scolaire qu'elle ne reçoit pas toujours de son entourage social ; l'enfant développe une saine ambition ; l'instituteur enfin permet à la nation républicaine de bénéficier des meilleurs talents parce qu'ils auront été reconnus et valorisés.

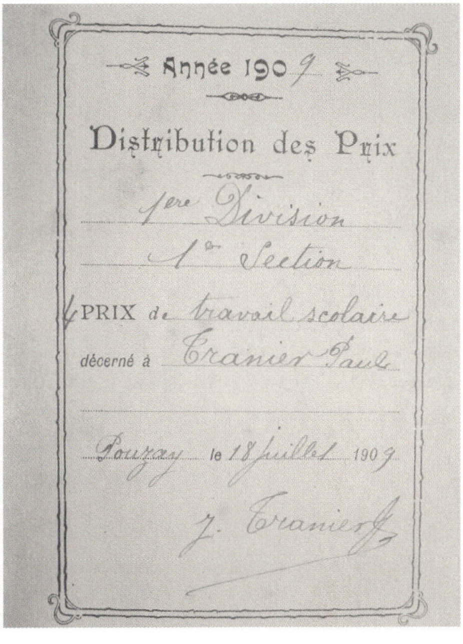

Année 1909

Distribution des Prix

1ère Division

1re Section

4 PRIX de travail scolaire

décerné à Tranier Paul

Pouzay le 18 juillet 1909

J. Tranier

Les récompenses sont données aux yeux de tous lors de la remise des prix. Ci-contre : un prix de «travail scolaire» de 1909. Ci-dessus : deux enfants chargés de prix, vers 1910.

Un rêve perdu ?

Il faudra quelques décennies avant que ces valeurs républicaines ne soient remises en question et que leur dessèchement ne provoque un mal-être chez les instituteurs. L'école de Jules Ferry reste encore pour tous un mythe, une nostalgie, le rêve perdu d'une école paisible et stable.

La photo de classe

Dès l'apparition de la photographie, les écoles sont, à la fin du XIXème siècle, un sujet de prédilection pour les photographes ambulants. Et la photo de classe vient rapidement trôner sur un mur ou une cheminée, comme un trophée, la preuve irréfutable d'un passage méritant à l'école de la République, évoquant des souvenirs plus ou moins doux....

Un rituel

Avec l'arrivée de la photographie à la fin du XIXème siècle, les photographes obtiennent l'autorisation des autorités académiques pour se transporter d'école en école avec leur appareil et leur drap noir. Prévenus de leur passage, les parents mettent un point d'honneur à ce que leurs enfants soient impeccables.

Chaque classe est photographiée avec l'instituteur. Achetée par les familles, la photo devient le symbole d'un groupe et un repère dans le temps. Elle est un rite confortant l'intégration de l'élève dans le groupe.

Pour que les enfants s'agitent moins au moment de la photo, les instituteurs d'autrefois leur demandaient de croiser les bras.

La pose solennelle

Sérieux et intimidé, l'élève veut laisser une bonne image. Le maître fait ses dernières recommandations après avoir réprimandé les plus agités. Personne n'ose bouger devant l'ardoise posée au sol, précisant le niveau, le nom de la classe et l'année. Le photographe ajuste son matériel. À une époque où la photographie est encore peu répandue, le petit oiseau qui va sortir a de quoi intimider.

Un reflet du niveau social

Sur leurs trente et un, les vêtements préparés avec soin par les familles révèlent la situation familiale des élèves. Des garçons en costume cravate et souliers de cuir côtoient leurs condisciples en longue blouse noire et mouchoir de cou. Quelques élèves pauvrement vêtus et chaussés de sabots de bois ou de galoches se cachent dans les rangs. Les différences d'origine ou de fortune se lisent sur la photo d'école. Sur certaines, l'indispensable blouse noire ou grise cherche à dissimuler les différences sociales. En 1914, un costume de garçon coûte entre quarante et soixante francs, soit près de la moitié du salaire mensuel d'un ouvrier. Cet obstacle justifie souvent le port de la simple blouse. Elle protège les lainages et les vêtements fragiles ou onéreux. La blouse prône l'égalité de rang et de condition.

Un reflet de l'histoire

Sur certaines photos jaunies, l'histoire se révèle. Le sérieux des promotions s'accorde avec la situation tragique de l'époque 1914-1917. Des élèves préoccupés par des soucis et chagrins portent au bras un brassard noir, des sarraus noirs ou des socques en signe de deuil. Les guerres mobilisent la fleur au fusil l'école, tant le sentiment de l'identité nationale est intense.

Au fil du temps, d'un cliché à l'autre, l'attitude des écoliers change dans les vêtements comme dans l'expression des visages. Si, avec les événements, elle est empreinte de gravité, les élèves quittent peu à peu leur blouse grise pour des tenues plus colorées et personnelles. Sérieux, respect et intimidation s'estompent. Les figures se détendent et s'illuminent. Après la Seconde Guerre mondiale, la classe pose dorénavant dans la bonne humeur et la décontraction toute naturelle, respirant enfin la gaieté.

De classe en classe...

Page de gauche : les écoliers de Marcilly-sur-Vienne (Indre-et-Loire) en 1949. Ci-dessus : la classe d'une école parisienne dans les années 1950. Ci-dessous : une classe d'école primaire rurale à la même époque.

L'ÉCOLE EN FÊTE

Au fil de l'année, la vie scolaire est ponctuée par différentes fêtes. Une façon d'associer l'école aux rituels familiaux, patriotiques et religieux. Au-delà de sa mission pédagogique, le rôle social et symbolique de l'école est important à la ville comme à la campagne.

La participation de l'école aux rituels

L'école ne peut ignorer les événements importants du calendrier. Elle célèbre les événements liés à la vie familiale, tels la fête des mères et les anniversaires. Elle intègre les fêtes religieuses, comme Noël qu'elle associe à une distribution de bonbons, à la préparation de cartes de vœux ou de menus cadeaux réalisés par les enfants à l'attention des familles. Parfois, un petit spectacle est organisé par l'instituteur dans les locaux de l'école et joué devant tous les parents et les familles rassemblés un soir qui précède Noël.

Il est fréquent que les écoliers soient invités à participer aux réjouissances publiques animant la vie locale. Dans les campagnes, l'école du hameau peut faire relâche à l'occasion du passage fugace d'un cirque ou de foires. Les enfants prennent part aux travaux et à la conduite des troupeaux.

L'école participe aussi aux rituels patriotiques. Les instituteurs conduisent les classes en cortège devant les monuments aux morts pour leur apprendre la signification du 11 novembre, parfois du 8 mai, développant ainsi l'éducation à la citoyenneté et le devoir de mémoire vis-à-vis des morts pour la France. Cette participation aux défilés patriotiques traduit l'engagement de l'école dans la vie de la cité.

Avec la IIIème République, le 14 juillet investit l'école et offre un jour de congé exceptionnel. Dans certaines communes, l'école devient un lieu de rassemblement et de réjouissance, avec des feux d'artifice tirés directement depuis les terrains de l'école.

Le carnaval, une fête haute en couleur

L'école fête le carnaval. Avant d'entrer en carême, le mardi gras est un moment de réjouissance au milieu du deuxième trimestre marquant la fin de l'hiver. L'origine religieuse semble oubliée. Les écoles publiques ou privées valorisent toutes les deux l'imagination des enfants. Le savoir-faire des parents et des maîtres est utilisé pour confectionner des déguisements, des costumes et des masques multicolores. Les thèmes changent d'année en année.

Cette fête bariolée donne lieu à des défilés de toutes les classes, avec leurs déguisements, à travers la ville ou le village. Des loisirs remplacent temporairement les cours traditionnels. Les écoliers se soûlent de cris, de danses et de surprises. Jeux, beignets et friandises ponctuent la journée. Les instituteurs font parfois eux-mêmes cuire la pâte, la tirent et l'étirent... pour obtenir de délicieux beignets d'un beau jaune doré que les enfants peuvent dévorer !

Des causes communes

Il faut un événement exceptionnel pour que la concurrence entre les deux écoles du même village ou de la cité s'efface momentanément. Une fête organisée au profit des prisonniers de guerre permet par exemple de désamorcer les conflits. En 1942, à Lhommaizé, petite commune du département de la Vienne, des jeunes des deux écoles, tant publique que privée, réalisent une pièce de théâtre organisée par les instituteurs publics au profit des prisonniers. L'importance de l'objectif conduit ainsi à l'expression d'un sentiment patriotique commun.

La fête de fin d'année

Ci-dessus : une fête de fin d'année en 1912 à Brezolles sur le thème de Malbrough. Ci-dessous : une fête d'école en 1968 à Marcilly-sur-Vienne.

Concurrence entre le public et le privé

Inscrite au calendrier des festivités locales, la fête de fin d'année se déroule au mois de juin ou de juillet. A l'école publique, la fête porte le nom de lendit scolaires, terme médiéval utilisé autrefois pour désigner des foires, qui signifie «ce qui est fixé». A l'école privée, la fête est nommée kermesse. Ce mot emprunté au flamand désigne la messe d'église et par extension la fête patronale. Fêtes de bienfaisance, elles se déroulent en plein air. Ces deux fêtes mettent en concurrence l'école publique et l'école privée, qui partent à la recherche d'un affrontement ritualisé.

La fête, encore la fête !

En vogue après la Seconde Guerre mondiale, les lendits regroupent plusieurs écoles primaires publiques. De dimension cantonale, les élèves défilent en short et tee-shirt blanc. Ils présentent les activités sportives préparées durant le troisième trimestre dans la perspective de ces fêtes. Au son de la musique, l'instituteur conduit son groupe au stade où se déroulent les exercices physiques collectifs. Un public attentif de parents d'élèves et d'amis acquis se mobilisent pour l'événement. Cela n'empêche pas, par ailleurs, le déroulement d'une fête dans chaque école. La kermesse de l'école privée attire la même audience. Après un défilé costumé en fanfare, des attractions et des saynètes obtiennent un vif succès.

Selon les localités et la volonté des maîtres, les fêtes exploitent le répertoire du théâtre, offrant aux élèves leur première occasion de monter sur scène. D'autres privilégient la danse, les noces villageoises ou les défilés costumés sur le thème des anciennes provinces. Les enfants participent aux jeux habituels mis au point pour les festivités : course au sac, course à l'œuf, mat de cocagne... La vente de gâteaux, de programmes ou de billets de tombola est destinée aux caisses des écoles. Les recettes de l'ensemble des manifestations sont ainsi attribuées au fonctionnement des établissements tant publics que privées.

La remise des prix

Avec la rentrée et les fêtes, la distribution des prix en fin d'année scolaire constitue un repère dans la vie de générations d'écoliers. C'est un hommage rendu au mérite des élèves : l'école d'autrefois apprécie le goût de l'effort, l'obligation de résultat et l'amour du travail bien fait.

Une distinction publique

La tradition de la distribution des prix doit essentiellement son essor aux collèges parisiens qui se multiplient au XVIIème siècle. La distribution des prix, dont la date coïncide souvent avec celle de la fête nationale, est un événement important de la vie scolaire. Elle est agrémentée d'une fête organisée par les instituteurs et soutenue par les parents. Elle se déroule en présence du maire, du curé, des notables et de nombreuses familles. La récompense publique est ressentie comme une marque de distinction pour les écoliers. La fin de l'année est très pittoresque. Le curé et le maire président la cérémonie, accompagnée par les membres d'une commission scolaire. Ils font le tour des écoles pour la distribution des prix.

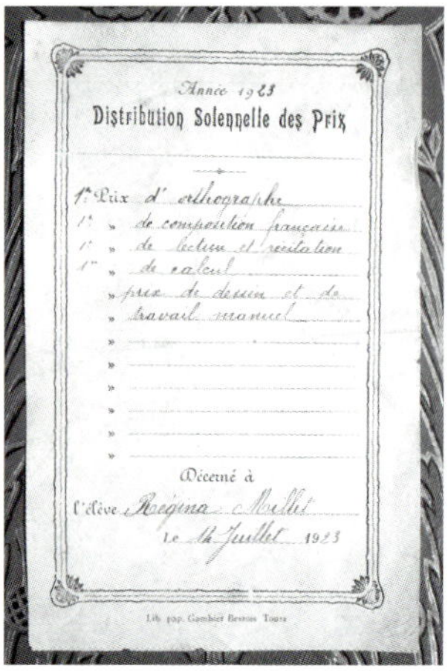
Année 1923

Distribution Solennelle des Prix

1er Prix d'orthographe
1er » de composition française
1er » de lecture et récitation
1er » de calcul
» prix de dessin et de travail manuel

Décerné à

l'élève

le 14 Juillet 1923

Palmarès et prix d'excellence

A l'heure indiquée, une bienvenue est récitée ou chantonnée bien candidement par les écoliers arborant des vêtements fleurant le savon. Une liste de noms attend sur le bureau du maître depuis le début. Tout à côté, des prix sont symétriquement disposés et bien exposés à la vue de tous. Si la commune parvient à allouer quelques fonds, la lecture du palmarès s'accompagne d'une distribution de prix. Bien souvent, il faut compter sur la générosité des plus offrants pour congratuler au mieux les enfants. Pour la distribution, les élèves se disposent en figure géométrique au milieu de la salle. Tous défilent à tour de rôle en commençant par les plus avancés, jusqu'au dernier qui n'en finit pas d'attendre. La lecture sérieuse d'une annonce, les remerciements d'usage, les mots de reconnaissance, la vue des prix enrubannés suffisent pour oublier les heures d'attente. La lassitude s'estompe en entendant résonner le nom de chaque élève.

> !
> *La boite de compas, achetée chez l'opticien, compte parmi les cadeaux classiques que les parents fortunés offrent au lauréat.*

«Lorsque le proviseur, à la fin de l'année,
Nous lut les résultats, il fut bien étonné.
La maîtresse, ell', rougit comme un coquelicot
Car nous étions tous prix d'excellence ex aequo,
D'excellence ex aequo.»

Le classement s'effectue en fonction des compétences individuelles. Les prix sont remis aux élèves qui se sont distingués dans l'une ou l'autre des matières scolaires. Le prix d'excellence est réservé au meilleur élève. Le prix d'assiduité est décerné à celui qui a été présent à chaque journée de classe.

Du côté des récompenses

Aux félicitations, s'adjoignent des cadeaux choisis en fonction des récompenses obtenues. Cette fête est l'occasion de décerner aux bons élèves de superbes livres de prix, auxquels s'ajoutent les récompenses de parents satisfaits. Nanti du prestige intellectuel des jésuites, le livre est le présent symbolique de cette cérémonie. Du prix de calcul au prix d'excellence, chaque élève se doit de rapporter un ou plusieurs livres à couverture rouge et dorée sur tranche. Le livre de prix est ensuite soigneusement conservé par la famille. Beaucoup de greniers recèlent encore de ces livres rouges, gagnés par les écoliers sérieux. Ces ouvrages sont destinés à magnifier les valeurs de la morale traditionnelle, à une époque où l'instruction civique est enseignée au même titre que les autres matières. Dans chaque pile de prix, un objet religieux prend place : crucifix, chapelet, missel, statue ou volume religieux.

Un jour qui fait date

La distribution des prix est tombée en désuétude à partir de 1968 mais elle était pourtant le moment de gloire républicaine rêvé par toutes les familles, surtout les plus modestes. L'*Histoire d'un paysan lorrain* évoque avec beaucoup d'émotion cette cérémonie en 1910 : «À son banc, le petit s'était levé ; il marcha vers l'estrade avec une crânerie charmante et reçut un beau livre rouge. La voix recommença : Prix de calcul : Maurice Meunier ; prix d'histoire : Maurice Meunier ; prix de leçon de choses : Maurice Meunier. Neuf fois, la voix répéta son nom, sonore et fatidique. L'enfant avait tous les prix. [...] Mme Jondet demanda : Qui est cet enfant qui remporte tant de prix ? Son voisin se retourna vers la bijoutière et la regarda fixement : «Madame, c'est mon petiot». Oui, avec ses bijoux, ses toilettes, sa maison, Mme Jondet n'avait pas la fierté qui le rehaussait, lui, le simple, le tâcheron qui déchargeait les voitures. Il répéta tout haut : «C'est mon petiot ! C'est mon petiot !»

Page de gauche : détail des prix obtenus par l'élève Régina Millet en 1924. En haut à droite : les livres traditionnellement remis aux enfants pour les prix dans les années 1920.
Au centre : distribution des prix de l'école libre de Dreux en 1907, avec des enfants costumés.
Ci-contre : distribution des prix en grande pompe, avec tribune officielle pavoisée, en 1909 à Saint-Sauveur dans l'Yonne.

LE CERTIFICAT D'ÉTUDES

Le Second Empire divise les classes primaires en cours élémentaires, cours moyens, cours supérieurs et l'idée d'un certificat d'études primaires («l'acte de baptême d'un être intelligent», selon la jolie formule de Victor Duruy) fait son chemin. Il est finalement créé en 1874.

Un diplôme qui date de 1874

Le certificat d'études primaires – le certif disaient les enfants – a été créé en 1874 pour valider les acquis de l'école primaire. Il n'était pas obligatoire mais a fait la fierté de générations d'écoliers jusqu'à l'Entre-Deux-Guerres. On remettait à l'élève qui l'avait réussi un beau diplôme sur un papier à en-tête de la République française, visé par le ministère de l'Instruction publique. Ce document mentionnait le nom, le prénom, la date de naissance, le lieu de naissance et l'adresse du lauréat. Il ne perdra son aura qu'à la fin des années 1950.

L'aboutissement des études primaires

Lorsque ce certificat d'études primaires est créé en 1874 et malgré les progrès de l'enseignement élémentaire sous le Second Empire, on compte encore une forte proportion d'illettrés, plus élevée dans le sud que dans le nord de la France. Dans les départements de la moitié nord, plus de 70 % des hommes et des femmes savent signer. Dans la moitié sud, il n'y a que 6 départements sur 59 où l'on retrouve une proportion du même ordre. Dans certains (Corrèze, Haute-Vienne, Indre, Cher, Allier, Morbihan, Finistère...), on atteint à peine 40 %.

La situation va évoluer grâce à la loi Jules Ferry.

> **!** *Il faudra la révolution des années 1965-1975, pendant lesquelles on a construit en France un collège par jour ouvré, pour faire passer l'essentiel des jeunes du primaire au secondaire et détrôner définitivement le glorieux certificat d'études.*

Cachet républicain

Réussir son certificat d'études, c'était prouver que l'on savait compter, lire, écrire et rédiger, mais aussi que l'on avait assimilé les valeurs et la morale républicaine enseignée par les maîtres et les maîtresses dans les «écoles de filles» et les «écoles de garçons». Jusqu'à la Seconde Guerre mondiale, on apprenait à lire dans *Le Tour de la France par deux enfants* qui évoquait le périple de deux petits Alsaciens chassés de leur pays natal par les Allemands. On demandait aussi de réfléchir à cette phrase de Corneille : «Mourir pour la patrie est un si digne sort, Qu'on briguerait en foule une si belle mort»... Une façon de préparer les petits garçons à reprendre les territoires perdus. On soulignait l'importance de l'honnêteté mais aussi le sens de l'économie et de la modestie, comme le montre ce sujet de rédaction : «Avant de se rendre à une fête, votre amie Sophie a voulu se boucler les cheveux au fer à friser mais les a brûlés. Écrivez-lui une lettre pour la réconforter et lui montrer aussi la vanité de son comportement»...

La fête du certif : un rite de passage

Quelle journée que celle du certificat de fin d'études ! La remise de ce diplôme représente l'un des rares moments où maîtres, élèves et familles s'entendent à l'unisson. Le passage de l'examen devient un moment important, rivalisant avec celui de la première communion.

Malgré l'estomac noué par la peur et les épreuves de la journée, les écoliers doivent faire bonne mine à la cérémonie du certificat de fin d'études. La fête déborde souvent le cadre familial pour revêtir l'aspect d'un véritable événement local.

Les parents mettent leurs habits de fête pour accompagner leurs enfants endimanchés au chef-lieu. Le soir, il faut réciter, chanter si l'on est admis aux épreuves écrites et attendre les résultats patiemment. Quel plaisir d'entendre son nom et même d'être le premier du canton ! Quelle fierté pour l'élève et le maître, mais quel chagrin d'être collé ! Les parents sont contraints d'essuyer ses larmes devant un défilé d'édiles. La fête se prolonge gaiement dans la chaumière abritant le nouveau certifié. Pour l'occasion, le père débouche quelques bonnes bouteilles pour arroser le succès du fiston ou de la fille de la maison, et bien souvent son entrée dans le monde du travail et des adultes.

Le certif, et après ?

À l'âge du certificat d'études, à Paris en 1938.

Un passeport pour l'ascension sociale

«Dans les années 1880, même les ouvriers ruraux commencèrent à s'intéresser à l'école. Au fur et à mesure que le nombre de postes [d'employés et de fonctionnaires] augmentait, et que le fait d'en obtenir un sortait du domaine du rêve, l'éducation, qui aidait à obtenir ces postes si prestigieux devenait une chose importante. Et avec elle le certificat que l'on pouvait obtenir. [...] Les familles s'aperçoivent que ce petit diplôme peut servir à quelque chose pour plusieurs types d'emplois ; aussi consentent-elles de plus en plus à prolonger les études de leurs enfants. Les familles deviennent avides du [certificat d'études]. On faisait une fête quand un enfant en obtenait un. C'est un honneur de l'avoir, écrivait une petite fille (qui écrivait cela très mal : «Être ademise s'est un honneur davoir son certificat d'études»).

La mort du travail manuel

Les écoles primaires, conçues pour former des citoyens, négligeaient les producteurs. L'école glorifiait le travail en tant que valeur morale mais ignorait le travail comme forme quotidienne de civilisation. Le contraste établi entre l'esprit vaillant et entreprenant des «courageux» et les «fainéants» oisifs, les premiers travaillant dur, spécialement de leurs mains, les autres évitant le travail manuel, fut traduit en termes scolastiques. Bientôt, le garçon courageux devint celui qui se plongeait le plus dans les livres, et le paresseux celui qui s'en tenait au seul travail manuel. La chose était logique puisque les récompenses du travail allaient maintenant à ceux qui ne faisaient pas ce qu'on avait autrefois reconnu comme du travail. Mais cela ouvrait une faille - une de plus - dans les solidarités anciennes.

[...] Tout comme la migration, la politique et le développement économique, les écoles proposaient des valeurs et des hiérarchies différentes ; elles proposaient un engagement dans des corps sociaux différents du groupe local. Elles permettaient aux individus d'échapper plus facilement à l'emprise de celui-ci, et ébranlaient la domination de crédos culturels et politiques jusque-là dominants - uniquement, il est vrai, pour orienter les individus vers d'autres croyances.» (Eugen Weber, *La fin des terroirs,* Fayard, 1983)

Un examen marquant

Le certificat d'études a une telle aura qu'un professeur au Collège de France déclarait en 1911 : «Je pourrais, si je le voulais, vous redire par cœur les données exactes du problème [du certificat d'études de mon enfance] qui roulait sur les achats et les ventes de Pierre et de Nicolas»

Les sujets du certif

Le certif est aujourd'hui mythique : on en connaît la difficulté et le caractère quasi-sacré tant pour les élèves que pour l'instituteur... Mais connaît-on toujours bien les matières et les sujets qui sont demandés aux écoliers ? Voici sur quoi sont jugés les candidats...

Quelles matières ?

Le certif, des années 1880 au milieu du XXème siècle surtout, n'a cessé d'évoluer, de se réformer. Les écoliers de 1940 ne passent pas tout à fait la même épreuve que ceux de Jules Ferry...

Si l'on voit tout de suite quelles sont les matières «stars» de l'épreuve : dictée, composition française, calcul, il n'en reste pas moins vrai que le certif contrôle absolument tout ce qui ce a été enseigné dans l'année, non seulement les leçons de choses, l'histoire, la géographie, même aussi le dessin, la couture... Le «premier» certificat d'études, antérieur à l'école laïque, possédait aussi une épreuve de catéchisme et d'histoire sainte.

Le certif se veut complet, voire encyclopédique, pour des raisons exposées en 1893 : «C'est un fait maintes fois constaté et parfaitement établi que les maîtres n'enseignent et que les élèves n'apprennent bien que ce qui sera ou pourra être demandé à l'examen». Multiplier les épreuves n'est donc qu'un moyen de s'assurer de la qualité et de la variété du bagage intellectuel que l'enfant emmagasine en quelques années, pour toute la vie...

> **!** *En 1890, seuls 10 % des élèves d'une classe d'âge ont le certif en poche... Ce chiffre passe à 30 % vers 1905, puis à 50 % vers 1935. L'examen tombe alors en désuétude au profit d'études plus longues...*

La dictée

Définie en 1882 comme devant comprendre 25 lignes, elle est réduite dès 1887 à 15 lignes, les cinq fautes éliminatoires étant beaucoup trop fréquemment obtenues dans le premier cas... Elle sert également d'épreuve d'écriture : la calligraphie des candidats est notée.

La composition française

Cette rédaction est sans doute l'exercice qui a le plus varié au fil des ans et des épreuves, passant de l'exercice d'un genre simple (récit, lettre, etc.) à celui de grande composition stylistique avec de hautes visées littéraires... Les pédagogues déchantant bien souvent après leurs tentatives d'élever le niveau de l'examen et revenant à de plus modestes rédactions.

Le calcul

L'épreuve d'arithmétique comporte deux questions, «portant sur les applications du calcul et du système métrique, avec leurs solutions raisonnées». Un exemple édifiant : «Chaque fois qu'un élève est premier en composition, son père lui donne 5 fr. ; mais toutes les fois qu'il a un autre rang, il doit rendre 2 fr. à son père. Au bout de 21 compositions, l'élève a 70 fr. Combien de fois a-t-il été premier ?»

Les dernières épreuves... du début

À ces trois grandes matières s'ajoute une autre, variable suivant le sexe et la région : les garçons de zone urbaine présentent un exercice de dessin linéaire, ceux de zone rurale répondent oralement à des questions sur l'enseignement agricole qui leur est dispensé, ceux du littoral répondent à des questions maritimes et de pêche. Les filles connaissent un régime différent : elles présentent comme les garçons, dessin ou cours d'économie locale, mais doivent présenter une épreuve en plus : des travaux de couture, à égalité avec les autres matières...

L'histoire-géo

Le cas de cette matière est un peu particulier car elle est initialement prévue pour être une matière orale, de «second tour». Ce n'est que devant l'affluence des candidats et la nécessité de réduire le temps de l'épreuve orale pour voir tout le monde qu'elle passe à l'écrit, en 1892. Ce nouvel écrit est d'abord, au choix des examinateurs et de façon aléatoire suivant les années, une composition de mémoire sur l'histoire, la morale ou les leçons de chose. Puis, en 1917, cela devient une rédaction, soit sur l'histoire et la géographie, soit sur des notions de sciences, et se complète d'un bref examen oral sur le sujet qui n'est pas tombé à l'écrit.

Les sujets de l'oral

Les conditions de l'oral

Chaque épreuve de la première série est notée sur 10 ; sont admis à passer l'oral ceux qui ont obtenu au moins la moyenne à l'écrit, soit 20 sur 40 pour les garçons, et 25 sur 50 pour les filles, avant que ne vienne s'y rajouter l'épreuve d'histoire-géographie écrite.

L'oral comprend au départ des questions sur la géographie, l'histoire, la lecture expliquée, l'analyse grammaticale d'une phrase, les applications pratiques du calcul. Ensuite, la part de l'oral d'histoire-géo diminue au profit de l'écrit, mais fait parfois place à de petites questions de sciences. L'examen oral total ne doit pas dépasser, pour chaque candidat... 25 minutes ! C'est déjà fort long pour la plupart des centres d'examens, où on a bien du mal à faire passer en une seule journée un nombre grandissant de candidats. La foule, la fatigue, le bruit, nuisent aux conditions d'examen... Heureusement, le succès à l'oral est quasi total et très peu de ceux qui ont réussi l'écrit seront rejetés à l'oral (de l'ordre de moins de 0,5 % !)

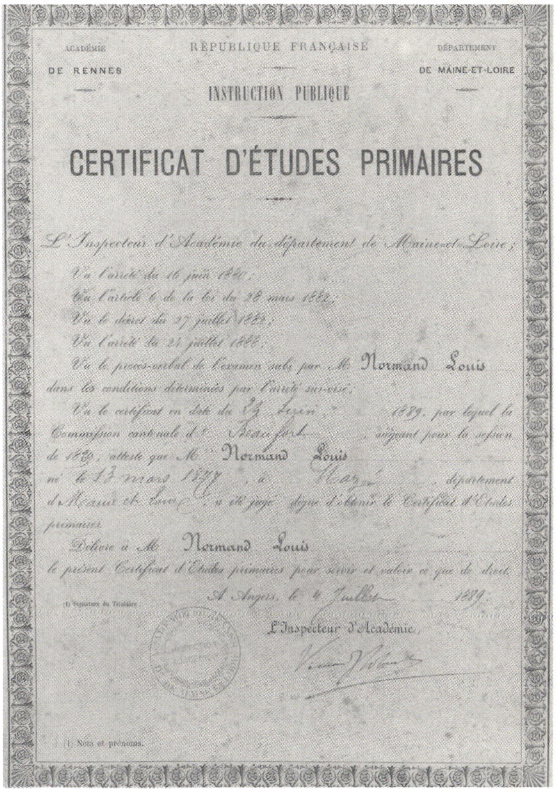

ACADÉMIE DE RENNES — RÉPUBLIQUE FRANÇAISE — DÉPARTEMENT DE MAINE-ET-LOIRE

INSTRUCTION PUBLIQUE

CERTIFICAT D'ÉTUDES PRIMAIRES

L'Inspecteur d'Académie du département de Maine-et-Loire ;

Vu l'arrêté du 16 juin 1880 ;

Vu l'article 6 de la loi du 28 mars 1882 ;

Vu le décret du 27 juillet 1882 ;

Vu l'arrêté du 24 juillet 1888 ;

Vu le procès-verbal de l'examen subi par M. Normand Louis dans les conditions déterminées par l'arrêté sus-visé ;

Vu le certificat en date du 27 Juin 1889, par lequel la Commission cantonale de Beaufort, siégeant pour la session de 1889, atteste que M. Normand Louis né le 13 mars 1877, à Mazé, département de Maine et Loire, a été jugé digne d'obtenir le Certificat d'Études primaires.

Délivre à M. Normand Louis le présent Certificat d'Études primaires pour servir et valoir ce que de droit.

A Angers, le 4 Juillet 1889.

(1) Signature du Titulaire

L'Inspecteur d'Académie,

(1) Nom et prénoms.

Le jour J tel qu'il est vécu...

«La veille, nous préparons notre matériel. Qu'il ne manque rien, surtout ! Ni le compas, ni la règle ou la gomme. Nous préparons des plumes de secours. Ce n'est pas le jour de planter un superbe pâté sur sa feuille. [...] Les épreuves commencent à huit heures, après l'appel des candidats réunis dans la vaste cour de l'école. Cinquante ou soixante gamines et gamins sont là, vêtus soigneusement. Les maîtres des diverses écoles, après s'être salués, rejoignent les leurs pour les réconforter. Puis l'inspecteur se présente sur le perron» et fait l'appel.

Après l'installation par ordre alphabétique, chacun sur une table, commence l'épreuve de rédaction ; pas de récréation, on enchaîne directement sur la redoutable dictée, lue par deux examinateurs différents à la suite. Une courte pause dans la cour, les premiers échanges d'angoisses ou de confiance entre élèves, les paroles rassurantes des instituteurs, et voilà les exercices de calcul : deux problèmes, plus ou moins tortueux. Enfin, le dessin achève les exercices écrits.

«Nous n'en avons pas terminé. Les épreuves reprennent l'après-midi, après la longue interruption du midi pendant laquelle le repas que chacun a apporté est pris au grand air car il fait beau ce jour-là. Histoire, géographie, sciences, calcul mental, gymnastique, récitation et chant. Je me rappelle avoir récité une fable de La Fontaine et chanté devant une jeune dame aux cheveux coupés très courts, fort affable, et un monsieur aux sourcils buissonneux qui regardait en l'air, comme absent, ou fatigué. Modeste, j'ai pensé qu'il prenait cette pose pour mieux apprécier mon chant.» H. Gancel

Du curé à l'inspecteur

Le certificat ancienne mode, existant de manière encore peu définie depuis 1866, était organisé par l'instituteur et les élèves passaient en présence du curé et du maire... Depuis les lois de 1882, il est bien plus organisé : il se déroule au chef-lieu de canton ou au moins dans une commune centrale désignée officiellement, devant une commission cantonale dont l'inspecteur primaire est président. On ne rit plus avec les règlements !

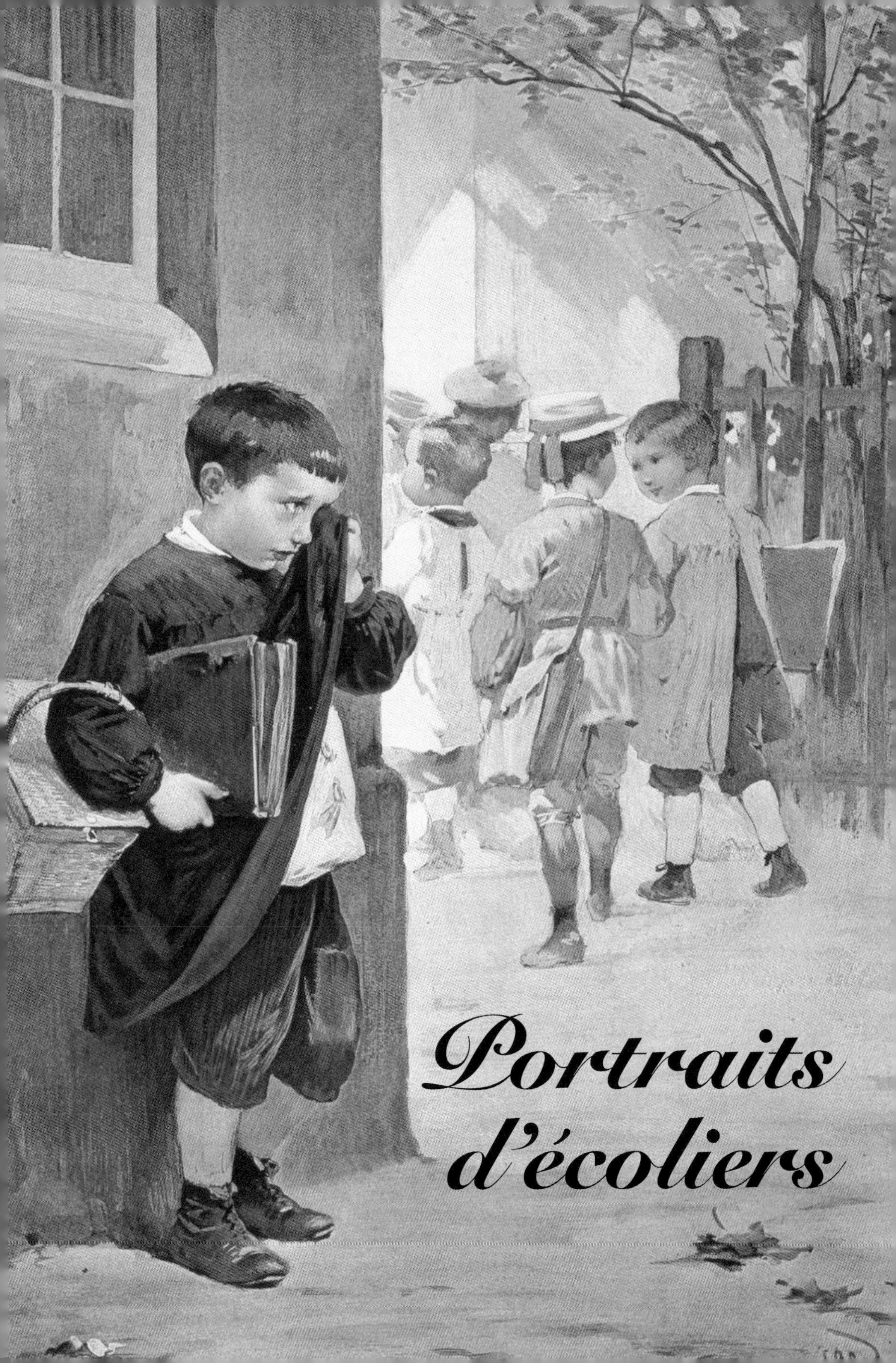

Portraits d'écoliers

Un écolier en 1750...

À la fin de l'Ancien Régime, l'enfant du peuple est bien davantage pâtre, berger ou petit ouvrier agricole qu'élève et il sèche la classe dès qu'on a besoin de lui à la ferme. D'ailleurs, les écoles sont rares. C'est souvent le bedeau, le curé ou un sacristain qui apprennent à lire et à compter aux enfants du village.

Débuts d'organisation

Pierre se hâte sur le chemin de l'école. Il porte dans sa besace un peu d'encre de noix, les deux plumes quotidiennes (prélevées simplement sur les poules de la ferme mais taillées avec soin), un canif pour les retailler sur place, quelques feuilles de papier (le plus coûteux de toute l'affaire) et un peu de sable dans un sachet pour faire sécher l'encre. Pour le jeune écolier de dix ans, le chemin est bien long. Il y a trois kilomètres de la ferme des Mariaux au bourg de Pouzay. Mais, comme le rappelle son père, il est important de savoir lire et compter en 1750 : un propriétaire rusé ne lui fera pas signer plus tard des clauses qu'il n'aurait pas su déchiffrer, un racoleur adroit ne lui présentera pas un enrôlement en bonne forme en assurant qu'il s'agit d'un papier sans importance...

La lecture

Quand il entre au presbytère, une douzaine de garçons de cinq à douze ans sont là. Le curé fait déjà lire quelques lignes dans un vieux missel au petit Sébastien, qu'il a assis près de lui tandis que le plus grand des enfants récite un chapelet et que les autres jouent en silence. Pierre s'assoit dans un angle après avoir salué le vieux prêtre. Il se mêle discrètement au jeu de deux amis en attendant qu'on l'appelle pour son «tour de classe» - cet enseignement personnel donné dans une salle commune.

> **!** *Au XVIIIème siècle, même s'il y a une petite école de campagne, les enfants les plus pauvres ou les plus éloignés n'y vont pas. Quant aux autres, ils ne s'y rendent que lorsqu'on n'a pas besoin d'aide chez eux.*

Pour la lecture, Pierre est le meilleur. Il faut dire que ses parents ont à la maison un livre de prières qui lui permet de vérifier le soir qu'il a bien retenu les cours de son maître. Et puis le curé enseigne en français, contrairement au sacristain de Sainte-Maure qui ne jure que par le latin ! C'est même un sujet de discussion sans fin entre les deux hommes. Le latin permet d'apprendre à lire plus vite, dit l'un, car chaque lettre correspond à un son alors qu'en français un même son se traduit par des lettres différentes et que certaines lettres s'écrivent mais ne se prononcent pas. Les actes de la vie courante que les enfants rencontreront à l'âge adulte sont rédigés en français, rappelle l'autre. Le latin est universel, reprend le premier, alors que le français est concurrencé par les patois dans de nombreuses régions. Dans notre région tourangelle, répond l'autre, les enfants sont davantage motivés s'ils comprennent ce qu'ils lisent, c'est-à-dire le français qu'ils parlent tous les jours. Et puis, quand on sait lire le français, on sait lire le latin alors que l'inverse n'est pas vrai. Bref, un dialogue de sourds avec des arguments valables des deux bords.

Le calcul

Ce n'est que lorsqu'il a bien su lire que Pierre a commencé à apprendre à compter, disons plutôt, dans le langage de l'époque : à «chiffrer» ou à «jetter» (car on utilise des jetons). Il a apporté, comme les autres enfants des jetons de cuivre et de vieux deniers qui ne pouvaient plus servir.

Le maître inscrit les chiffres à la craie blanche sur une tablette de bois noirci. L'enfant interrogé doit lire les chiffres puis assembler avec les jetons une somme de livres, de sols et de deniers qu'on lui indique au hasard. Seule l'application des nombres à la monnaie est donnée aux enfants par le vieux prêtre. D'ailleurs, Pierre a assimilé très vite toutes ces notions : il y retrouve des éléments de la vie courante, des opérations de compte qu'il voit son père effectuer et qui lui semblent importantes pour sa vie future.

L'écriture

Pas de table dans la salle d'école de campagne, seulement des bancs. Aussi est-il bien difficile d'écrire. Il faut placer une planche sur ses jambes, du papier par-dessus, fabriquer de l'encre, apporter et tailler efficacement ses plumes, utiliser le tout avec les bons gestes sans rien renverser... Aussi n'est-ce pas toujours enseigné par le maître.

... et un maître à la campagne

Religieux ou laïc ?

La profession est parcourue par un grand mouvement de laïcisation, même si nombre de maîtres d'école sont issus des rangs du clergé séculier ou régulier. Le souhait des communautés civiles de recevoir un enseignement plus utilitaire que religieux se traduit en effet par un recrutement croissant de laïcs.

L'origine des maîtres d'école est souvent plus populaire que celle des curés et ils sont moins bien formés. Mais, quand on a un peu de savoir à l'époque, il est assez facile de se proposer pour l'enseigner. D'ailleurs, l'enseignement reste rudimentaire : la lecture, le chant, le calcul. L'écriture n'est pas toujours enseignée faute de tables. L'arithmétique est souvent écartée, faute de compétences des maîtres eux-mêmes. Enfin, la grammaire et l'orthographe constituent rarement des priorités pour les enseignants laïcs qui ont bien du mal à maîtriser ces deux matières !

Les maîtresses d'écoles subissent une laïcisation similaire. Les religieuses du début voient s'ajouter à leur nombre des femmes laïques mais ayant fait vœu de chasteté ou de pauvreté et qui se tournent vers l'enseignement des petits : humbles béates du Velay, menettes d'Auvergne, dames de Charité d'Angers...

Des fonctions très diverses

Dans les très petites paroisses, ce sont souvent les curés qui assurent un enseignement (s'il y en a un !). Mais, même s'il est laïc, le maître demeure le bras droit du curé. Il fait office de sacristain : il doit chanter à l'église, participer aux prières publiques, entretenir les luminaires et, plus globalement, toute l'église. Il est souvent chargé d'assurer la catéchèse et prépare ses élèves à recevoir les sacrements, notamment la première communion. Il assure aussi la fonction d'agent paroissial devant aider la communauté villageoise à régler ses problèmes administratifs.

Enfin, il a bien entendu la charge d'enseigner. Seule la lecture est considérée comme une priorité, comme un préalable à tous les autres apprentissages. L'écriture est enseignée ultérieurement, parfois pas du tout faute de tables ou de matériel adéquat. La grammaire et l'orthographe sont

peu prises en compte et ne constituent pas aux yeux du maître des matières importantes.

Le calcul est essentiel mais l'arithmétique ou la géométrie sont écartées, faute de connaissance du maître en général !

Un revenu bien maigre

Le maître est recruté par l'administration du village. Pourtant, les gages annuels ne sont pas versés par la communauté mais par chaque famille d'élève. Non seulement ils sont faibles, mais toutes les familles n'envoient pas leurs fils et leurs filles à l'école. Lorsqu'elles le font, la venue de l'enfant est irrégulière et les parents ne payent pas facilement. Témoignage d'un maître d'école en 1780 : «Dans ma paroisse d'environ 120 [familles], où je suis venu m'engager dès 1737, il me fut assigné 6 sols par chacune, ce n'est que depuis neuf ans que je perçois 8 sols de chaque ménage plein, des veuves la moitié, ce qui produirait 48 livres si j'étais payé de tous, mais tant s'en faut... Le peuple que je sers est assez bon mais fort pauvre ; à mon entrée, j'ai continué la méthode du lieu d'aller de porte en porte, à la fin de l'année, demander mes petits dus. J'ai honte de m'exprimer sur les rebuts, les humiliations que j'y ai souffert, ne recevant dans une tournée que tantôt 30 sols, tantôt 10 sols, quelquefois rien du tout, lassé et rebuté».

Un écolier en 1800...

Au lendemain de la Révolution, qu'en est-il de l'école et surtout de l'écolier ? Cette période de troubles n'est guère très favorable à l'enseignement. Les enseignants sont bien moins nombreux, souvent moins bien formés, et les élèves encore moins présents qu'auparavant.

Un âge scolaire défini

Avec le décret de 1793, l'âge de la scolarité est fixé à six ans. Avant six ans, on reste aux mains des femmes de la maisonnée, comme le petit Spartiate de l'Antiquité. Sept ans, c'est aussi l'âge fixé par l'Église catholique comme celui du discernement, le fameux «âge de raison». Six ans, c'est l'âge recommandé au XVIIIème siècle par les philosophes des Lumières pour l'instruction des enfants des élites... On fixe ainsi par décret un âge vers lequel convergent tous les avis. Il ne changera plus.

Une école sans réelle importance

Âge légal ou pas, la population dans son ensemble reste assez fermée à l'éducation. Un témoin rapporte : «Dans un grand nombre de communes, les conseillers municipaux ne savaient pas lire. Un inspecteur signale dans son arrondissement quatre maires qui ne parlent que patois ; d'autres savent à peine signer. On croit qu'ils sentent leur malheur et leur humiliation ? Pas du tout. Ils n'en sont pas même là. Peu s'en faut qu'ils ne se montrent choqués de cette prétention d'instruire leurs enfants, de les rendre plus savants qu'eux. C'est de pain que nos enfants ont besoin, pas de livres. Un d'entre eux, à qui on parle de la nécessité d'envoyer les enfants de la commune à l'école répond qu'ils feraient mieux d'aller curer un fossé... Un curé propose de l'argent aux parents s'ils envoient leurs enfants à l'école. Ils n'en veulent pas. S'il existe une manufacture dans les environs de la commune, dès l'âge de six ou sept ans les enfants y affluent». Et, dans ce cas, même si les ouvriers n'ont pas pour l'enseignement la même indifférence que les paysans, même si la manufacture a créé une petite école du soir, comment imaginer que l'enfant puisse en profiter réellement. «Les écoles du soir sont pour la plupart une dérision, écrira plus tard Michelet. Imaginez ces pauvres petits qui, partis avant le jour, reviennent las et mouillés, à une lieue, deux lieues de Mulhouse, qui la lanterne à la main, glissent, trébuchent le soir... Appelez-les alors pour commencer l'étude et aller à l'école !»

> *«Les bancs de bois sur lesquels vous voulez clouer pour huit ans ceux pour qui le mouvement est la première condition de vie, ne sont-ils pas des instruments de supplice ?»*

Souvenirs d'une éducation des années 1810

Né en 1803 à Bourg-en-Bresse dans une famille notable pourtant attachée à l'éducation, Edgar Quinet reçoit une instruction décousue bien caractéristique de l'époque.

Il passe d'abord entre les mains d'un professeur de mathématiques qui le prend en pension chez lui, lui enseigne, selon une méthode de pédagogie novatrice qu'il a lui-même développée, à écrire avant de lire et ne lui apprend que le latin. En 1811, sa famille part pour Charolles. On veut le mettre dans les petites classes d'un collège, mais celui-ci n'est ouvert qu'à temps très partiel, lorsqu'il ne sert pas de magasin à fourrage pour les chevaux de l'armée impériale !

Sa mère décide alors de le confier à un nouvel enseignant : «Un bon vieux prêtre, d'abord assermenté, puis délié de ses vœux, puis marié... Il avait ouvert une petite école ; bientôt il fut obligé de la fermer, et on le laissait très charitablement mourir de faim... Ma mère entreprit de vaincre ce préjugé et cette inhumanité», elle prit le vieux prêtre à son service pour éduquer son fils. Mais ce maître déjà âgé était bègue, un peu sourd et ne savait en latin que *L'Énéide travestie* de Scarron. Pour le dessin, il se contentait d'enseigner l'art de tracer un cercle parfait, comme Raphaël, et d'en trouver le centre exact, comme Michel-Ange : «Nos leçons se passèrent à dessiner à la craie des ronds sur un tableau ad hoc, et à en attaquer vivement le centre ; ce que nous faisions comme un jeu d'escrime.»

Edgar Quinet ajoute qu'à ce régime ses camarades et lui-même étaient tombés «dans l'ignorance et le vandalisme» mais que «cela ne nous fit aucun mal» ! (rapporté dans *L'enseignement et l'éducation en France,* L.-H. Parias)

... et son maître

Des paysans, des notables et des hurluberlus

Les congrégations religieuses sont alors dissoutes. Les maîtres qui restent ont des compétences et des qualités pédagogiques tout à fait aléatoires puisque, jusqu'en 1816, aucun titre ni aucune preuve de savoir n'est demandé. Aussi peut-on rencontrer des hommes comme le magister de Noyers dans l'Yonne, dont l'école est si mal tenue «que l'on peut difficilement apercevoir le citoyen Colibeau à travers les toiles d'araignées, particulièrement quand il donnait son cours comme il le faisait à l'accoutumée, avec un bonnet de nuit, en robe de chambre et en sabots.» Souvent, il n'est qu'un paysan un peu plus instruit que les autres, engagé par ses pairs pour apprendre la lecture, l'écriture et le calcul à leurs enfants. Pendant longtemps aussi, la moralité de celui auquel des enfants vont être confiés va sembler aux communautés largement aussi importante que les connaissances.

Par ailleurs, dès que Thermidor met fin à la Terreur, d'anciens nobles ruinés mais éduqués survivent en créant des écoles où ils enseignent eux-mêmes ce qu'ils ont appris dans leur enfance.

Des essais éducatifs sont testés deci delà par des pédagogues ayant tantôt un peu tantôt pas du tout les pieds sur terre. Jacotot invente la méthode globale, qu'il applique à l'apprentissage de la lecture mais qu'il prétend indispensable à la connaissance de toutes les autres sciences. Ses idées sont ensuite développées à un point aberrant, comme le raconte plus tard un élève : «J'eus un maître singulier, un chercheur de méthodes impossibles, qui s'était passionné pour Jacotot. Il nous plantait devant l'Iliade en grec, en latin et en français, en nous disant : il n'y a ni grammaire, ni dictionnaire, cherchez et vous trouverez».

Des locaux peu adaptés

Les écoles elles-mêmes sont installées n'importe où : anciens couvents ou locaux d'archevêchés, granges, étables, anciennes boulangeries, salles de cabarets, pièces d'habitation où l'on va et vient... «Des écoles manquent ou s'écroulent, écrit un ministre ; des livres sont vainement demandés à des parents indigents ; des instituteurs, plus indigents encore, végètent péniblement, en proie aux plus rudes privations» La pauvreté des communes

empêche l'achat d'un bâtiment à usage uniquement scolaire. Les communes rurales n'ont pas toujours non plus les finances permettant d'acheter du matériel scolaire (et à partir de la Restauration, le buste du roi et le Christ qui doivent se trouver dans les salles de classe !). Parfois, pour y remédier, elles votent un impôt supplémentaire spécial.

Tous égaux

Selon Jacotot, éducateur né en 1770, toutes les intelligences sont égales. Il existe seulement des différences de volonté et de courage.

Souvent ni cour, ni latrines, parfois ni sièges, ni tables, ni chauffage. S'il y a une cheminée ou un poêle, ce sont les enfants qui doivent apporter du menu bois ou quelques bûches pendant l'hiver, ce qui représente pour les familles un coût important.

Des revenus toujours maigres

«Des professeurs ne vivent que d'emprunts, déclare-t-on à Poitiers en 1898 ; d'autres ont vendu une partie de leurs livres ; leurs talents sont leur seule fortune.» On rapporte même le cas d'un enseignant qui dut vendre sa montre pour payer son jardinier. L'hiver, ils ont dans leurs classes aussi froid que leurs élèves et aussi peu de bois qu'eux pour alimenter un feu.

Un écolier en 1850...

Malgré les premières lois organisant l'instruction au niveau national et l'augmentation du nombre d'écoles, les enfants du milieu du XIXème siècle sont très irrégulièrement scolarisés. L'éducation est encore payante et non obligatoire. Extraits de souvenirs d'écoliers devenus connus...

Jules Simon (vers 1820)

«Il n'y avait pas de cheminée dans la classe ; elle n'était donc pas chauffée. Le maître prétendait qu'on n'y souffrait jamais du froid, parce qu'elle était extrêmement petite et qu'on y était fort entassé. Il était pourtant obligé quelquefois de permettre une petite sauterie d'un quart d'heure, pour nous réchauffer. [...] Quant au mobilier, il était des plus sommaires. Six bancs en sapin, une seule table sur laquelle huit élèves pouvaient écrire à la fois, et, pour le maître, une chaise de paille. Pas une carte ni un tableau noir sur les murs. D'ailleurs, qu'en aurait-on fait ? C'est à peine, avec cette étroite et unique fenêtre, si l'on pouvait lire dans le livre qu'on tenait à la main. [...] Une seule chose pouvait me réconcilier avec le spectacle que j'avais sous les yeux, c'était l'air de contentement du maître et la bonne humeur des élèves.» (Extrait de *Premières années*, Flammarion)

«Nous avons mangé du pain sans savoir lire et écrire, nos enfants feront de même.»

Martin Nadaud (vers 1830)

Sous la Restauration, le père de Martin Nadaud annonce son intention de l'envoyer à l'école. «Jamais je n'oublierai le tollé que soulevèrent ces paroles, de la part de mon grand-père et de ma mère. La conversation s'engagea aussitôt sur l'utilité et la non-utilité de l'envoi à l'école des enfants de la campagne. Ma mère protesta avec la plus grande vigueur, disant qu'elle avait besoin de moi pour aller aux champs. Mon grand-père fut de son avis, ainsi que d'autres paysans qui ne tardèrent pas à prendre part à la conversation. Enfin, tous prétendirent que pour des enfants de la campagne, ce qu'ils pouvaient apprendre ne leur serviraient pas à grand-chose, sinon à faire quelques lettres et à porter le livre à la messe.»

Anatole France (vers 1850)

«Je vais vous dire ce que me rappellent, tous les ans, le ciel agité de l'automne et les feuilles qui jaunissent dans les arbres qui frissonnent ; je vais vous dire ce que je vois quand je traverse le Luxembourg dans les premiers jours d'octobre, alors qu'il est un peu triste et plus beau que jamais. [...] Ce que je vois dans ce jardin, c'est un petit bonhomme qui, les mains dans ses poches et sa gibecière au dos, s'en va au collège en sautillant comme un moineau. Ma pensée seule le voit ; car ce petit bonhomme est une ombre ; c'est l'ombre du moi que j'étais il y a vingt-cinq ans.[...] Il y a vingt-cinq ans, à pareille époque, il traversait, avant huit heures, ce beau jardin pour aller en classe. Il avait le cœur un peu serré ; c'était la rentrée. Pourtant, il trottait, ses livres sur son dos et sa toupie dans sa poche. L'idée de revoir ses camarades lui remettait de la joie au cœur ; il avait tant de choses à dire et à entendre.» (Extrait d'*Œuvres)*

Ernest Lavisse (vers 1850)

Né en 1842, dans un milieu de modestes bourgeois, Lavisse fréquente l'école primaire de Nouvion en Thérache de 1848 à 1850 avant d'aller apprendre les humanités au collège.

«C'était dans la grand'rue. On entrait par un corridor dont les murs étaient de mortier. Au bout à droite, une petite porte ouvrait sur la salle, qui était assez vaste. Il n'y avait aucun tableau, aucune carte, il n'y avait point de tables. Chaque écolier possédait une planche percée d'un trou où passait une ficelle par laquelle on la suspendait au mur. Pour écrire, nous mettons la planche sur nos genoux. [...]

Chez nô [notre] maître, nous lisions ; nous faisions de petits calculs ; la table de multiplication nous attristait, surtout quand intervenait le chiffre 9 ; 6 fois 9 me donnait des tourments, que renouvelait 9 fois 6. [...] Dans quels livres lisions-nous ? Je me rappelle la croisette, qui était l'alphabet, suivi de syllabes et de mots qui se groupaient en phrases à la fin, et puis la Bible. Les plus grands lisaient dans la Bible ; on disait d'eux : «Il lit dans l'Bibe», et c'était une dignité dont je sentais l'importance.» Ernest Lavisse *Souvenirs*, Calmann-Levy, 1912.

... et son maître

Un salaire toujours aléatoire

L'instituteur est rémunéré pour partie par l'État, pour partie par les familles. Or, pour les parents, cette somme s'élève mensuellement, suivant l'époque précise et les lieux, à 8 ou12 F, soit une centaine de francs par an. Un petit fonctionnaire gagne environ 1 200 F par an : l'école coûte donc l'équivalent d'un mois de salaire par an ! Bien entendu, la situation est encore pire dans les milieux ouvriers ou paysans, très pauvres. Pour certains qui n'ont même pas de quoi s'habiller, payer cahiers et plumes semble un luxe inenvisageable.

Dans certaines régions, les gens sont si pauvres ou si rétifs à l'éducation, jugée inutile en plus d'être coûteuse, que les sommes mensuelles doivent être abaissées à 5 ou 6 F pour ne pas rebuter trop de monde. Et encore, il est souvent bien difficile pour le maître de récupérer son dû. Quand on sait que de son côté l'instituteur est bien pauvre, on juge de la difficulté de situation de tous...

Des locaux toujours insuffisants

Les locaux sont souvent aussi défectueux que cinquante ans plus tôt. Au Nouvion-en-Thiérache dans l'Aisne par exemple, il n'y avait toujours ni«ni cartes, ni tableaux noirs, ni tables, ni pupitres» dans les années 1850. «Chaque élève avait une planche en bois qu'il posait sur ses genoux pour écrire ; le maître taillait les plumes des élèves, et quand il devait allait chanter à l'église, sa sœur maintenait l'ordre dans la classe tout en épluchant sa salade. Cela n'avait rien d'inusuel et des choses de ce genre ont dû interrompre plus d'une leçon ennuyeuse. Si l'école se trouvait dans la salle de mairie du village, les registres de la communauté étaient généralement gardés dans un coin au fond d'une armoire et, à tout moment, des adultes entraient ou attendaient pour vérifier un document ou demander quelque renseignement à l'instituteur ; on célébrait même parfois des mariages dans cette salle, y compris pendant la classe» (E. Weber, *La fin des terroirs*).

Des compétences toujours lacunaires

Les maîtres ont encore des savoirs bien lacunaires. Parfois, les communes les recrutent à la foire, comme un bestiau ! Les jeunes gens un peu éduqués viennent y proposer leurs services, portant plume au chapeau : une plume indique qu'il apprendra à lire aux enfants ; deux plumes qu'il sait aussi l'arithmétique ; trois plumes qu'il est même capable d'enseigner le latin ! À Selins dans le Cantal en 1840, la maîtresse ne sait enseigner que les prières, le catéchisme et les deux premières règles de l'arithmétique (addition et soustraction) : «Elle avait bien entendu parler d'une troisième [la multiplication] mais ne l'avait jamais apprise».

Sans compter le problème de la langue qui fait que, dans certaines régions où seul le patois est utilisé, personne ne peut lire un livre en français parce que le maître non plus ne parle ni ne comprend le français.

Dans la première moitié du XIXème siècle, on récupère pour locaux scolaires d'anciens bâtiments d'église ou des maisons d'artisans (ici les cuisines de l'école de jeunes filles supérieure de St-Gautier)

UN ÉCOLIER EN 1900...

La situation de l'écolier de la Belle Époque, même si sa présence n'est toujours pas bien régulière, s'est très nettement améliorée : locaux mieux adaptés, enseignants très bien formés, matériel pédagogique abondant... Voilà l'image parfaite et nostalgique de l'écolier à la blouse, dans toute sa splendeur !

Souvenirs...

«Comme mes frères, je fréquentai l'école primaire d'Adamville, raconte Édouard Bled. [Les salles de classe récemment construites étaient] spacieuses, peintes de couleurs claires et pourvues du chauffage central, luxe vraiment rare à l'époque, c'était un plaisir d'y travailler. Les classes les plus anciennes, réservées aux petits, avaient conservé leurs tristes, leurs affreuses peintures marron foncé ou chocolat qui par places s'écaillaient, et leur énorme poêle à charbon. Mais de grandes baies laissaient entrer la lumière. [...] Au cours préparatoire où je fis mes débuts, nous étions près de quatre-vingts. Devant, c'étaient de petites tables à deux places, disposées en quatre rangées et derrière, tout au fond, s'alignaient sur deux rangs quatre longues tables plus hautes où se pressait une bonne trentaine d'élèves. Mais comme dans les petites classes les absences sont fréquentes et assez nombreuses, chacun trouvait ses aises.» *Mes Écoles*, Robert Laffont, 1977.

En 1899 dans la Meuse à Billy, les enfants comencent toujours à travailler à partir de huit ans. Malheureusement, dit l'instituteur, ceux qui auraient dû les pousser à fréquenter l'école étaient ceux qui les employaient.

L'école est désormais bien pourvue en bancs et en tables, souvent inclinées et cachant un vaste tiroir. Les accessoires sont tous là : encrier de porcelaine, encre violette et porte-plume, cahiers, buvard et gomme, mais aussi bouliers, bûchettes, règles et instruments de mesure...

Passions...

Enfin, l'enseignement ne se fait qu'en intéressant la curiosité de l'enfant, et non en le forçant, même si dans la pratique nombre de générations se souviennent des coups de règles sur les doigts ! À noter que, si ces punitions ont souvent laissé de fortes traces dans les esprits, elles ne sont rien comparées aux anciennes séances de coups de férule ou de baguette de noisetier que, disait un maître du début du XIXème siècle, «on ne doit pas avoir peur de casser»... La punition existe, mais elle côtoie la récompense et une réelle volonté d'intéresser les élèves, qui se marque par les illustrations qui se multiplient dans les manuels, les tableaux et images murales, et enfin les nombreux échantillons et outils des leçons de choses (parfois appelés «musée scolaire»). Les récits historiques, moraux ou patriotiques des manuels, pour grandiloquents qu'ils nous paraissent aujourd'hui, ne s'en veulent pas moins passionnants, et dans leurs témoignages les anciens écoliers semblent bien marquer l'intérêt qu'ils portaient à ces récits, les yeux brillants...

... et son maître

L'instituteur est un notable

Le salaire de l'enseignant est désormais régulier, même s'il n'est pas très conséquent, de l'ordre de 1 100 francs par an pour un débutant (il s'améliorera un peu avant 1914) contre 700 francs vingt ans plus tôt. Son métier est perçu par tous ceux qui l'entourent comme une promotion sociale et une sécurité puisqu'un instituteur en fin de carrière réussit à doubler son salaire de début. Ses enfants ont automatiquement la gratuité des études secondaires, un atout de plus qui fait de ce métier un tremplin social pour les générations suivantes.

Mais l'aura qui entoure le personnage va bien au-delà de sa rémunération. Dans les communes rurales et les gros bourgs notamment, le bon instituteur est un notable, qui fréquente le maire, le notaire, le juge de paix, le percepteur... Son prestige est d'autant plus fort dans les régions où des langues locales sont bien implantées qu'il est souvent l'un des rares à maîtriser le français. Dans beaucoup d'endroits, les conseillers municipaux mènent leurs réunions en occitan, basque, breton, etc. et laissent le soin au maître d'école de préparer les comptes-rendus ainsi que les courriers du maire. Souvent secrétaire de mairie, il apporte ses conseils avisés aux villageois qui viennent le voir. En cas de souci, il est désormais autant consulté que le curé, c'est tout dire ! On le surnomme parfois, peu sympathiquement, le «bec de gaz communal», un terme qui signifie bien néanmoins qu'il éclaire de ses lumières la communauté dans laquelle il vit.

Enfin, non seulement l'instituteur s'occupe à partir des années 1890 de l'administration de presque toutes les communes, mais il est aussi assez souvent le correspondant attitré des journaux pour les nouvelles locales. Une fonction qui lui vaut du prestige et un revenu supplémentaire, mais parfois aussi des avertissements du préfet quand son rôle politique devient trop important.

L'instituteur est un «civilisateur»

Pour le pouvoir en place, la grande masse des paysans parlant son patois ou un français émaillé de fautes de syntaxes est perçue comme une foule rude, au caractère violent et querelleur. L'instituteur se trouve donc investi d'une mission civilisatrice : inculquer l'ordre, la propreté, la culture pour, disent les citadins cultivés, «adoucir la sauvagerie et la rudesse naturelle des paysans». Il doit «modifier sensiblement les habitudes d'hygiène et de propreté corporelle, les mœurs domestiques et sociales, ainsi que la manière de raisonner des choses et d'en juger». Voilà une mission donnée qui va bien au-delà de l'enseignement du français, des sciences et des mathématiques !

En 1900, la séparation de l'Église et de l'État n'a pas encore eu lieu et les congrégations sont encore très présentes dans l'enseignement primaire.

Le costume d'écolier

Les petits paysans portent souvent une chemise de toile rude à col droit, avec une culotte courte descendant bas sur les cuisses et suspendue aux épaules par des bretelles à boutonnières aussi solides que des harnais. Un sarrau noir recouvre parfois le tout. Après 1914-1918, les culottes sont parfois taillées dans des capotes militaires. Enfin, l'écolier chausse des sabots ou des galoches et porte casquette ou béret.

Un écolier en 1930...

C'est l'heure glorieuse de l'école républicaine, parfaitement rôdée. Les classes ne sont pourtant pas très riches, les privations de la guerre avec leur lever des couleurs et leurs chasses aux doryphores anecdotiques vont bientôt survenir. Mais les doutes et les contestations ne seront réels qu'après guerre.

L'élève rêvé

Voici ce que l'instituteur attend de l'élève, en termes de comportement : «Le bon écolier est très exact et très assidu à ses leçons. D'une tenue irréprochable, il se présente en classe l'air modeste, les cheveux bien peignés, le visage lavé, les mains blanches, les habits propres et non déchirés. Ses livres et ses cahiers ne sont jamais ni salis ni désordonnés. Quand il entre à l'école, il salue poliment son maître, va s'asseoir tranquillement à sa place, range son sac, dispose avec soin les objets à son usage, puis croise les doigts sur la table en attendant la leçon. Attentif aux explications qu'on lui donne, il est toujours prêt à se mettre au travail ; il ne bavarde pas avec ses voisins. En sortant de classe, il se rend directement à la maison sans crier ni faire de tapage dans la rue.» (dictée de 1928)

> **!** *En 1930, les pédagogues (mais pas encore les maîtres) commencent à remettre en cause le cours de morale : «À l'école, on enseigne la morale comme on enseigne la grammaire. C'est du temps tout à fait gaspillé. La morale ne s'enseigne pas, elle se pratique» (S.Faure).*

Les aléas de la classe

La réalité est parfois plus agitée, surtout si le matériel scolaire s'en mêle ! «Ce matin, écrit un écolier tourangeau dans une rédaction en 1939, la maîtresse a voulu allumer le poêle. Dès que le papier et le menu bois brûlèrent, ils dégagèrent une fumée épaisse qui passait entre les fentes du poêle et bientôt la classe en fut envahie. Quand les élèves furent rentrés dans la salle de classe, ils s'assirent à leur place. Mais, bientôt, ils se mirent tous à se frotter les yeux ; les uns murmuraient, les autres se plaignaient de la fumée qui les gênait pour travailler. La maîtresse essaya d'activer le tirage et de rallumer le feu. Elle fit aérer la classe en ouvrant les fenêtres pour que la fumée s'échappe au-dehors. Peine perdue ! Le poêle ne voulut pas ronfler et il fallut laisser le bois se consumer petit à petit, sans dégager de chaleur. Aussi, les grands élèves décidèrent d'arranger le poêle. À la récréation, il se mirent au travail. Il démontèrent les tuyaux du poêle et ils les ramonèrent en raclant les parois à l'aide d'un lourd bâton. La suie ainsi enlevée remplit une bassine, c'est vous dire s'il y en avait ! Depuis lors, le poêle ne fume plus.»

Le certif encore à l'honneur

Autre témoignage, celui de Michel Crépeau à propos de la fin des années 1930 : «Je revois toujours avec une même émotion ces diplômes de certificats d'études que l'on trouvait dans les plus humbles chaumières où on les y exposait avec fierté. Ceux qui l'avaient mérité savaient en principe lire un texte sans ânonner, écrire une dictée sans faire plus de cinq fautes, faire une division à plusieurs décimales».

... et son maître

Un maître complet

La qualité du maître est encore évaluée en fonction de la tenue des cahiers des élèves et de la masse de connaissances qu'il leur fait assimiler. L'école primaire délivre encore, pour peu de temps, l'instruction complète à partir de laquelle une personne doit construire sa vie : la majeure partie des élèves ne recevra jamais d'autre enseignement, la fin du primaire marquant tout bonnement la fin des études. Aussi le rôle de l'instituteur reste-t-il crucial : «Ce que mon élève ne saura pas en sortant de mon école, il ne le saura jamais».

Son statut, du moins dans les petites villes et les villages, est toujours celui d'une personnalité respectée et écoutée de tous.

Sanctions et récompenses

Aussi l'instituteur est-il toujours prêt à harceler les élèves pour les pousser plus loin. Récompenses pour les meilleurs, punitions pour les moins bons ou les paresseux font partie de l'arsenal pédagogique quotidien du maître des années 1930.

Les gifles sont devenues rares mais les retenues ou les lignes à copier dix, vingt, trente ou cent fois sont plutôt fréquentes. Des contraintes vues par les parents comme par le corps enseignant comme inévitables pour l'amélioration du parcours scolaire de l'enfant.

Des changements qui germent

Des courants nouveaux, essentiellement en terme de pédagogie (Freinet par exemple), commencent à faire leur apparition. Les associations et syndicats d'instituteurs se multiplient mais sans pour autant infléchir encore les définitions ministérielles des tâches scolaires. Ce qui va considérablement transformer le primaire résulte à la fois de l'évolution de l'éducation familiale, qui se fait moins autoritaire, et de l'allongement des études, qui diminue l'importance attachée aux premières années de classe.

Un rêve perdu ?

Il faudra quelques décennies avant que ces valeurs républicaines ne soient remises en question et que leur dessèchement ne provoque un mal-être chez les instituteurs. L'école de Jules Ferry reste encore pour tous un mythe, une nostalgie, le rêve perdu d'une école paisible et stable.

UN ÉCOLIER EN 1960...

La Vème République marque sinon la disparition, du moins la radicale transformation de l'école pensée par Jules Ferry. L'écolier des années 1960 est le dernier de cet enseignement «à l'ancienne» qui comporte déjà les prémices de l'école des années 2000...

Un programme chargé

L'écolier des années 1960 est un écolier qui bosse ! Les programmes ont été poussés très loin, avec par exemple les opérations sur les fractions et l'analyse des phrases à trois ou quatre propositions en CM2. Selon les comparaisons internationales faites par R. Dottrens en 1954 : «Les petits Français apprennent à conjuguer les verbes deux ans plus tôt que les Allemands ou les Hollandais ; ils commencent l'analyse logique deux ans avant les Allemands, quatre ans avant les Italiens ; ils doivent savoir compter jusqu'à 1 000 à l'âge où leurs voisins s'arrêtent à 20 ; ils apprennent la multiplication et la division des nombres à deux chiffres un an avant les Allemands et les Hollandais, deux ans avant les Belges ou les Italiens ; le calcul des pourcentages un an avant les Belges et les Hollandais, deux ans avant les autres nations». Et les parents sont aussi soucieux de précocité que les programmes, tenant à mettre si possible leurs enfants en CP avant six ans. Le résultat, c'est que, globalement, un enfant sur deux redouble au moins une classe de primaire.

> **!** *Les années 1970 seront celles du remplacement progressif du porte-plume et de l'encrier par le stylo-bille. Le feutre de couleur fait aussi son entrée à l'école. Un monde d'écriture change...*

Des horaires lourds

À programme chargé, horaires lourds : jusqu'en 1969, l'écolier du primaire a trente heures de cours par semaine, davantage que dans le secondaire. Les cours sont intenses puisqu'il n'y a que quinze minutes de récréation le matin, autant l'après-midi, et quasiment pas de sport : les programmes prévoient deux heures et demie par semaine mais l'instituteur, faute de formation, d'installation ou d'une météo clémente, ramène souvent le tout à cinq minutes. La gymnastique qui pourrait détendre les esprits est aussitôt remplacée par du calcul ou du français !

Or, depuis le XIXème siècle, les écoliers ramènent aussi des devoirs à la maison, devoirs qui leur prennent souvent plus d'une heure. Les médecins s'appliquant à rappeler régulièrement que sept à huit heures de travail par jour sont trop lourds pour de jeunes enfants, René Billères décide en 1956 de supprimer les devoirs à la maison. L'instruction ministérielle a beau se déclarer impérative, les instituteurs continuent pour la plupart à donner des devoirs au point que l'interdiction doit être renouvelée en 1971.

Pourquoi ce maintien des devoirs à la maison par les maîtres ? Trois grandes raisons : la première, c'est que les programmes sont si lourds qu'il n'est pas possible de les assimiler dans le délai prescrit sans travail intense ; la seconde, c'est la survalorisation de l'école et des connaissances pour la promotion sociale, tant par les parents que par les instituteurs ; la troisième, c'est que les familles réclament des devoirs pour leurs enfants ! Aux yeux des parents, les devoirs servent non seulement à faire progresser leurs petits mais aussi à les occuper quand ils sont à la maison : «Ne rien faire ou jouer, ce qui revient au même, est suspect, résume L.-H. Parias, c'est le début des mauvaises habitudes». Bref, l'écolier des années 1960 avance ainsi à marche forcée dans l'univers des connaissances.

... et son maître

La fin d'une complicité

L'instituteur est un personnage au-dessus de la moyenne des Français, par sa culture et sa maîtrise de la langue. Mais, l'exode rural l'amène à vivre maintenant, comme ses élèves, plutôt en ville qu'à la campagne, état de fait qui va s'accentuer dans les décennies suivantes. Dans des localités importantes, il n'est plus le secrétaire de mairie connu de tous et auquel on peut aller demander conseil. En ville, on ne le voit ni dans les HLM, ni dans les bistrots, ni dans les cours des cités dortoirs qui se sont construites. Il privilégie plutôt les cinémas, les maisons de la culture ou les cinémas. Il rencontre son conjoint («par hasard», dit-il) dans le même milieu que lui : il est de plus en plus fils d'enseignants, époux d'enseignant, père ou mère d'enseignant, tout à la fois. Les rencontres organisées entre promotion d'écoles normales de garçons et d'écoles normales de filles valent, sur le plan de l'endogamie, les meilleurs rallyes de la bourgeoisie. Bref, les nouveaux instituteurs ne sont plus les enfants des paysans et du peuple et ne les côtoient désormais pas davantage. Ils impressionnent les parents les plus pauvres, les milieux défavorisés qui manient le moins facilement la langue, ce qui crée désormais une distance intimidante.

La fin d'un univers clos

Jusqu'aux années 1950, la fin de l'école primaire marque en général la fin des études et l'instituteur est celui qui poussait les enfants dans la vie d'adulte. Cela cesse de plus en plus d'être le cas. De pilier central de l'éducation d'un être, le maître d'école primaire devient un maillon, le premier d'une longue chaîne éducative.

Son rôle perd de l'importance (ce qu'il n'a pas appris à l'élève, d'autres que lui peuvent désormais le faire). Mais ce nouveau statut lui permet davantage de liberté et lui offre la possibilité d'innovation pédagogique. Des «tiers temps» sont prévus pour des sorties ou des matières autres que les mathématiques et le français. L'école va s'équiper davantage, s'agrandir, recruter parfois des professeurs de gymnastique payés par la ville et qui vont le décharger de cours... pour préparer d'autres types d'activités (les langues par exemple).

Le début d'un nouveau monde

Les réformes vont se succéder, presque une par gouvernement, avec plus ou moins de succès et plus ou moins de bonne volonté dans leur application. Les devoirs à la maison sont, en l'a vu, théoriquement supprimés depuis 1959. La notation et les classements le seront à partir de 1969. Néanmoins, l'instituteur continue à donner des exercices à faire le soir et à noter les copies et les cahiers des élèves, parce qu'il sait que ce sont des méthodes efficaces pour faire progresser les enfants et leur montrer leurs points faibles. Autre réforme, pédagogique celle-là : l'apprentissage de la lecture par la méthode globale au lieu de la méthode syllabique dans les années 1970, remplacée désormais par une méthode semi-globale...

Hésitations

L'école de 1960 oscille entre radicales nouveautés et traditions. La blouse est moins austère, puis disparaît ; les pupitres deviennent des bureaux colorés et maniables ; les punitions corporelles tendent à disparaître ; la mixité est la grande conquête de la décennie. Mais l'encre et la plume persistent, ainsi que le culte de la propreté du cahier et de la discipline, il est vrai moins drastique. Selon le caractère de chaque instituteur, les élèves de cette époque ont pu faire de l'imprimerie et des mathématiques des ensembles, ou subir encore quelques coups de règles sur les doigts...

Autant d'évolutions, autant de pas vers celui qui va devenir l'instituteur du XXIème siècle, celui de nos enfants, vers un nouveau monde.

Autres titres du même éditeur

LA VIE D'AUTREFOIS

– Amours et mariages en France d'autrefois, collectif d'auteurs (30 €)
– Bébés d'hier, M.-O. Mergnac, A. Tricaud (22,50 €)
- Les écoliers et leurs maîtres en France d'autrefois (22,50 €)
– Les femmes au quotidien de 1750 à nos jours, M.O. Mergnac (30 €), à paraître fin 2005
– Les soldats d'Empire au quotidien, J.P. Mir (30 €), à paraître fin 2005
– Les métiers d'autrefois (29,99 €)
– Les costumes régionaux d'autrefois (29,99 €)
– 1000 proverbes et dictons de tous les temps (22,50 €)
– Mers et marins en France d'autrefois (22,50)
– Les Noëls d'autrefois (22,50 €)
– Légendes et superstitions d'hier (29,99 €)
– Les plus beaux chants traditionnels (22,50 €)
– 100 recettes du temps de Louis XIV (19 €)
– Ma généalogie : guide des recherches en France (22,50)

LES NOMS ET LES PRÉNOMS

– Encyclopédie des noms de famille (800 pages couleur), dir. Marie-Odile Mergnac, préface du Pr. Jacques Dupâquier (43 €)
– Les noms du monde entier et leur signification, E. Vroonen (avec CD-Rom inclus, 37,80 €)
– Les noms de famille en Belgique, histoires et anecdotes, Hortense Naquet-Radiguet (29 €)
– Les noms de famille des pays de l'Est, L. Fordant (29 €)
–Tous les noms de famille de France et leur localisation en 1900, Laurent Fordant (1 500 pages reliées, 131,10 €)
– Atlas des noms de famille en France (à partir des statistiques Insee), L. Fordant (30,19 €)
– Les noms de famille en France, histoires et anecdotes, dir. Marie-Odile Mergnac, préface du Pr. Jacques Dupâquier, 3ème édition augmentée 2004 (30 €)
– Les noms de famille en Normandie, O. de Lagarde, M.-O. Mergnac, 2ème édition augmentée 2004 (25 €)
– Les noms de famille en Charentes, Poitou, Vendée, A. de Cacqueray, C. Belser, M.-O. Mergnac, 3ème édition augmentée 2004 (25 €)
– Les noms de famille du Sud-Ouest, S. Monniotte, M. Rateau, C. Belser, etc., 2ème édition augmentée 2004 (29 €)
– Les noms de famille en Auvergne et Limousin, V. Dumas, F. Fourré, V. Palfrey, C. Belser, etc., 2ème édition augmentée 2004 (29 €)
– Les noms de famille en Languedoc-Roussillon, C. Boisson, A. de Bergh, C. Brégeau, etc. (30 €)
– Les noms de famille en Bourgogne et Franche-Comté, C. Belser, C. Boisson, M.O. Mergnac, etc. (30,19 €)
– Les noms de famille du nord de la France, D. Blanchard, C. Belser, J. Van Gaver, etc. (30,19 €)
– Les noms de famille en Champagne-Ardenne, D. Blanchard, V. Palfrey... (22,87 €)
– Les noms de famille en Bretagne, A. de Cacqueray, C. Belser (30,19 €)
– Les noms de famille en région Rhône-Alpes, D. Blanchard, C. Belser, V. Palfrey, F. Robin, M.-O. Mergnac (30,19 €)
– Les noms de famille en Provence-Alpes-Côte d'Azur, C. Paoli, S. d'Orsetti, V. Palfrey, etc. (30,19 €)
– Les noms de famille du Maine et de l'Anjou, C. Belser, M.-O. Mergnac (22,87 €)
– Les noms de famille en Alsace et en Lorraine, C. Belser, A. de Bergh, V. Lambert... (29,99 €)
– Les noms de famille de la région Centre, M.-O. Mergnac (29,99 €)
– Les noms de famille de Chinon (10 €)
– Les noms de famille à Sainte-Maure-de-Touraine (10 €)
– Les noms de famille en Lozère, M. Meunier, M.O. Mergnac (25 €)
– Encyclopédie des prénoms, leur histoire, leurs stars, M.-O. Mergnac (28 €)
– Les prénoms du calendrier révolutionnaire, A. Schneider-Maunoury (18 €)

LA GÉNÉALOGIE

– Ma généalogie : guide des recherches (22,50)
– Les généalogistes et leurs associations (18 €)
– Arbre généalogique couleur 6 générations à compléter, format 32 x 64 cm (1,52 €)
– Ma famille dans l'histoire : poster couleur 1800-2000 à compléter, avec indication des grandes dates historiques et des évolutions, format 84 x 30 cm (5 €)

TABLEAU D'HONNEUR DE LA GRANDE GUERRE

Les deux premiers tomes sont la réédition des planches de portraits parues dans *L'Illustration* de 1915 à 1919 reprenant les officiers, sous-officiers et soldats cités à l'ordre de l'armée ou décorés pour faits d'armes au cours de la

Autres titres (suite)

Première Guerre mondiale.
Ouvrages reliés, format 37 x 28 cm.
• Tome 1 : 1915-1917 (57,47 €)
• Tome 2 : 1917-1919 (57,47 €)
Les tomes suivants complètent les planches parues pendant la guerre, en fonction des mêmes critères de sélection, avec des biographies envoyées par les familles et d'autres retrouvées en archives.
• Tome 3 : 57,47 €
• Tome 4 : 57,47 €
• Index général des volumes 1 à 4 (7,62 €)
Un volume 5 est prévu pour l'été 2006.

BIOGRAPHIES

– Le temps s'en va... Souvenirs de Provence et du Maroc, E. Vidier (20 €)
– Les familles Balthazard et Cotte : 200 ans de saga industrielle, P. Cotte (18,30 €)
– Charles Cuny, un explorateur lorrain en Afrique, B. Levoir, I. Roy (21,34 €)
– Charles Niellon, un aventurier bourguignon héros de révolution, M.-O. Mergnac (21,34 €)
– Mon père, héros de la Grande Guerre (20 €)

PREMIER ET SECOND EMPIRE

– Les soldats d'Empire au quotidien, J.P. Mir (30 €), à paraître fin 2005
– La garde impériale et la campagne de 1814, Dictionnaire biographique des 6 000 morts, blessés et prisonniers, J.-P. Mir (43 €)
– La campagne de 1814 au jour le jour + dictionnaire biographique des 2 000 officiers des autres régiments (hors garde) morts ou blessés, J.-P. Mir (34)
– La bataille de Paris du 30 mars 1814 + dictionnaire biographique des pertes, J.-P. Mir (34)
– Chronique d'un siège : Belfort 1813-1814, J.-P. Mir (34 €)
– Les 5 000 médaillés de Sainte-Hélène du département de l'Eure, dictionnaires biographiques, J.-P. Labadie (43 € chaque tome) :
• tome 1 : canton d'Evreux
• tome 2 : cantons de Louviers et Pont-Audemer
• tome 3 : cantons de Bernay et Les Andelys
– Austerlitz, 2 décembre 1805 : dictionnaire des morts et des blessés mortellement au combat, B. et M. Quintin (34 €)
– Les optants d'Alsace-Lorraine à l'étranger (43)

BIBLIOGRAPHIE

• P. ALBERTINI, *L'École en France, XIXème-XXème siècle*, Hachette Supérieur, 1992.

• E. ALLAIN, *L'Instruction primaire en France avant la Révolution*, Slatkine reprints, 1970 (édition originale : 1881)

• R. BAILLEUL, *Maîtres et élèves d'autrefois, histoire de l'enseignement en Touraine des origines à nos jours*, Hérault, 1992.

• L. BÉLY, *Dictionnaire de l'Ancien Régime*, PUF, 1998.

• D. BLANC, *L'École, les rituels et la lettre*, Ethnologie française tome 16, n° 4, 1986.

• E. BLED, *Mes Écoles*, Robert Laffont, 1977.

• C. BOUYER, *La grande aventure des écoles normales d'instituteurs*, Le Cherche Midi, 2003.

• P. CABANEL, *La République du certificat d'études, histoire et anthropologie d'un examen*, Belin, 2002.

• J. COMBES, *L'école primaire sous la IIIème république*, Sud Ouset, 2002.

• B. COMPAGNON et A. THÉVENIN, *Histoire des instituteurs et des professeurs de 1880 à nos jours*, Perrin, 2001.

• M. CRUBELLIER, *L'Ecole républicaine, 1870-1940*, Editions Christian, 1993.

• M. CRUBELLIER, *L'enfance et la heunesse dans la société française, 1800-1950*, A. Colin, 1979.

• B. DANCEL, *Un siècle de rédactions, écrits d'écoliers et de collégiens*, CRPD Grenoble, 2001.

• K. DELOBBE, *Des Enfants au XIXème siècle*, Marans-Sartoux, Publication de l'École moderne française, collection «Bonjour l'histoire», 2000.

• D. DENIS et P. KAHN, *L'École républicaine et la question des savoirs*, CNRS Editions, 2003.

• M.-F. DORAY, *Rituels de rentrée scolaire et mise en scène de dogmes pédagogiques*, Ethnologie française, n° 2, 1997.

• D. DUFRESNE, C. MAULLIER, R. LANNELLE, *Une histoire de l'école*, Flammarion Père Castor, 1998.

• ÉCOLE AUTREFOIS VERS 1920 (L'), Marans-Sartoux, Publication de l'École moderne française, 1991.

• ÉCOLES DE LA RÉPUBLIQUE (LES), Eclectis, Maison d'édition de la Camif, 1993.

• C. FLAMING, *À l'encre violette, un siècle de vie quotidienne à la communale*, Atlas, 1983.

• F. FURET, J. OZOUF, *Lire et écrire, l'alphabétisation des Français de Calvin à Jules Ferry*, Éditions de Minuit, 1977.

• J.-M. GAILLARD, *Un siècle d'école républicaine*, Points Seuil Histoire, 2000.

• Y. GALUPEAU, *La France à l'école*, Découvertes Gallimard, 1992.

• H. GANCEL, *L'Écolier, au temps de l'encre violette*, Ouest-France, 2003.

• M. et J. GIMARD, *Mémoire d'école*, Le Pré aux clercs, 1997.

Bibliographie (suite)

• P. Giolitto, *Abécédaire et férule, histoire de l'école : maîtres et écoliers de Charlemagne à Jules Ferry,* Imago, 2003

• B. Grosperrin, *Les petites écoles sous l'Ancien Régime,* Ouest France Université, 1984

• P. Guiral, G. Thuillier, *La vie quotidienne des professeurs en France, 1870-1940,* Hachette, 1982.

• M. Jeury, J.-D. Baltassat, *Petite histoire de l'enseignement de la morale à l'école,* Robert Laffont, 2000.

• M. Jeury, *La Gloire du certif : les trésors de slivres d'école 1850-1950,* Laffont, 1997

• F. Lebrun, M. Venard, J. Quéniart, *Histoire générale de l'enseignement et de l'éducation en France,* tome II : de Gutenberg aux Lumières, Labat, 1981.

• C. Lefébure, *Le Temps des écoles,* Hazan, 2000.

• C. Lelièvre, *Jules Ferry, La république éducatrice,* Hachette Éducation, 1999.

• H. Lethierry (dir.), *Feu les écoles normales (et les IUFM ?),* L'Harmattan, 1994.

• J.-N. Luc, (textes officiels présentés et annotés par) *La petite enfance à l'école, XIX-XXe siècles,* Paris, PUF, 1986.

• J.-N. Luc, *Invention du jeune enfant au XIXème siècle : de la salle d'asile à l'école maternelle,* Paris, Belin, 1997.

• D. Maingueneau, *Les Livres d'école de la république, 1870-1914, discours et idéologie,* Le Sycomore, 1979.

• F. Mayeur, *Histoire générale de l'enseignement et de l'éducation en France,* tome III : de la Révolution à l'école républicaine, Labat, 1981.

• H. Merdu, S. Burkiet, *Cahiers de la République : la place de la morale et de l'écriture à l'école et au fil du temps,* Paris Alternatives, 2000.

• G. Mons, *Punir et éduquer,* Ethnologie française, tome n° 21, 1991.

• C. Nique, C. Lelièvre, *Histoire biographique de l'enseignement en France,* Références pédagogiques, Retz, 1990

• J. Ozouf, *Nous les maîtres d'école, autobiographies d'instituteurs de la Belle Époque,* Gallimard Archives, 1977.

• L.-H. Parias (dir), *Histoire générale de l'enseignement et de l'éducation en France, tomes I à IV* Institut national de recherche pédagogique et Éditions Labat, 1981.

• G. Prouteau, *Monsieur l'instituteur : l'âge d'or de la laïque,* Albin Michel, 2000.

• G. Vincent, *L'École primaire française, étude sociologique,* P.U. de Lyon, 1980.

• E. Weber, *La fin des terroirs 1870-1914,* Fayard, 1983.

CRÉDIT PHOTOGRAPHIQUE :

Bibliothèque nationale : pages 13, 15, 17, 23, 25, 27, 29, 31, 33, 41 (haut et bas), 44, 45 (haut et bas), 73, 83, 143, 145
Collection Nicole Barbier : pages 76 (bas), 79 (haut) et 94
Collection Daniel Bénard : pages 63 (haut), 87 (haut), 91 (haut), 100, 101 (haut et bas), 102, 103 (haut), 105 (haut et bas), 107, 108, 109, 111, 113 (haut et bas), 114, 115 (haut et bas), 118, 119 (haut et bas), 121, 126, 127 (haut), 133 (haut), 135 (milieu), 147, 148, 149
Collection Caroline Brancq : pages 61 (haut et bas), 65 (bas), 79 (bas), 81, 83, 95
Collection Josiane Ferrand : pages 46, 47 (haut et bas), 49 (haut et bas), 50, 51, 52, 55, 56, 57, 75, 76, 88, 89 (tous), 123 (haut et bas), 150, 151 (haut)
Collection Kharbine Tapabor : couverture, pages 9, 39, 59, 97, 139, 141
Collection Marie-Odile Mergnac : pages 35, 53, 63 bas, 64, 65 (haut), 67, 69 (haut et bas), 71, 77 (haut et bas), 78, 85, 87 (bas), 91 (bas), 92, 93, 98, 99, 106, 112 (haut et bas), 125, 127 (bas), 129 (bas), 130, 132, 133 (bas), 134, 135 (haut), 151 (bas), 152, 153, 156, 157
Collection Laurent Millet : pages 11, 15, 17, 43, 103 (bas), 116, 129 (haut), 131 (haut et bas), 137, 155

ISBN 2-911665-88-0

26 bis, rue Paul-Barruel - 75015 Paris
Achevé d'imprimer juin 2005
sur les presses de l'Imprimerie graphique de l'Ouest, France
Conception de la couverture et des pages intérieures : Atelier Gérard Finel
Photogravure de la couverture : Sycomore
Remerciements à l'équipe du service des photos numériques de la Fnac Rennes à Paris, qui a permis par ses conseils, sur les collections Mergnac et Barbier illustrant cet ouvrage, la réalisation de prises de vues efficaces.
Suivi éditorial : Claire Lanaspre
Avec la collaboration de : Camille Lambert, Christelle Metschkalo